市民的自由の広がり

JCLU 人権と60年

社団法人 自由人権協会 編

新評論

はじめに

　ブッシュ副大統領とデュカーキス・マサチューセッツ州知事が候補者となった1988年のアメリカ大統領選挙のことを覚えていますか。ブッシュ候補は，州知事として服役中の囚人に対して安易に釈放を認めることで犯罪増加に加担しているとデュカーキス候補を非難し，アメリカ自由人権協会（ACLU）の会員だから…と，言外にACLUは普通の市民ではなく，犯罪者の味方という印象を与えようとしました。仮釈放された人がすぐに犯罪に走り，刑務所に連れ戻されるというイメージの「回転扉」のテレビ・コマーシャルは，ブッシュ候補が「法と秩序」のある社会をもたらすというメッセージを人々に伝達する役割を果たし，彼の大統領当選に多大な貢献をしたといわれています。翻って自民党の総裁や民主党の党首は，党首討論で（たとえ否定的であっても）自由人権協会（JCLU）について言及してくれるでしょうか。

　その後もACLUは大活躍をしています。たとえば1997年に，インターネット上の猥褻表現を規制しようとした1996年通信品位法を憲法違反と判断したレノ判決（Reno v. ACLU, 521 U.S. 844 [1997]），1998年の児童オンライン・プライバシー法に関する判決（Ashcroft v. ACLU, 535 U.S. 564 [2002] および Ashcroft v. ACLU, 542 U.S. 656 [2004]），裁判所に旧約聖書の十戒を設置することを違憲とした判決（McCreary County v. ACLU, 545 U.S. 844 [2005]）等，新聞の見出しになるような重要な合衆国最高裁判所の判決に当事者として登場しているので，法律のことなど知らない，あまり関心のないアメリカ人でも，時々，その名前に遭遇します。

　1947年，ACLUの代表ロジャー・ボールドウィンさんの来日を一

つのきっかけとして日本に創立されたJCLUですが、テレビのワイドショーで言及されたり、新聞の社会面に登場することは、今のところ、ありません。政治家にもJCLUの会員はいますが、JCLUの会員であるかどうかは政治的に重要ではないようです。JCLUが注目されないのは、日本ではアメリカほど「人権」が危機的状態にさらされていないから訴訟も起きていない、あるいは、人権侵害が懸念される状況に対してJCLUが手を拱(こまね)いているから、というわけでは、断じてありません。

　JCLUはACLUとは違った手法で、「これはおかしい」という状況にチャレンジしています。当事者としてではありませんが、1章喜田村論文「憲法を実現した人たち──海外有権者13年の闘い」、16章藤本論文「裁判所の情報公開と刑事記録の情報公開」で書かれているように、訴訟を通じて法の不備を指摘し、より良い制度の構築をめざすこともちろんあります。ときには9章吉川論文「ドメスティック・バイオレンス防止法の再考──保護命令制度と警察の対応について」、15章藤原論文「監視カメラの問題点」、12章山田論文「放送の自由と自律」、17章三宅論文「公文書の管理」のように、現状を批判し、よりよい立法についての提言、あるいは、8章市毛・羽柴論文「企業の社会的責任（CSR）と人権」のような行動指針の提言を公表しています。4章旗手論文「テロ対策と外国人の人権──étrangerへの交錯するまなざし」と6章樫尾論文「知的障がい者の民事訴訟における尋問及び訴訟進行における問題点」は、現状の不備な仕組みを克服できるよう有効な対処方法を工夫したことが述べられています。14章川岸論文「表現の自由のジレンマ」は、リベラルなデモクラシーの基盤である表現の自由の保護が直感に反する故に強く意識しなければ守られない危険が大きいと警告し、JCLUのスタンスを明らかにしています。

　JCLUとして活躍する基盤として重要なことが二つあるように思わ

れます。一つは当事者の立場に立って考えるという発想を大切にすること，もう一つは，当たり前だと考えられてきた「神話」に疑問を投げかけること。

ボタンの掛け違いで人は簡単に「被疑者」になり得ることを10章坂井論文「市民の生活と被疑者・被告人の権利」は記しています。13章飯田論文「取材被害——いわゆるメディア・スクラムの違法性について」は，そのような「疑い」のせいで脅かされる平穏な生活と公共の関心事の均衡が崩れてしまった現代社会に対する警告です。いずれのケースも「される側」に対する想像力の欠如の産物のように思われます。旗手論文，樫尾論文，また7章小林論文「日本の精神医療——ネグレクトの歴史に終止符を」は，当事者の声が届きにくいゆえに当事者でない者が慎重に対応しなければならないことを示しています。11章小町谷論文「代理懐胎の行方」は，語られることの少ない「代理母」の視点に立っています。

3章東澤論文「国際刑事裁判所と人権」，そしてある意味では喜田村論文，旗手論文，5章棟居論文「『君が代』斉唱・伴奏と教師の思想の自由」，山田論文，川岸論文も，「神話」を問題としているように思えます。喜田村論文では「国民の代表制」に関するバークの理論と現実との乖離が，東澤論文では国際法機関と個人との関係だけでなく，刑事裁判における「正義」の水準に照らした日本の刑事司法が，棟居論文では国家の矜持としての思想的中立性が，旗手論文では自国以外では誰でも異邦人であることの意味が，山田論文では空気のように当たり前となっているメディアの独立性が，川岸論文では公共の福祉の神話が大日本帝国憲法の下での法律の留保を延命させていることが，問われています。

2章林論文「『女性の権利は人権』——グローバル化する世界と女性の人権をめぐって」はジェンダーに基づく暴力というアプローチからの問題提起です。日本社会の体感治安が近年急速に悪化したかのよ

うに語られます。私見ですが，女性にとって，日本社会の治安はいつも悪かったように思われます。「深窓の令嬢」は，夜道を歩かなければ生活できない女性たちが嫌でも引き受けてきた危険を前提として存在し，「強姦神話」を正当化してきました。

しかし，「神話」が実体のない「神話」でしかないことを指摘することで，より良い社会をもたらす提言が可能になるのですから，今の状態を当たり前だと考えてはいけない，JCLUの歴史はそのような，当たり前への挑戦の歴史だということが本書をご覧になるとわかっていただけるのではないか――JCLUの会員たちの活動報告のほんの一部でも，このようなかたちにまとめることにした趣旨はここにあります。

本書は，JCLU創立60周年を契機としています。JCLUは組織が一丸となって行動する，そういう組織ではありません。さまざまな分野において活躍する会員たちがそれぞれ異なる問題意識を持ち，多様な方法で解決を模索しています。重要なことは，これらが観念的な問題提起ではなく，常に実践に結びついていることです。本書は，網羅的体系的に市民的自由の姿を描くのではなく，それぞれの執筆者の立場や個性を尊重するというJCLUの姿勢を反映しています。内容についてのいろいろなご意見に耳を傾け，今後の糧にしたいと全員が考えています。そして，本書の内容だけでなく，JCLUのあり方についても，これからも多くの方々の好意ある助言と協力をお願いできれば，これに勝る60周年記念のプレゼントはありません。そのような協力の一つとして，出版社である新評論と編集を担当した吉住亜矢さんに，まず，感謝いたします。

社団法人 自由人権協会　代表理事

紙谷雅子

市民的自由の広がり／目次

はじめに……………………………………… 紙谷雅子　i

第1部　人権擁護の国際的広がり

第1章　憲法を実現した人たち
　　　　海外有権者13年の闘い…………喜田村洋一　2
第2章　「女性の権利は人権」
　　　　グローバル化する世界と
　　　　　女性の人権をめぐって ………… 林　陽子　15
第3章　国際刑事裁判所と人権………………東澤　靖　30
第4章　テロ対策と外国人の人権
　　　　étrangerへの交錯するまなざし …… 旗手　明　48

第2部　現代社会における多様な声

第5章　「君が代」斉唱・伴奏と教師の思想の自由
　　　　………………………………… 棟居快行　66
第6章　知的障がい者の民事訴訟における尋問及び
　　　　訴訟進行における問題点…… 樫尾わかな　86
第7章　日本の精神医療
　　　　ネグレクトの歴史に終止符を ……… 小林信子　98
第8章　企業の社会的責任（CSR）と人権
　　　　………………市毛由美子・羽柴　駿　114

第9章　ドメスティック・バイオレンス防止法の再考
　　　　保護命令制度と警察の対応について
　　　　　……………………………………吉川真美子　130
第10章　市民の生活と被疑者・被告人の権利
　　　　　………………………………………坂井　　眞　144
第11章　代理懐胎の行方　……………………小町谷育子　162

　　　　第3部　情報をめぐる権利の諸相

第12章　放送の自由と自律　……………………山田健太　176
第13章　取材被害
　　　　　いわゆるメディア・スクラムの
　　　　　違法性について……………………飯田正剛　199
第14章　表現の自由のジレンマ　………………川岸令和　211
第15章　監視カメラの問題点　…………………藤原家康　227
第16章　裁判所の情報公開と刑事記録の情報公開
　　　　　……………………………………………藤本利明　243
第17章　公文書の管理　……………………………三宅　弘　256

おわりに……………………………………………庭山正一郎　273

第1部　　人権擁護の国際的広がり

第1章　憲法を実現した人たち
海外有権者13年の闘い

喜田村洋一

はじめに

　1993年6月18日，自民党の宮沢内閣に対する不信任決議が可決された。その後，7月18日に行われた総選挙で，自民党は単独過半数に遥かに届かず，8月9日，非自民による細川内閣が誕生した。「55年体制」と呼ばれた閉塞した政治状況に大きな変化が生じた瞬間だった。

　しかし，政界のこの激変は，単に与野党逆転と非自民内閣を生じさせただけではなかった。国の主権者が誰かということを改めて確認させるという，日本の民主主義にとって稀有な出来事を生み出したのだ。それが，ここで取り上げる海外に住む日本人有権者の運動である。

1　海外の有権者が立ち上がる

　1993年7月7日，ロサンゼルスの邦字新聞「羅府新報」に1通のこんな投書が掲載された。「最近の日本の政界大異変には，米国在住の日本人同胞も関心を持っていると思う。自分も，このチャンスに政治改革を実行させなければ，暗黒の金権政治から日本は脱出できないと感じている。このため，なんとか衆院選挙に一票を投じようとして総領事館に問い合わせたところ，驚くべきことに海外居住者は投票できないことがわかった」

この投書が一つの契機となって，ロサンゼルス在住の日本人の間で，「海外にいる日本人が投票できないでいるのは民主主義の怠慢であり，国会に働きかけよう」という運動が生まれた。

同じ頃，ニューヨークでも，オーストラリアのシドニーでも，在外選挙を求める署名運動が起こっていた。日本国内の政界激震は，海外の有権者に，「自分たちも国政に参加できるはずだ」という意識を目覚めさせ，これに向けての運動を引き起こしていたのだ。

これらの人たちは，互いに連絡をとり，1994年3月，シドニー，バンコク，ニューヨーク，ロサンゼルスの4団体が集まって，海外有権者ネットワークが設立された。この組織は，その後，ブラジル，フランス，ドイツ，香港，ペルー，サンフランシスコ，シンガポール，イギリスなど，文字通り，世界中に広まった。

ネットワークでは，在外選挙の導入を求める署名簿を国会に提出し，また，全国会議員を対象にアンケートを実施した。アンケートの結果は，回答議員のほぼ全員が，在外選挙に賛成するというものだった。しかし，選挙を所管する自治大臣は，「在外邦人に選挙権行使の機会を保障することは重要」としながらも，「関係省庁とも協議の上，総合的に検討すべきものと考える」という冷淡な態度を変えようとはしなかった。

こうして，「正面から反対する人はいないが，先頭にたって実現しようとする人もいない」という状態のまま，在外選挙はいっこうに実現しないままであった。

そんな中，1996年10月には，新たな衆院総選挙が行われた。ロサンゼルスのグループは，①総領事に面会して投票用紙の配布を求める，②日本で最後に住んでいた土地の選挙管理委員会に投票用紙の配布を求める，③たまたま総選挙の日に日本に出張していたグループの1人が，日本で住んでいた市の投票所に行き，投票を求める，と様々な方法で投票の機会を得ようとしたが，いずれも拒否された。

このように、海外の有権者は、国会議員や官庁、さらには選挙管理委員会への要請など、あらゆる手立てで在外選挙の実現を求めたが、いずれも実を結ばなかった。

問題解決の方策が見つからず、手詰まりの状況になったとき、海外の有権者が次に目を向けたのが裁判所だった。

もともと裁判所は、国会や内閣が行う、国民一般を対象とした立法や政策では救済されにくい少数者の権利を守ることを本来の役割としている。したがって、海外有権者が国会や省庁に失望したとき、裁判所に救済を求めようとしたのは、ごく自然の成り行きだった。しかし、それだけでなく、海外有権者の訴えは、裁判所による救済に特に適していると思われた。それは、こういうことだ。憲法では、国会が国権の最高機関とされ、国会の制定する法律が全国民に適用されるし、首相は国会議員の中から選ばれる。国会中心ともいうべきこの理念の根底にあるのは、国会は、選挙によって国民の意向を直接に反映しているという考え方である。仮に、国会の状況に不満であれば、国民は、次の選挙で、自分たちの意見と同じ議員を選出すればよいのであり、これによって、国民は、自らの望む政策を実現させることができるというのである。

憲法は、このような考え方に基づいて間接民主主義をとっていると理解されている。しかし、この考え方は海外有権者にあてはまるだろうか。上に見たように、これらの人たちは、投票することができないのだから、自らの声を国会に届けることができない。海外有権者は、初めから間接民主主義という制度に参加できないのだ。つまり、海外に住む有権者にとっては、国会に自分たちの代表を送り、これによって法律を変えていこうという考え方自体が不可能な選択なのである。これは、海外有権者にとって国会という場を通じて問題の解決を図ることが不可能に近いと言ってもよい。

では、選挙という制度から排除された少数者の人権を守るのは、ど

こだろうか。内閣は、議院内閣制という言葉が示すとおり、国会を基盤としているから、選挙に参加できない少数者の権利が内閣によって保護されることは考えにくい。したがって、これらの者たちの権利を守るのは、選挙とは別の制度によって設置、運営される機関ということになる。具体的には裁判所である。裁判官は、国民の選挙によって選ばれるわけではないが、このことは、裁判所がその時々の選挙結果の影響を直接には受けないことを意味する。国会議員は、国民多数の意向を無視することはできないが、裁判官は、憲法と法律に従い、良心に従い独立して判断するのが職責である（憲法76条3項）。さらに、国会が制定した法律が憲法に違反すると考えるときは、この法律を違憲と判断することもできる（憲法81条）。憲法で保障された国民の権利が法律によって侵害され、国会による救済が期待しにくいとき、これに対する救済を与えるのは、裁判所の重要な職務である。選挙権を奪われた海外有権者についても、救済を与えるのは、裁判所が最もふさわしい。

それでは、裁判所は、その役割を果たすことができただろうか。

2　提訴、そして敗訴～高等裁判所まで

海外の有権者が、「総論賛成、各論停滞」によって展望が見えなかった1996年8月、私は、友人の弁護士から相談を受けた。「海外に住む日本人が投票できないことに不満で、裁判を起こすことを考えている。憲法裁判になると思うが、一緒にやってもらえないか」というのである。私は、すぐに引き受けたが、そのとき、一つの予感がした。「これは、（最高裁）大法廷事件になるな」。初めての憲法判断を下すとき、最高裁判所は、大法廷で審理しなければならないと定めている。海外有権者の問題がこれまで争われたことはなかったから、最後は最高裁の大法廷の判断を受けることになると思ったのである。

私は、自由人権協会に属する何人かの弁護士にも声をかけ、6名で弁護団を作った。まずは、何といっても、投票できないという現行制度がどういう法律に基づいているかの勉強である。その結果、次のようなことがわかった。憲法は、衆議院と参議院は全国民を代表する選挙された議員で組織する（憲法43条1項）としたうえで、選挙人（有権者）の資格は法律で定めるが、人種、信条、性別、社会的身分、門地、教育、財産または収入によって差別してはならないと規定している（憲法44条但書）。憲法のこの規定は、公務員の選定や罷免が国民固有の権利であり、公務員の選挙について成年者による普通選挙を保障した（憲法15条）ことに基づくものである。

　憲法のこの規定を受けて有権者の資格を定めた公職選挙法は、日本国民で満20歳以上の者は選挙権を有するとしている。これだけなら海外に住む有権者も投票できることになるが、公職選挙法は、選挙に関して選挙人名簿を置くこととして、この名簿に登録されていない者は投票できないと規定している。それでは、選挙人名簿はどのようにして作成されるかというと、ある市町村に住所を持ち、住民票が作成されてから3か月以上住民基本台帳に記録されると、選挙人名簿に登録されるのである。そうすると、海外に3か月以上住んでいて住民基本台帳に記録されていない者は、日本国民であっても投票できないことになる。

　しかし、これがおかしいことは私たち法律家の目から見たら自明と思えた。日本の法体系では、憲法が最も上位の法であり、これより下の法律や命令などで憲法に反するものは効力がないとされている（憲法98条）。ここで問題になっている選挙権については、憲法が普通選挙を保障し、選挙人を差別してはならないと定めているのに、それより下に位置する公職選挙法が選挙権の行使と選挙人名簿を連動させ、さらには選挙人名簿と住民基本台帳を結合させたため、海外有権者は、「選挙権はあるが、行使できない」という奇妙な、そして不当な状態

に置かれたのだ。公職選挙法が憲法の保障を骨抜きにするという、法の世界での下剋上が行われていたことになる。

　もっとも、このような事態は、公職選挙法が成立した1950年という年を考えれば理解できないでもない。この時点では、日本はまだ独立国家ですらなく、海外渡航も自由でなかった。しかし、その後、日本は独立を回復し、経済成長と共に海外に出ていく日本人の数は激増した。海外日本人の数は、記録が最初に残っている1960年には約21万人だったが、総選挙があった1996年には約76万人と飛躍的に増えていた。これは、衆議院小選挙区のうち、有権者数の少ない選挙区に換算すれば、3つの選挙区に相当する。つまり、海外の有権者が選挙権を行使できないために、衆議院議員3人を選びうるだけの有権者が、その声を国会に届けることができないのである。

　実は、あまり知られていないが、1984年4月には、「我が国の国際関係の緊密化に伴い、国外に居住する国民が増加しつつある」ため、在外投票制度を創設するという公職選挙法の改正案が内閣によって国会に提出されていた。1986年6月の衆議院解散に伴い、この法案は廃案となり、それ以降、同種の法案は提出されないままだったが、このような法案が国会に提出されたこと自体、この問題が至急に解決を迫られるものであることを国会が認識していたことを示している。

　しかも、公職選挙法が制定された1950年には、海外にいて日本の状況を知ることは極めて困難だったが、それから半世紀を経た時点では、衛星テレビ、インターネット、国際電話、ファクシミリなどで、日本国内の情報は、海外にいても、日本国内と同時に、同種のものを入手することが可能になっていた。情報通信の飛躍的な進展により、海外での選挙権行使に対する制約は、以前とは比較にならないほど小さくなっていたのである。

　実際、このような技術発展も後押しして、1990年代までには、米国、英国、ドイツ、フランス、オランダ、オーストリア、スウェーデ

ン，ノルウェー，オーストラリア，ニュージーランド等，先進国と呼ばれる国々では，ほぼ例外なく在外選挙が可能になっていた。

このように，公職選挙法が制定された時から，約半世紀が経ち，その間，日本の状況も，海外在住国民の数も，情報伝達技術も，そして世界各国の状況も，その当時からは想像もできない程の変容を遂げていた。しかし，国会は，この問題解決の必要性を認識していながら，10年以上，取り組み自体を放置していたのであり，立法府である国会自身による是正は望み薄だった。こういったわけで，この問題は，1996年の段階では，裁判所による解決を図るしかない状況にあったのだ。

こうして，私たちは，海外有権者の訴えの正当性と，裁判所による解決を求める必要性を確信して，1996年11月20日，国を被告として，東京地方裁判所に提訴した。原告となったのは，米国，オーストラリア，フランス，英国，ドイツ，イタリア，アイルランド，フィリピンに在住する有権者55名である。

この裁判で原告が求めたのは，公職選挙法が原告に国会議員の選挙権の行使を認めていないことが違法であることの確認と，1996年10月20日に実施された衆院総選挙で投票できなかった慰謝料として1人当たり5万円の支払いという2つだった。本来であれば，最初の請求が認められれば原告の目的は達成されるが，この請求は抽象的に法律が違法であることの確認を求めるものとして門前払いされる恐れがあったため，敢えて2つめの請求も行ったのだ。請求金額を高くしなかったのは，原告が金銭目的でないことを示すためである。

原告の請求の法律的な根拠は2つあった。1つは上に述べたような憲法であり，もう1つは市民的及び政治的権利に関する国際規約である。この国際規約は25条で，「すべての市民」に対し，選挙権を行使する権利と機会を保障していた。海外在住者に正式な選挙権を認めることも当然とされていたのである。

上に述べたように，この問題は，10年以上，放置されていた。ところが，海外の有権者が提訴すると，重い扉が少し開いた。1998年4月23日，在外選挙人名簿を新たに作り，ここに登録されている海外有権者に選挙権行使を認めるという公職選挙法の改正案が可決されたのだ。これが，原告をはじめとする海外有権者の運動の賜物であることはいうまでもない。

　しかし，この改正案には重大な欠陥があった。海外有権者は，当分の間，衆議院と参議院の比例選挙についてだけしか投票を認められないとされていたのである。逆にいうと，両院の（小）選挙区選挙では投票できないことになる。もっとわかりやすくいえば，同じ日本国民でありながら，国内の有権者は，選挙区選挙と比例選挙の2票を投じることができるのに，海外有権者は比例選挙の1票しか投じることができないのだ。これでは，一部の在外投票を認める代わりに，新たな差別を導入したことになる。原告は，この改正後の公職選挙法についても違法であることの確認を求めた。

　この訴えに対して，東京地裁は，1999年10月28日，判決を下したが，その結果は，原告の全面敗訴だった。裁判所は，公職選挙法の違法確認の訴えについては，具体的な紛争が生じていることを前提とした訴えではなく，抽象的に公職選挙法の違法確認を求めるものであり，許されないと判断した。慰謝料の請求については，選挙制度をどのようにするかについては国会の裁量に委ねられているのであり，在外選挙を設けるか否かについてもこの裁量の範囲内であって，憲法は在外選挙を一義的に命じているわけではないから，在外選挙を認めない公職選挙法であっても違法ではないとした。

　これに対して，24名が東京高等裁判所に控訴した。裁判の途中で，違法確認だけでなく，選挙権を行使できることの確認も追加したが，2000年11月8日の高裁判決は，地裁判決と同じく，海外有権者の訴えを全面的に退けるものだった。

この結果は残念なものではあったが、私たちは悲観しなかった。「われわれの主張は正しい」という信念には全く揺らぎがなかったし、最初から、最高裁大法廷にふさわしい事件だと思っていたのだ。「大法廷で審理されれば絶対に勝つ」と確信していた。

3 大法廷判決〜全面勝訴

私たちが上告人となった13名の代理人として上告理由書を最高裁宛に提出したのは、2001年2月だったが、その後最高裁からは何の音沙汰もなかった。私は、この事件を担当する第二小法廷の裁判官の名前と経歴を見ながら、「この人は我々の側だろう」「この人はわかってくれるだろうか」と票読みを行い、定年で裁判官が交代するたびに、新たに票読みをし直すことを繰り返していた。

そんな作業を果てしなく続けていた2004年12月8日、待望の通知書が最高裁から届いた。この事件を、「大法廷で審理裁判することになりました」というのである。私たちが書面を出してから3年10か月が経っていた。最高裁は、遂に、この事件が初めての憲法判断を含むと認めたのである。

次いで、2005年4月には、大法廷での弁論が7月13日に行われることが決まった。最高裁の裁判官全員の前で、私たちの主張を述べる機会が与えられたのだ。

口頭弁論の当日は、弁護団と海外有権者の代表が1時間にわたって私たちの主張の要点を論じた。私は、選挙権の至高の権利であり、これを制限するような事由は存在しないという基本的な立場を述べ、さらに次のように陳述した。

「在外日本人に選挙権の行使を認めないことが、本人たちにとって重大な人権侵害であるのみならず、日本社会全体にとって大きな損失であることを指摘したいと思います。在外日本人は、海外にいる

というそのユニークな立場によって国政にとってかけがえのない貢献をなしうる人々です。『ふるさとは遠きにありて思ふもの』と詩人が詠ったのは大正時代でしたが（室生犀星『抒情小曲集』）、その心は海外にいる現代の日本人にとっても変わりません。明治以降の日本の発展は、海外に出た日本人がその地で学び、働き、その成果を日本に持ち帰ってきたことに大きく拠っています。この人たちは、日本から地理的に離れることによって、さらに深く日本のことを理解し、思いを馳せているのであり、これらの人々の声を国政に反映させないことは日本社会全体の損失です。これらの人たちが国政に参加する道は、かつては日本に戻ってきた後でなければありえなかったかもしれません。しかし、現代においては、それを待たずとも、海外にいるまま、そのような道を拓くことができるはずです。それこそが、憲法を実現する最高裁判所の崇高な責務であると信じます」

そして、2005年9月14日、いよいよ最高裁の判決が下される日が来た。

固唾をのんで見守る上告人、弁護団と傍聴人を前にして、町田裁判長が口を開く。

「上告人らが、次回の衆議院議員総選挙での小選挙区選出議員の選挙と、参議院議員選挙での選挙区選出議員の選挙で、在外選挙人名簿に登録されていることに基づいて投票できる地位にあることを確認する」

「国は、上告人らに対し、1人当たり5千円を支払え」

勝った！ しかも、(小)選挙区選挙で選挙できることの確認と、国家賠償の双方を認めた完全勝訴である。

最高裁は、在外投票を認めていなかった改正前の公職選挙法は憲法15条、43条1項と44条但書に違反することを認めた。さらに、海外有権者に比例代表選挙についてしか投票を認めなかった改正後の公職

選挙法についても，これまで在外選挙が繰り返し実施されていることなどに照らせば，少なくともこの大法廷判決が下されてから次に行われる衆参両院の選挙で（小）選挙区選挙での投票を認めないことは，憲法の上記の条文に反すると認めた。

　さらに，地裁でも高裁でも認められなかった，選挙権を行使することができる権利の確認を求める訴えについては，「選挙権は，これを行使することができなければ意味がないものといわざるを得ず，侵害を受けた後に争うことによっては権利行使の実質を回復することができない性質のものである」として，具体的な選挙について選挙権を行使する権利の有無に争いがある場合に，この権利を有することの確認を求める訴えは，有効適切な手段であると認められれば適法な訴えであると判断した。

　また，国家賠償請求については，立法の内容が国民に憲法上保障されている権利を違法に侵害するものであることが明白な場合や，国民に憲法上保障されている権利行使の機会を確保するための立法措置を執ることが必要不可欠で，これが明白であるにもかかわらず，国会が正当理由なく長期にわたってこれを怠る場合は，国会議員の立法行為や立法しない行為は違法であると述べて，本件は，これに当たるとしたのである。

　翌日の各新聞は，「在外選挙権の制限『違憲』」「立法の怠慢認定　国に賠償命令」等と，この判決を一面トップで大きく報じた。それだけでなく，9月14日午後3時に言い渡された判決は，同日午後3時12分にはインターネットで速報記事として全世界に報道された。米国のワシントンでも，ロサンゼルスでも，日本国内と全く同時に判決の結果を知ることができ，これらの人たちから，大法廷に行っていた上告人に「おめでとう」のメールが寄せられていたのだ。

　最高裁は憲法の番人であると言われる。そこで下された公職選挙法を違憲とする判決の正本が国会と内閣に送られたのは，これらの機関

が違憲状態を解消する措置を執ることが当然に期待されるからだ。

　この問題でも，内閣と国会は，最高裁の違憲判断を受けて行動した。内閣は，（小）選挙区選挙でも在外投票を可能とするための公職選挙法改正案を国会に提出し，国会は，衆議院，参議院とも全会一致で，これを可決した。参議院本会議でこの法案が可決，成立したのは2006年6月7日。1996年の提訴から約10年，ロサンゼルス，ニューヨーク，シドニーで最初に在外選挙を求める声があげられてからでは13年という年月が経っていた。

　この間，海外の有権者は，「選挙権が保障されているのだから，これを行使できないのはおかしい」という当然の理念を実現させるために，あらゆる手段を尽くしてきた。そして，最後には，司法が公職選挙法を違憲と判断し，行政が公職選挙法の改正案を提出し，立法がこの改正案を改正するという過程を経て，自分たちの主張を国政レベルで実現させた。三権のそれぞれが海外有権者の主張を正しいと認め，これに沿って動いたのである。こうして海外有権者は，日本という国の主権者が国民であり，権力は主権者の意向を実現しなければならないことを社会全体に示したのである。

　憲法は，「この憲法が国民に保障する自由及び権利は，国民の不断の努力によって，これを保持しなければならない」（憲法12条）と規定している。選挙権という最も重要な権利の行使を実現させた海外有権者の13年に及ぶ活動は，憲法を実現しようとする国民の「不断の努力」を体現したものであり，憲法史に燦然と輝くものである。

●参考文献
- 海外有権者ネットワークLA編『海外から一票を！』明石書店，2004年
- 北岡和義他「国民主権の問題としての『在外投票』」（『世界』2005年

12 月号,岩波書店)
- 古田啓昌「在外邦人選挙権訴訟」(『法学セミナー』2006 年 3 月号,日本評論社)
- 最高裁判所判例解説(杉原則彦調査官)(『法曹時報』2006 年 2 月号,法曹会)
- 在外選挙制度研究会『在外選挙 外国の制度と日本の課題』インフォメディア・ジャパン,1998 年

第2章 「女性の権利は人権」
グローバル化する世界と女性の人権をめぐって

林　陽子

1　「殺される」女性たち

　"Women's Rights are Human Rights"（女性の権利は人権である）——これは1993年，国連第2回世界人権会議（ウィーン会議）を席捲したスローガンである。キャンペーンを主導したのは，米国のフェミニスト活動家シャーロット・バンチであると言われるが，バンチ自身はこの言葉をフィリピンの女性団体「ガブリエラ」から借りたと述べている。世界人権宣言が採択されてから45年も後になって，今さらなぜ女性たちは「女性の権利は人権」と叫ばなければならなかったのだろうか。

　バンチは，性差別は世界中で女性を殺害しているのだ（sexism kills），と主張する。出生前診断で性別が判明すると堕ろされてしまう女の胎児。堕胎が非合法なため安全な妊娠中絶が受けられず命を落とす女性。ドメスティック・バイオレンス（DV）によって夫やパートナーから殺される女性。ダウリ（持参金）が少ないことを責められ婚家によって殺される女性。婚姻外の性（たとえ強姦の被害者であっても）が家の名誉を汚したとして名誉殺人の対象となる女性。殺人には至らなくても，女性の身体を切り刻む性器切除（FGM）。世界中で継続しているこれらの重大かつ大規模な人権侵害の被害者に共通する属性は「女性であること」であるのに，人権法は沈黙している。その原因をバンチは，(1) 性差別はささいなことであり，世間にはもっと重大な人権侵害がある，といった問題の矮小化，(2) これらは私的・文化的な問題

であり，国家の行為を必要とするものではない，といった公私二分論，(3) 性差別はあまりにも当然のこととしてはびこっているので対処のしようがない，といった敗北主義などに求めている[1]。

　日本にいる私たちは，ともすると差別によって命まで失うのは経済的に貧しい国の女性たち（「他者」）である，と思いがちである。しかし，日本社会は性差別によって殺されている女性たちと無縁なのではない。日本では毎年120人以上の女性たちが配偶者による暴力によって殺害されている。米国国務省「人身売買報告書」は，アジアやロシアから来日した非常に多くの数の女性たちが，債務奴隷や強制売春の犠牲となり人身売買の被害者となっているのに，2006年に日本の警察が認知した人身売買の被害者数が26名でしかないことに警告を発している。長引く経済的な不況は，日本人の自殺率を高め，男性の平均寿命を押し下げたが，毎年3万人を超える自殺者のうち約3割（9000人強）は女性である。経済的な問題や家庭の問題が自殺の動機になっていることが多く，構造改革の中で母子家庭の貧困は深刻である。OECD（経済協力開発機構）の対日経済審査報告書（2006年）は，日本のひとり親家庭は無職者（年金生活者や生活保護受給者）よりも貧困率が高く，このままでは学力の階層化が進み将来世代に貧困が引き継がれるだろう，と予測する。日本の男女賃金格差は先進国中で最も大きいが（男性を100とした場合に女性66），労働基準監督署は2004年に12万件を超す監督業務を実施しながら男女同一労働同一賃金（労基法4条。刑事罰の制裁がある）違反を認めたものは8件しかなく，そのうち労基法違反として送検されたものはゼロだった。このゼロという数字にはインパクトがあったようで，ILO（国際労働機関）の専門家委員会は2007年，日本の労働基準監督官が男女同一賃金についてどのような研修を受けているのかを明らかにするよう，日本政府に勧告をした。女性の経済的な自立の困難さは，男女間の不平等な力関係を継続させ，職場でのセクシュアル・ハラスメントの原因となっている。

勇気を持って女性が被害を申告したとしても，実効ある措置がとられる保障はない。1999 年，埼玉県警上尾署の警察官は，ストーカー被害の告訴状を持参した被害者を欺いて被害届に書き換えさせて捜査を放置し，被害者はストーカーによって殺害された（遺族によって国家賠償請求が起こされたが，裁判所は女性の死亡と警察の捜査懈怠の因果関係を認めなかった。東京高判 2005［平成 17］年 1 月 26 日。上告棄却により確定）。被害女性から出された強制わいせつの告訴状を検察官が署名を偽造して取り下げていた事件も報道されている（2007 年 8 月の新聞報道）。この検察官の動機は，転勤を前にして滞留事件を減らしたかったのだと伝えられているが，「知人の男性からわいせつ行為を受けた」との告訴は，おそらく彼が抱えていた事件の中で最も「くだらない」事件であり，世間にはもっと重要な犯罪があると考えたのであろう。

　日本社会が女性差別に寛容であることで被害を受けているのは日本人だけではない。東京地方裁判所は 2005 年，アフガニスタンに帰国すると親族による名誉殺人の犠牲になるおそれがあることを理由に難民不認定処分の取消請求をしたアフガン女性に対し，名誉殺人が「私人間」の行為であることに加えて，このような慣習がアフガニスタンの社会で容認されているとは「到底考え難い」ことを理由のひとつとして請求を認めなかった（東京地判 2005［平成 17］年 8 月 31 日）。この女性は故国に送還されて殺されずに済んだのであろうか。冷戦終結後，戦時での性暴力や平時での性器切除，名誉殺人などから逃れるための女性の庇護申請は世界の難民法に大きな影響を与えてきたが，ジェンダーに基づく迫害の存在を理解しない日本の制度の運用者は，このような女性たちに門戸を閉ざすことによって，何千，何万という女性の命を奪っているかもしれないのである。[2]

2 性暴力をめぐる言説

本章では，女性の人権の諸課題の中から「ジェンダーに基づく暴力」を取り上げ，そのうち最も深刻な性暴力である強姦をめぐって，世界的な女性運動の到達点と，日本の法律・実務との落差を検討したい。そして，普遍的な権利としての女性の人権の実現のために，今後JCLUにはどのような活動が期待されているのかを述べてみたい。

ここではUNHCR（国連難民高等弁務官事務所）の指針（UNHCR Policy on Refugee Women and Guidelines on Their Protection）に沿って，社会的に形成された性差に由来する，個人（男性または女性）の意思に反する害悪を「ジェンダーに基づく暴力」と呼ぶことにする。ここで害悪とは，身体的，心理的，経済的，社会的なものから性的なものを含んでいる。「ジェンダーに基づく暴力」の特徴は，被害者が身体の安全や社会的・心理的な安寧に重大な危害を生じない限り，暴力を拒否したり他の選択肢を選ぶことができないことである。「ジェンダーに基づく暴力」の中枢を成すものが性暴力であり，その性質は本来的に性的な要素を含んでいる。性暴力はドメスティック・バイオレンス，セクシュアル・ハラスメント，強制売春など多様な形態をとるが，ここでは最も典型的な性暴力である強姦について考えることとする。

日本の刑法は「暴行または脅迫を用いて13歳以上の女子を姦淫した者は，強姦の罪とし，3年以上の有期懲役に処する」(177条)と規定する。ここにいう「暴行または脅迫」とは，被害者の抗拒を著しく困難ならしめる程度であることを要するというのが最高裁判例（1949[昭和24]年5月19日第一小法廷判決）である。現在でも重要な先例として引用されるこの最高裁判決は，路上で加害者に抱きつかれ転倒させられて強姦の被害にあった女性が「たとい平素男性の肉体に触れ親しむダンサーであっても」，上述のような暴行・脅迫があったのであれば反抗の意思を抑圧した行為として強姦罪が成立する，というもの

である。

　弁護士の角田由紀子が指摘するとおり、裁判所は合意に基づく性交であっても一定程度の暴力は伴うものだと考えているため（暴力と合意の併存）、暴行・脅迫に「抵抗を著しく困難にする程度」という要件を課し、この程度に達していなければ暴力を伴っていても「和姦」であるという結論を導いている[3]。このような法制は決して日本特有のものではなく、たとえば米国法でも力による強制（by force）と同意のないこと（against her will）が強姦罪成立に必要であったため、被害者が力の限り犯人に抵抗したのか、あるいは被害者は過去にどのような性的体験を持っているのかがしばしば争点とされ、「法廷で裁かれるのは被告人ではなく被害者である」という現象をもたらしてきた[4]。被害者と被告人の供述の鋭い対立は「強姦罪には虚偽の告訴が多い」という男性中心の認識を流布させ、「男との関係が明るみに出た場合、女は自分の行為に対する弁護の最も使い易い好都合な武器として、暴行に抗し得ず、やむなく服従したのだと抗弁する」などといったことがまことしやかに伝承されてきた[5]。

　したがって被害者は告訴の内容が真実であることの証明だけではなく、被告人による暴行・脅迫が被害者の「反抗を著しく困難にする程度」であったことの証明を迫られるが、現実には暴行・脅迫がその程度に至っていないという理由で無罪判決がなされたケースが多数存在する。裁判官のジェンダー・バイアスを示す好例として引用される広島高等裁判所判決（1978［昭和53］年11月20日）は、およそ男性が女性を仰向けに寝かせて性交するためには押し倒し、衣服をひきはがすといった有形力の行使は合意による性交の場合も伴う、として、被告人を無罪とした。この判決は、被告人がかねてからの恋慕の情を打ち明けるため「会合がある」と嘘をついて知人の女性を夜間人気のない海岸に連れ出し、車中で「あんたを殺してわしも死んでもええ、死んでくれるか」との告白をして「やめてくれ」と泣いて懇願する女性を

姦淫したことを事実として認定するが,「被告人が通常の性交に伴う以上の有形力を行使したかが不明」であり「被害者も積極的に逃げようとの行動を具体的に示していない」ことなどを理由に,有罪であった一審を破棄したものである。

　裁判官はおそらく,強姦とは見知らぬ男性に夜道で襲われる犯罪であり,顔見知りの間では発生しにくい（なぜなら顔見知り同士なのであれば意思を疎通しあっているのだから嫌なことを拒否できるはずである）,という先入観にとらわれているのではないかと思われる。しかし後述の統計が明らかにしているとおり,性暴力は家族や上司,教師などとの間のジェンダー間の階層がある親密な関係の中でこそ発生しやすい。本稿執筆にあたって改めてこの判決文を読み直したが,被告人は新聞販売店の経営者であり,被害者は夫亡き後,別の販売店で新聞配達をしながら子どもを育てている女性であった。被告人は「新聞の会合」にかこつけて被害者を呼び出していることから,業務の上での上下関係があった事案なのかもしれない。もしも裁判所がこの男女間の支配服従関係を見抜いていたなら,判決は異なった結果となっていたであろう。仮にそのような支配関係のない「対等」な男女間の事件であるのならなおのこと,暴行や脅迫が「合意」に与える影響をこの判決は見過ごしていると言わなければならない。

3　「強姦神話」の脱神話化へ向けて

　1970年代以降,カナダ,米国,ヨーロッパではフェミニズム運動が強姦罪の改正に取り組み,一定の成果を挙げた。その大きな傾向は,性暴力の犯罪行為の構成要件を客観的な基準を用いて明瞭な言葉で定義し,被害者の同意あるいは抵抗を要件から排除し,「被告人が何をしたのか」に焦点を合わせる,というものである。また,主体・客体ともに男女双方を含ませ,夫婦間レイプに関して婚姻例外を認めない

といった改正も各国で進められてきた。

　これに対して日本では、強姦罪に関して6カ月の告訴期間の撤廃（2000年の犯罪被害者関連法との関係で実現）、法定刑の下限の2年から3年への引き上げ（2004年の刑法改正で実現。なお総則規定で有期刑の上限が15年から20年に引き上げられたことにより、強姦罪の最高刑も20年の懲役となった）という改革はなされたものの、構成要件そのものについての見直しは行われず、日本の刑法は女性解放運動の洗礼を受けないまま21世紀を迎えてしまった。なぜ日本では欧米のような強姦罪の改正運動が起こらなかったのか、その原因についてここですべてを論じることはむずかしい。武器が規制され相対的に安全な社会であったから、緊急に解決すべき問題として優先順位が低かったこともあるだろう。しかし同じく刑法に規定された堕胎罪についても本格的な刑廃止論が起こらなかったこととあわせて考えると、セクシュアリティに関する事柄について女性たちが個人的な体験を語り、問題として社会化することに関して、日本には欧米よりもさらに大きな障碍があったのではないかと思わざるを得ない。政治学者の岩本美砂子は、欧米の「1968年世代」のフェミニストは家父長制を正面から批判したが、日本ではこの言葉は天皇制を含意するため男女平等問題に持ち出すのには重たすぎた、という。これらのことが相まって、法システム、とりわけ性をめぐる法律の中の家父長制的残滓を排除できないことが、女性たちが性暴力をめぐる法律に正面から立ち向かうことを困難にしている。

　しかし、日本でも近年ようやく性暴力被害の実態について調査がなされるようになった。最も重要な研究成果として、次の2つを挙げたい。ひとつは、強姦の加害者および被害者を調査した内山絢子による研究である（「性犯罪被害の実態」『警察学論集』53巻3-6号）。内山によれば、強姦の加害者が被害者を選んだ理由（以下、複数回答）は、警察に届けないと思った（37%）、おとなしそうに見えた（37%）、1人で歩

いている（26％），捕まるようなことではない（23％），弱そうな感じがした（19％）が上位であり，「挑発的な服装をしていたから」は5％しかいない。加害者は「弱そう」で「警察に届け出そうもない」女性を狙っているのである。さらに内山が調査した110名の強姦被害者が，どのような抵抗をしたかという点に関しては，やめてくれと加害者に頼んだ（51％），大声を出した（41％），必死で自分を守った（37％），必死で相手を攻撃した（33％）という回答もあるものの，何もできなかったとの回答が33％存在した。被害者は恐怖のあまり声さえ上げられずにいるのであるが，抵抗をしなかったことが裁判では「反抗を著しく困難にする暴行，脅迫」がなかったことの理由とされるのである。

　被害者を照らし出したもうひとつの調査は，内閣府男女共同参画局が2006年4月に公表した「男女間の暴力に関する調査」である。これは2004年に犯罪被害者基本法が成立し，同法に基づく基本計画の中で，「配偶者に該当しない交際相手からの暴力」について調査をすることが規定されたことによって実施された。この調査によれば，対象の1578人の女性のうち「これまで異性から無理に性交された経験」があると回答した人が7％あり，加害者の90％近くは「面識のある男性」であった。加害者との関係の内訳を見ると，配偶者（27％），上司などの職場の関係者（10％），教師などの学校の関係者（8％），親戚（親・兄弟以外。7％），兄弟（義理の兄弟を含む。6％），親（養親・継親を含む。5％）などが多数を占める。被害にあった時期は未成年者の時が40％以上を占め，5％は「小学校入学前」の幼児の時期になされている。東京・強姦救援センター（民間の被害者支援グループ。1983年設立）の統計でも，強姦の加害者の大多数は「顔見知り」であり，この傾向は諸外国における調査結果とも一致を示している。もしも「顔見知り」の男性による強姦や強制わいせつを検察官が「くだらない」として放置するのだとしたら，実に90％の性暴力事件は「くだらない」

事件だということになる。

　上述のような貴重な研究や統計およびそれに先立つ強姦救援センターによる献身的な活動によって，ようやく，「強姦とは夜道を歩いていた女性が見知らぬ男性から襲われるもの」「女性は嫌なら抵抗したはず」といった誤った先入観（いわゆる「強姦神話」）を脱神話化する作業が始まった。次の段階は，「神話」を取り払って明らかになりつつある女性たちの体験に基づいて，強姦をめぐる法律を変えていくことである。

　英国の犯罪学者リズ・ケリーは，異性間の性行為の経験は「合意か，レイプか」ではなく，圧力，脅かし，強制，力ずくの連続体である，という。心理学者の藤岡淳子は，ケリーの研究を引用しながら「"圧力"と"力ずく"では一見異なるように見えるかもしれないが，自身の感情や欲求ではなく，相手の男性の感情や欲求によってのみ性行為を行っているという点では共通している」と述べている[7]。刑法学者の齊藤豊治もまた，成人間の合意による性交渉と強姦の間には相当に広い中間領域が存在し，「現行法上は犯罪にならない不法な領域が存在する」ことを指摘し，「強姦でなければ和姦である」という観念それ自体が「強姦神話」のひとつに他ならない，と主張する[8]。私も齊藤の主張に同感であり，抵抗を「著しく困難」にするとまでいえない有形力の行使や言動によって，被害者が真実の同意を与えることが不可能な状況にあるとき，処罰の範囲の拡大がなされるべきではないかと考える。そのためのひとつのモデルとして，「ジェンダーの主流化」を政策目標として掲げる国連の主導の下で設立された国際刑事法廷での性暴力の規定が参考になるのではないかと思われるので，次にその概要を紹介したい。

4 国際人権法による性暴力の規定

1990年代以降、国連総会や諸会議では、人権の普遍性を確認したウィーン人権宣言および行動計画(1993年)、「女性に対する暴力撤廃宣言」(1993年)、北京女性会議行動綱領(1995年)などの女性の人権に関わる重要な文書が次々に採択されている。経済社会理事会(ECOSOC)は1997年に国連システムのあらゆる場面でジェンダーの主流化をはかる合意結論を採択した(A/52/3/1997)。人権条約機関にも重要な変化が現れている。2000年に、自由権規約人権委員会はジェンダー平等に関する新しい解釈を示すための一般的勧告を採択した(CCPR/C/21/Rev.1/Add.10)。これは1981年に出された自由権規約3条(男女同等の権利)に関する勧告を改訂するものであるが、締約国に公的および私的分野での差別を終結させることを明記している点で、「女性に対する暴力撤廃宣言」以後の大きな潮流(公私二分論批判)が感じられる。1999年に女性差別撤廃条約の選択議定書が採択され、差別の被害者に個人通報の道を開いたことも、女性の権利の実現にとっては大きな前進であった。しかし日本政府は人権条約の個人通報制度を批准していないため、日本の市民はこれらの国際法の発展の恩恵に浴することができないでいる。

1990年代以降、国際社会において性暴力をめぐる法を大きく前進させたのは、旧ユーゴスラビア、ルワンダなどの地域紛争とその後に設立された旧ユーゴ国際刑事裁判所(ICTY、1993年設立)およびルワンダ国際刑事裁判所(ICTR、1994年設立)である。この2つの特別法廷が設立された後、常設の国際刑事裁判所(ICC)規程を採択するローマ外交会議(1998年)に向けて、女性運動家は「強姦は戦争犯罪である」(Rape is a War Crime)というキャンペーンを展開した。これには旧日本軍の「慰安婦」問題も大きく関係していることは言うまでもない。

第 2 章 「女性の権利は人権」

　戦争にはなぜ女性への暴力が伴うのか，そしてなぜ被害者は救済されないのか，この問いに対して国連人権高等弁務官事務所が人権小委員会に提出した報告書は次のように答えている。性暴力は拷問の一形態であることもあり，女性やその家族への処罰であることもある。民族対立があるところで行われる組織的な強姦は，敵を辱め，戦意を喪失させる目的がある。戦争がもたらす社会の荒廃は貧困と社会不安を増大させ，弱者を保護するシステムを崩壊させる。法の支配が弱まった社会では，報復をおそれる被害者は被害を明るみに出すことができない。家父長的な社会は女性に純潔や貞節を求めるので，被害者は社会的なタブーの中で沈黙を強いられている（A/HRC/Sub.1/58/23）。

　旧ユーゴ法廷およびルワンダ法廷は時限で設立されており，いずれ活動を終結するが，性暴力について極めて重要な先例を示したとされるのが，ルワンダ法廷のアカィエス判決（The Prosecutor v. Jean-Paul Akayesu, ICTR-96-4-T, 1998 年 10 月 2 日判決）である。同判決は，次のように言う。「各国の国内法は歴史的に強姦を同意のない性交と考えてきたが，国際法上，共通に受け容れられている強姦の定義はない。国連の拷問禁止条約は何が拷問であるかを定義するのに特定の行為を列記せず，概念の枠組みに焦点をあてている。拷問と同じように，強姦は人を脅かし，貶め，辱め，差別し，処罰し，支配し，破壊する手段として利用されるものであり，それは『強制的な状況下で，人に対して行われる性的性質を持つ身体的な侵入（intrusion）または侵襲（invasion）』である。ここでいう『強制的な状況下』は物理的な力を行使することを要せず，脅迫，威嚇，強要その他の恐怖や絶望をもたらすその他の形態の脅迫も強制にあたる」（判決の主要部分を要約したものであり逐語訳ではない）。

　アカィエス判決の底流をなす考え方は，ICC 規程およびその解釈の指針となる一連の付加構成要件（elements of crimes），証拠規則（rules of evidence）にも反映している。付加構成要件は，強姦とは性器または物

体を被害者の体に挿入する侵襲であり，それは暴力，強制，監禁，心理的圧迫もしくは力の濫用のおそれによって惹き起こされる暴力，脅迫によって，または抑圧的な環境を利用することによって十分な同意を与えることができない者に対してなされるものである，と定義づけた（7条1項g）。さらに証拠規則70項は，強制や強制の脅威，抑圧や抑圧的環境が被害者の自発的・真正な同意を与える能力を損なっている場合は，被害者のいかなる言動も同意を推認する証拠としてはならず，被害者の沈黙や抵抗がないことはいかなる場合でも同意の根拠とはならないことを明記した。アカィエス判決の後，米国ではカリフォルニア・イリノイの両州が，この判決の要素を取り入れて強姦に関する民事賠償責任についての法を改正した[9]。カリフォルニア州民法は，強制的な状況下での性的性質を持つ身体的な侵入または侵襲は，それが刑事訴追の対象とならなくても，ジェンダー暴力（gender violence）として損害賠償の対象となると規定する（52条4（c）（2））。イリノイ州では「ジェンダー暴力法」（Gender Violence Act）が制定され，上述のような侵襲は「ジェンダーに関連する暴力」（gender-related-violence）であり，刑事訴追の有無にかかわらず，民事での救済の対象となることを規定している（Sec.5（2））。

アカィエス判決の事件は，遠いアフリカのルワンダでフツ人の男性から強姦されたツチ人の女性の被害をめぐる事件であるが，「著しい暴行，脅迫による強姦」と「和姦」の間に「抑圧的環境の利用」という空白があることを指摘し，かつ被害者の沈黙を同意の推認の根拠とすることを排除している点で，各国の性暴力法に再考を促している。米国の一部の州が刑事法ではなく，民事不法行為としての強姦の規定にこの判決の要素を取り入れたことは大変興味深く，日本法への継受の可能性について検討が必要である。

5 JCLU の課題

 冷戦後の世界では,テロリズム,感染症,自然災害,組織犯罪など,従来の脅威であった独裁国家以外のアクター(行為主体)が平和・人権を脅かす元凶となっている。人権NGOは生来的に超国家的な性質を持っているが,これらの地球規模での脅威に対抗して人権を擁護するためには,今後ますます専門性と国際性をそなえた活動が求められる。JCLUは創立以来60年間にわたって,日本国内の人権問題に取り組み,また国連をはじめとする国際的なフォーラムで日本を代表する人権NGOとして重要な役目を果たしてきたが,今後は従来にも増して大きな期待と責任が負わされることと思う。

 最後に,今後の10年間に女性の権利をめぐってJCLUはどのような活動をしていけばよいのか,私が考える課題を2つ掲げて,本章を終えたい。ひとつは,国や自治体に女性の権利を擁護する責務を実現させるための活動を継続し発展させることである。国や自治体は人権を護り,立法を行い,制度を整備する責任があり,私人間の差別や虐待であっても被害者を保護し救済する責務を負っている。たとえば,現在,アメリカ自由人権協会(ACLU)の女性の権利プロジェクト(WRP)が最も力を注いでいる活動のひとつは,ドメスティック・バイオレンス(DV)に関する警察の責任を追及することである。WRPは米国連邦最高裁に対して,DVの保護命令発令中の夫に3人の娘を誘拐・殺害された妻が,救援依頼に対して捜査をしなかった警察の不作為は適正手続を保障した合衆国憲法修正14条に違反する,として求めた損害賠償請求訴訟を支援したが,最高裁はその訴えを認めなかった(ゴンザレス事件。Town of Castle Rock, Colorado v. Jessica Gonzales, June 27, 2005)[10]。日本でも「女性に対する暴力」への法的対抗措置を考える場合,私人である加害者個人の責任追及は必要なことであるが,それだけでは十分ではなく,背後にある人権擁護システムの機能不全を

もっと突いていく必要がある。人権とは市民相互間のマナーや配慮によって成立するものではなく、究極的には国に「護らせるもの」であるからだ。

　もうひとつは、アジア太平洋地域における地域人権機構の設立へ向けて積極的な行動を起こすことである。JCLUはこれまでアジア人権小委員会などでその可能性を探る研究・提言を行ってきたが、日本の人権運動の中で必ずしも大きな潮流となり得ていない。2006年に設立された国連人権理事会は、発足以来、前身である人権委員会によってなされてきた特別手続の存続を議論してきた。2007年6月の人権理事会が継続を決定した特別手続（国別審査）の対象はわずかに2カ国のみであり、ビルマ（ミャンマー）と北朝鮮（朝鮮民主主義人民共和国）であった（A/HRC/5/L.11）。人権理事会がこの2カ国のみを「人権侵害国」として選定したことの政治性は議論の余地があるが、両国ともに深刻な人権侵害を懸念される国家であることは疑いがなく、この2つがアジアに位置する国であることの意味は考えなければならない。JCLUの創立60周年を会員のひとりとして祝福しつつ、この記念事業を契機にJCLUがアジア太平洋地域の人権機構設立へ向けたイニシアチブをとることを願っている。

●注
（1）Charlotte Bunch, "Women's Rights are Human Rights: Toward a Re-Vision of Human Rights," *Human Rights Quarterly* (The John's Hopkins University), November 1990.
（2）本間浩『国際難民法の理論とその国内的適用』現代人文社、2005年。
（3）角田由紀子『性差別と暴力――続・性の法律学』有斐閣、2001年。
（4）上村貞美『性的自由と法』成文堂、2004年。
（5）大阪刑事実務研究会「事実認定の実証的研究　第4回　強姦の認定」（『判例タイムズ』246号）からの再引用。英国の性科学者の言説として

紹介されている。
(6) 岩本美砂子「家父長制とジェンダー平等——マイノリティ女性条項が新設された 2004 年 DV 法を手がかりに」(日本政治学会編『年報政治学 2006-I「平等と政治」』木鐸社, 2006 年)。
(7) 藤岡淳子『性暴力の理解と治療教育』誠信書房, 2006 年。
(8) 齋藤豊治「性暴力犯罪の保護法益」(齋藤他編『セクシュアリティと法』東北大学出版会, 2006 年)。
(9) Catharine A. McKinnon, "Defining Rape Internationally: A Comment on Akayesu," *Columbia Journal of Transnational Law* 940 (2006).
Kristen Boon, "Rape and Forced Pregnancy under the ICC Statute: Human Dignity, Autonomy and Consent," *Columbia Human Rights Law Review* 32:625 (2001).
(10) ACLU 公式ウェブサイト (http://www.aclu.org/womensrights)。

● 参考文献
- 大沢真理『現代日本の生活保障システム 座標とゆくえ』岩波書店, 2007 年
- ジュディス・ハーマン／中井久夫訳『心的外傷と回復』みすず書房, 1996 年
- キャサリン・マッキノン／村山淳彦監訳『セクシャル・ハラスメント・オブ・ワーキング・ウィメン』こうち書房, 1999 年
- 吉川真美子『ドメスティック・バイオレンスとジェンダー——適正手続と被害者保護』世織書房, 2007 年
- キャスリン・バリー／田中和子訳『性の植民地』時事通信社, 1984 年

第3章 国際刑事裁判所と人権

東澤　靖

はじめに

　2007年4月，国会における全会一致によって「国際刑事裁判所に関するローマ規程」（ICC規程）の加入締結が承認された。これによって日本は，同年10月1日から国際刑事裁判所（ICC）への最大の財政貢献国としてICCの締約国となった。集団殺害（ジェノサイド）犯罪，人道に対する犯罪，戦争犯罪などの国際犯罪を抑止し，訴追するための常設の国際裁判所が歴史上はじめて設けられたことの意味は，国際社会や国際法にとって重要なものであってそのことはさまざまな場で語られてきた。しかし，個人と人権にとってどのような意味を持つのか，その限界は何なのか，いまだ十分に語られているとはいえない。

　本章では，まずICCがどのような性格を持つ国際機関であるかを明らかにする。そして，この21世紀においてICCが誕生したという事実が，国際人権法と国際人道法との関係，大規模な人権侵害に対する諸国家の普遍的管轄権と義務，その被害者の救済，裁かれる者の人権など，人権をめぐる諸課題を考える上でどのような意味を持つのかを検討する。

1　ICCの概要

　ICCは，20世紀に多くの市民が紛争の中で残虐行為の犠牲となっ

てきた事実のもとに，そうした犯罪を行った者が処罰を免れることによって不処罰と残虐行為の連鎖が繰り返されることを終わらせるために，「国際社会全体の関心事であるもっと重大な犯罪」を裁くために設立された。ICCの基礎となっているのはICC規程という条約であり，必要な批准国数を得た2002年7月に発効した。現在の締約国は105カ国である。

ICCは，オランダのハーグに設置され，その機関は，予審，第一審及び上訴からなる裁判部，検察官が率いる検察事務所，そして非司法的な業務を扱い裁判所書記によって代表される書記局，によって構成されている。

ICCが現在対象とする犯罪類型は，集団殺害犯罪，人道に対する犯罪及び戦争犯罪であり，各犯罪の構成要件が規程その他の文書で詳しく規定されている。規程が発効した2002年7月1日以降の犯罪のみが管轄権の対象となる。しかしICCは，世界中で起こるすべての事件を対象とするわけではない。「補完性の原則」のもとで，犯罪の捜査・訴追は第一次的には各国の国内裁判所に委ねられる。しかし各国は，ICC規程への加入によって国内での訴追義務を課されるわけではなく，訴追の有無は各国に委ねられている。そして，各国の国内裁判所が捜査・訴追を行う意思や能力を持たず，そして十分に重大な犯罪である場合のみ，ICCは管轄権を行使する。そこで想定されているのは，政府や軍，あるいは民兵組織や反乱軍の指導者クラスの容疑者である。

手続は，一国あるいは一地域の事態が，締約国や国連安全保障理事会によってICCの検察官に付託されることから開始される。また，検察官は自らの収集した情報で捜査を開始することもできる。検察官の捜査に対する監督，逮捕状その他の発付，そして公判を開始するかどうかの決定は，予審裁判部によって行われる。予審裁判部が犯罪があったと信ずる実質的な理由があると判断した場合には，第一審裁判

部による公判が開始され、第一審裁判部は公判の上で有罪・無罪、そして有罪の場合の量刑を判断する。刑は、30年の懲役が上限とされるが例外的な場合には無期刑が許される。死刑は許されていない。判決に対しては、被告人と検察官が上訴裁判部に上訴することができる。

しかし、ICCはそれ自体、被疑者を逮捕し、引渡し、強制的捜査を執行し、あるいは懲役刑や罰金刑を執行する警察力、法執行力を持っていない。それらの法執行は、締約国に委ねられることになり、そのため締約国は、ICC規程への加入によってICCへの数々の協力義務を課されることになる。

2　国際人権法と国際人道法

ICCを作り出したのは、通常、国際人道法であると言われる。国際人権法と国際人道法とは、ともに第2次世界大戦の惨禍を経て戦後に確立した法概念だとされながらも、その区別は相対的でしばしば重なり合う。

国際人権法の発展とその特徴

いうまでもなく国際人権法は、人権問題を国内問題であるとして放置することがナチスによるユダヤ民族迫害などの悲劇を引き起こしてきたという反省のもとに生み出された。1948年に国連総会で決議された世界人権宣言は、人権の保障が「世界における自由、正義及び平和の基礎」(前文)であることを確認し、人権を国際社会の関心事項とした。その後、1966年に採択され1976年に発効した2つの国際人権規約をはじめとする人権諸条約は、第1世代の権利と呼ばれる市民的及び政治的権利、第2世代の権利と呼ばれる経済的、社会的及び文化的権利、そして第3世代の権利と呼ばれる少数者や先住民など集団の権利を含むにいたった。それらの国際人権を保障する手段は、加盟

国の政府に人権保障の履行義務を課し，人権条約などに基づき設置された条約機関がその履行状況を審査することによって，各国国内の人権状況の向上を意図するものである。さらに，人権条約に選択的に設けられた個人通報制度は，条約機関が個人や集団からの通報を直接受理することによって，加盟国の政府を通じることなく条約機関が個別の人権状況を検討することを可能にした。このようなシステムの中で，国際人権は国家を通じて実現することが期待される。国際人権法がその規範の遵守を課すのは国家であり，国際人権法に違反する行為を国家が行いまたは放置する場合には，その国家の実行を非難することによって国家に制度や政策の変更を迫り，それによって国際人権を実現することになる。

国際人道法の内容とその特徴

これに対して国際人道法は，国際人道法のもとでの義務の対象や権利の主体は必ずしも国家に限られることなく一様ではない。

国際人道法（International Humanitarian Law）という概念それ自体が用いられるようになったのは，それほど古い話ではなく，1971年に赤十字国際委員会が開催した「国際武力紛争に適用される国際人道法の再確認と発展のための政府専門家会議」にその端を求められることが多い。しかしその内容は多岐にわたり，その起源もさまざまである。第一には，戦争法規であり，その内容とされるところはアメリカ南北戦争時の陸戦訓令（リーバー法：1863年）にさかのぼる。その後，ハーグ陸戦条約及びハーグ陸戦規則（1899年と1907年），ジュネーブ諸条約（1949年）及びジュネーブ第1，第2追加議定書（1977年）によって，武力紛争下の害敵手段が規制され，捕虜や民間人の保護が義務づけられてきた。さらに戦争法規は，戦争の方法や手段を規制する戦争における法（jus in bello）だけではなく，1929年の不戦条約や国連憲章によって戦争を行うことを禁止する法（jus ad bellum）としても発展し，

平和に対する罪(侵略犯罪)という概念が形成されてきた。第二には、ニュルンベルク国際軍事法廷や極東軍事法廷の裁判を通じて確立した「人道に対する犯罪」である。「人道に対する犯罪」は、伝統的な戦争犯罪が敵国民に対する犯罪と考えられていたのに対し、自国民や植民地の人々に対する犯罪を含む点で特徴があった。この犯罪概念は、1990年代以降に国連安全保障理事会が設置した旧ユーゴスラビアやルワンダの国際刑事法廷でも用いられてきたが、その詳細な犯罪の構成要件は、ICC規程とその構成要件文書によって歴史上初めて法典化されるにいたった。また、「人道に対する犯罪」と類似しながらも独立した犯罪類型とされている行為に「集団殺害罪(ジェノサイド)」がある。その行為類型は1951年に発効した「集団殺害犯罪の防止および処罰に関する条約」によって類型化された。

それらの国際人道法によって違反行為を禁止される義務の対象となっているのは国家だけではなく、個人や団体を含んでいる。ハーグやジュネーブの諸条約は、戦争法規の違反行為に対し、国内の訓令や刑罰法規で取り締まるべきことを国家に義務づけた。また、ジュネーブ諸条約や追加議定書は、国家間ではない内乱や非国際的な武力紛争にも戦争法規が適用されることを明らかにした。さらには、ニュルンベルク国際軍事法廷や極東軍事法廷、あるいは1990年代の国際刑事法廷は、国家を超えた国際的な司法機関が個人や団体を直接に訴追し、処罰するという実行を作り出してきた。

国際人道法のもとでの個人の地位と権利

国際人道法のもとでの権利の主体の問題は、より複雑である。国家の軍隊構成員が、戦争法規に違反する行為によって国家や個人に損害を与えた場合にその損害を国家が賠償すべきであるとする国家責任の考え方は、1907年のハーグ陸戦規則3条や1977年のジュネーブ第1追加議定書91条によって古くから確認されてきた。しかし、損害を

受けた個人がその所属する国家の外交保護権によることなく，直接に加害国家に対して国際法上の請求を行う主体たり得るのか，あるいは国家が平和協定などで賠償請求権を放棄した場合にそのことは個人の損害についての権利行使を不可能とするのかという問題は，日本でも戦後補償の裁判によってしばしば争われてきたところである。日本の裁判所は，いずれの問題についても被害者個人の請求を否定してきたが，未解決の問題として存在する。

ここに存在するのは，人権や人道が問題とされる場合に，国家はどのような役割を与えられるのか，そして国家の役割は絶対的であり個人が国際法や国際社会との関係でその権利義務の主体性が認められることはないのかという，古くから語られてきた問題である。そして，少なくとも国際人道法においては，国際人権法とは異なり，法規範の権利義務の主体として国家は不可欠なものとはされていない。しかし，それは国際人権法には妥当しないのであろうか。

3　大規模な人権侵害に対する普遍的管轄権と義務

そのような国家の役割の危うさが明らかとなるのは，国家がその管轄下で行われる大規模な人権侵害に対してそれを防止することも救済することもしないで放置する場合である。そのような放置を行うのは，司法制度などが崩壊して国家が関与する能力を持たない場合と，そもそも国家が人権侵害に関与してその防止や救済を望まない場合がある。そのような場合に国際社会や他の国家が取り得る態度は，論理的には，それを放置するという選択肢と何らかの形で介入するという選択肢しかない。人権，特に大規模な人権侵害に対する保障は国際的な関心事項であるという前提に立てば，それに対する回答は後者でしかありえないが，さらに問題は，どのような形での介入が認められるのかという点につながっていく。

大規模な人権侵害に対する「人道的介入」

　この点でしばしば問題にされるのは，大規模な人権侵害に対する国際社会や他国の介入，とりわけ武力介入の是非である。それらは，ボスニアやルワンダなどで起こった事態になぞらえて，実際に日々多くの人々が虐殺されている中で国際社会や他国はそれを放置することが許されるのかといったセンセーショナルな形で問題提起されることが多い。他方で，歴史上，人道的介入と説明されてきた武力干渉においては，そのような名の下に隠された政治的・軍事的意図が存在してきたという事実や，そもそも国際法はそのような理由での武力行使を容認しているのかなど多くの問題点を持っている。

普遍的管轄権

　そのような危険な手段に訴えることなく，主張されるもう一つの方法に，重大な人権侵害の犯罪に対する諸国家の普遍的管轄権や処罰の普遍的義務がある。

　普遍的管轄権は，一定の犯罪に対してはその重大性ゆえに容疑者の国籍や犯罪が発生した領域を問わず，国家が管轄権を行使することである。その端的な例として注目されたのは1993年に制定されたベルギーの人道法であり，集団殺害犯罪，人道に対する犯罪及び戦争犯罪に対しては普遍的に管轄権を行使することを認めていた。普遍的管轄権，とりわけ重大な人権侵害の犯罪に対するその行使は，そうした犯罪がけっして犯罪に関係する国々のみの関心事項ではなく他の諸国家あるいは国際社会が正当に関心を持つべきものであるという理念，そして管轄権を関係諸国のみに限定することはそれらの諸国が管轄権を行使しない場合に不処罰を放置することになるという実際的な必要性に基づいている。そうした普遍的管轄権の理念と必要性は，その前文において「国際社会全体の関心事である最も重大な犯罪についての管轄権」を宣言し，「これらの犯罪を行った者が処罰を免れることを終

わらせ」ることを目的とするICC規程とまさに重なるものである。

　しかし，ベルギー人道法のような一国における普遍的管轄権の行使は，時には他国の指導者をもその対象とせざるを得ず，他国の主権との関係で困難な問題に直面せざるを得ない。ベルギー人道法のもとで行われたコンゴ民主共和国の外相に対する国際逮捕状に対し，国際司法裁判所（ICJ）は，それが国際法上尊重されるべき刑事裁判権免除と不可侵権に違反するものであるとして逮捕状は取り消されるべきであるとの判断を行った（コンゴ対ベルギー事件，2002年2月14日判決。ただし，この裁判権免除は個人としての国際的な刑事責任そのものには影響を与えるものではないことも認めている）。また，ベルギー人道法そのものも，元首を告発されていたアメリカやイスラエルの圧力の中で，2003年に事実上廃止となる大改正が行われた。

普遍的義務

　他方で処罰の普遍的義務，自国で処罰するか権限ある国家に引き渡す義務は，人権侵害にかかわる犯罪のみならず今日の国際法の中でひろく受け入れられている（例：航空機の不法な奪取の防止に関する条約）。重大な人権侵害にかかわる犯罪については，ジェノサイド条約（1951年発効　6条・7条）や拷問禁止条約（1987年発効　7条・8条）において，自国で裁判権を設定して事件を付託するか，管轄権を有する国に引き渡すべきことを義務づけられている。このような処罰の普遍的義務に関係して問題となったのは，ピノチェト元チリ大統領の引渡であった。1973年のチリでの軍事クーデターの後に長期にわたる独裁政権を敷き，民主化運動を弾圧してきたピノチェトは，1998年にイギリスで療養中にスペインの予審判事が国際手配した逮捕状に基づき，イギリス当局に逮捕された。イギリスの上院（最高裁）はいったん行った判断を裁判官1名のアムネスティへの関わりを理由に取り消したものの，再審理においてもピノチェトの免責特権を認めず，逮捕は有効との決

定を行った（1999年3月24日決定）。この決定の根拠とされたのが，拷問禁止条約に基づくイギリスのスペインに対する引渡義務であった。なお，その後ピノチェトは，2000年3月，裁判に耐えられる健康状態にないとのイギリス政府の判断により，引き渡されることなくチリに帰国した。これに類似する事件は，日本でも2000年に発生した。現職の大統領のまま日本に逃亡してきたペルーのフジモリ大統領に対し，ペルー政府は引渡を求め，2003年には正式に犯罪人引渡請求を行った。その容疑は，同大統領によるクーデターの直後の1991年と92年に大統領直属の秘密部隊が行った住民に対する集団殺傷と学生・教授への誘拐と殺害であり，引渡請求の理由の一つが拷問とされていた。日本政府は早くからフジモリ大統領の日本国籍を理由に国内法（逃亡犯罪人引渡法）に照らして引渡は困難であることを述べていたが，日本の拷問禁止条約上の義務にもかかわらず，引渡請求に対する最終的な判断も日本での捜査開始も行わなかった。そして，2005年にフジモリ元大統領が大統領選への出馬のためにチリへ出国したことに伴い，チリ政府が2007年にペルーへの引渡に応じ問題は一応の収束を見た。しかし，日本政府が拷問禁止条約その他の国際法上の義務に従って行動したのか，という問題は残されることとなった。

ICCの管轄権の特徴

以上のように重大な人権侵害に対する国家の普遍的管轄権と普遍的義務は，国際法上，紆余曲折をたどりながらも発展を続けている。この点からICCを見た場合，ICCは単純に割り切ることのできない複雑な性格を持っている。

ICCは，地球上で起きたすべての犯罪に対して普遍的管轄権を持つものではない。ICC規程という条約に基づく機関であるという性格上，締約国に一定の関わりがある場合，具体的には締約国の国民の行った犯罪，またはその領域で発生した事件に対してのみ管轄権を持つ。そ

のことは逆に，締約国の国民であれば，またそこで発生した犯罪であれば非締約国の国民に対しても，国家の同意を得ることなく管轄権を行使できる。また，すでに述べた補完性の原則により，犯罪の訴追は第一次的に国内裁判所に委ねられ，その国家に訴追の意思や能力がないと ICC が判断した場合にのみ，ICC の管轄権が発生する。他方で国連安全保障理事会が付託した事件については，締約国との関わりや補完性原則による制約はない。これは ICC に普遍的管轄権を与えるものではないが，いくつかの場合には，容疑者が所属しまたは事件の発生した国家の意思に反しても，ICC が管轄権を行使する場合があることを示している。そこでは，問題となる国家の意思に反してどのように捜査や訴追が可能であるのかという普遍的管轄権に内在する問題が惹起される。そのような事態が，安全保障理事会が ICC に付託したスーダンのダルフール地方のケースである（2005 年 3 月 31 日安保理決議 1593）。ICC の検察官は，スーダンへの入国もままならない状況で元内務大臣と民兵組織指導者 2 名の逮捕状を予審裁判部から得た（2007 年 4 月 27 日）。この逮捕と訴追の成功が，普遍的管轄権をめぐる新たな可能性を創り出していくことは疑いない。

　ICC の役割を処罰の普遍的義務という観点から見てみれば，ICC 規程は，ICC 自身に対しても，締約国に対しても，重大な人権侵害犯罪の処罰義務を課すものではない。しかし ICC の設立目的に照らせば，管轄権と訴追の相当性が認められる犯罪に対して，ICC は能力がある限りその訴追を行うことが期待される。締約国も，補完性の原則のもとで自らが訴追しなければ ICC の介入を認めることになることから，事実上，国内での訴追が奨励されることになる。他方で，実際に ICC に係属する事件は，新たな問題点を提起している。すなわち，ICC が捜査や訴追を開始したコンゴ民主共和国，ウガンダ共和国及び中央アフリカ共和国の事件や事態は，すべて締約国が自国内の事態を国内裁判所で処理することなく ICC に付託するという「自己付託」のもの

である。このような補完性の放棄とも言うべき事例が多発した場合，ICC の事件処理能力とも関係するが，処罰の普遍的義務は果たされないことになる。ICC の機能は，締約国における国内司法制度の確立とあわせて進んでいかなければならないことを，こうした事例は示している。

4　被害者の救済機関としての ICC

　近年において重要な発展を遂げているのは，重大な人権侵害の被害者の権利にかかわる国際人権法である。そしてそのような人権侵害においては，性暴力とあわせてしばしば女性と子どもが犯罪の対象とされ，また被害回復も困難であることから，救済の内容や適切さがさらに模索されている。

　世界人権宣言の当時には，人権侵害の被害者がどのような救済を受けるのかは明示されていなかった。その後の自由権規約においては，「効果的な救済措置」（2 条 3 項）が人権として保障されるにいたったが，それがいかなる措置を含むのかは明示されていなかった。そのような中で国連総会は，「犯罪と権力濫用の被害者の正義のための基本原則宣言」（1985 年決議 40/34 付属文書）を採択した。さらに国連人権促進保護小委員会及び国連人権委員会の検討作業を経て，近年，国連人権委員会総会は，「国際人権法の大規模な侵害と国際人道法の重大な違反の被害者の救済と保障に対する権利に関する基本原則とガイドライン」を採択した（2005 年決議 60/147 付属文書）。この基本原則とガイドラインが被害者に保障すべきとする権利は，司法への平等で効果的なアクセス，適切・効果的且つ迅速な賠償，侵害と賠償制度に関する関係情報へのアクセスなどを含んでいる（原則 11）。また，国際法違反の犯罪についてはそれを捜査，訴追，処罰すべき国家の義務（原則 4, 5）を課している。

被害者の権利について，ICC 規程は，被害者と証人の保護，手続の各段階への被害者の参加，そして有罪判決の場合の被害者に対する賠償命令など，被害者の権利に関する多くの規定を持っている。さらに被害者がその権利を適切に行使できるように，被害者の代理人弁護士に関する諸規定が置かれ，裁判所から独立した常設の公設弁護士事務所も設置されている。

　被害者と証人の保護について ICC では，裁判官と検察官にその保護のための措置を取る義務，保護を専門とする部局の書記局での設置，そして訴訟手続における証拠開示や尋問の制限など各種の保護措置が保障されている。また，被害者の参加については，手続の各段階での意見や懸念の表明に加えて，裁判所が許可する場合には，審理手続への出席と発言，さらには証人や被告人に対する尋問にまで及んでいる。被害者の賠償については，有罪判決を受けた者に対する賠償命令やその執行手続に加えて，被害者のための信託基金が設置され，賠償を実効的なものとしている。これらの点で，ICC における被害者の権利は，国家に対するものではなく，ICC で裁かれる個人に対するものではあるものの，最高度の権利を保障しているものと評価できるだろう。

　他方で，ICC 規程における被害者の豊富な規定は，その実施にあたっていくつかの課題を生じさせている。第一には，被害者の定義と範囲の問題である。ICC での訴追対象となる被告人は，通常，軍隊や政府の指導者層であることが予定されていることから，被害者と被告人との関係は間接的なものとなり，その被害対象も多数となる。そのようなもとでどの範囲の被害者に参加を認めていくのか，共通の代理人弁護士を付与することによって利害の相反を生じないのか，さらには多数被害者の意見を反映させることによる手続の遅延をどのように処理するのかという課題が明らかとなってきている。また第二に，当然予測されることではあるが被害者の権利や参加の拡大は，しばしば被告人の権利との衝突を招く。ICC 規程は，被害者の権利行使は被告

人の権利行使を害するものであってはならないことを各所で規定しているが，どのように両者の権利を調整するかは今後の実際の手続に委ねられている。すでに進行している事件で生じている問題は，被害者の意見表明への対応を被疑者・被告人の弁護人は迫られるところ，それにすべて対応すべき人的，財政的資源が弁護人には与えられていないというものである。

5 被疑者・被告人の人権保障

　被疑者・被告人の権利は，国際人権法の中でも当初からその保障がなされてきた分野である（自由権規約9条，10条，14条，15条など）。加えて，国際刑事手続においては，裁判所や管轄権の正統性を担保するものとしても，その重要性が確認されている。例えば，旧ユーゴスラビア国際刑事法廷（ICTY）の設置に際して国連事務総長は，「法廷が，手続のすべての段階における被告人の権利に関し，国際的に承認された基準を尊重することは，自明の理である」との報告を行っていた（国連安保理決議806の第2項に従った事務総長報告　UN Doc. S/25704［1993］）。

　そのようなもとで，国際刑事裁判においては，「公正な裁判」（自由権規約14条1項），特にその中核的原理とされる武器対等の原則（Equality of Arms）において大きな発展を遂げてきた（詳しくは，東澤靖「武器対等の原則及び国際刑事手続における展開」，芹田健太郎他編集代表『講座国際人権法2　国際人権規範の形成と展開』信山社，2006年，115-160頁）。例えばヨーロッパ人権裁判所において武器対等原則は，弁護側に検察側との関係で平等な機会を与えられるべきとする形式的対等を主たる内容としていた。これに対し，ICTY控訴部は，検察側と弁護側との間の武器対等の原則を，形式的対等（procedural equality）に留まるか，実質的対等（substantial equality）を含むかという論争に対し，武器対等の原則は，国際法廷においては，国内裁判所での手続に比べて

よりリベラルな解釈がなされなければならないと判断してその対象を広げ,「裁判所は,事件遂行の援助を求める当事者の請求を受けた場合,規則と規程のもとで付与可能なすべての実用的な設備を与えるべきことになる」と判断した。このようにして,国際刑事裁判においては,防御の準備のための十分な時間及び便益をどこまで弁護側に保障するか,検察官の事前の証拠開示をどこまで認めるかといった問題について,武器対等の原則に基づいた権利の拡大が図られてきた。

ICC規程においても,捜査における被疑者の諸権利(規程55条)と被告人の権利(同67条)として,被疑者・被告人の権利に関するまとまった規定が置かれている。同時に裁判所は,法の適用及び解釈において「国際的に認められた人権と両立するもの」であることが義務づけられている(同21条3項)ことにより,より広範な国際人権法への適合が求められることになる。また,それらの権利は,弁護についての十分な便益の付与(補助弁護人や捜査官も含む公選弁護人の付与,公設弁護人事務所による弁護活動への援助),弁護側に有利な資料も含む検察官の証拠開示義務,重大性を持つ規程違反や人権侵害により得られた証拠の排除などの具体的な制度により実現されることが予定されている。

しかしそれでもなお,組織的に遂行される検察の訴追活動とここに行われる弁護活動との間の構造的な武器の不対等,各種認められる被害者の公判での活動に対する弁護側の対応,そもそも国際社会が重大な関心を持つ犯罪に関与したとして国際的な処罰感情のもとに公判請求された被告人について,無罪推定の原則をどのように貫かせることができるのか,といった問題は,今後の実務に委ねられた課題である。

6 ICCをめぐる人権の課題

筆者は,1998年にICC規程を採択したローマ全権外交会議に日本

弁護士連合会の代表として参加し，国際的な正義と刑事司法を行うシステムを20世紀の終わりにようやく確立したという感動を共有した1人である。それは自らが関わる「慰安婦」事件などの戦後補償事件や海外の重大な人権侵害の被害者遺族の代理を行う中で抱いてきた，正義が達成されてこなかったという思いに基づくものであった（Yasushi Higashizawa, "WHEN WILL JUSTICE BE REALIZED?" *LAWASIA Journal*, 2005, pp. 83-108）。そして，以上に述べてきたように，ICC は，大規模な人権侵害に国際社会が対応するための制度として，人権の観点からきわめて優れた内容のものとなっている。

しかし，他方で同じ人権の観点から ICC の制度を検討した場合，そこにはいくつかの未解決の問題，その解決が今後の国際社会の実践に委ねられた課題も決して少なくはない。

第一に，ICC は，実際には武力紛争のもとでの犯罪を扱うことが多いであろうが，継続する紛争への介入や紛争後の平和構築において ICC の刑事司法権の行使がどのような関係に立つのかという問題がある。和平交渉や協定の中では，しばしばその条件として刑事責任の免責が求められるもとで，平和と正義との両立がどのようにして実現されるのか，言いかえれば平和と正義の実現の双方を求める市民の願いをどのように実現していくのかは，今後も繰り返し提起されるであろう。

第二に，国際裁判所としての ICC と国家との関係は，引き続き緊張をはらんだ問題である。スーダンのように非締約国における捜査や逮捕の実施はその端的な例であるが，締約国が ICC 規程によって課せられた協力義務を履行しない場合，それを国際社会がどのように強制し履行されるのかは ICC 規程自体の中では十分な解答は与えられていない。また既に述べた国家による「補完性の放棄」とも言うべき事態が生じ，一部の指導者が ICC で裁かれたとしても実際に犯罪に関わった大量の実行行為者が国内では放置されるという事態

(impunity gap) が発生していく場合，膨大な被害者は救済も正義も受けることはできない。国内司法制度の確立とそれへの国際的な協力，そして ICC の捜査や訴追は，本来ともに進められるべきものであろう。

　第三に，ICC における被害者の権利の実現と被疑者・被告人の権利の確保は，理念上は充分両立するものであろうが，その実現にはさまざまな困難も予測される。ICC で訴追されるのが，残虐行為や重大な人権侵害を指揮したとされる政府や軍隊組織の指導者であることが想定されるもとで，それらの者の責任を明らかにし，刑事上の責任をとらせることは，被害者や遺族のために正義を実現するうえで不可欠である。他方で，被疑者・被告人は国際人権基準に基づいた公正な裁判が保障され，無罪推定原則のもとにその責任が判断されなければならない。ICC での裁判手続は，国際社会におけるさまざまな圧力の中でも一方に偏ることを避け，いずれにとっても法と正義が実現されたという信頼を与える任務を負わされている。それも，限られた予算と時間の中で行うことが求められている。このことは，被疑者・被告人，あるいは人権侵害の被害者というそれぞれに発展してきた国際人権規範が，その対立という極限の状況の下で，その真の意義が検証される場であるといっても過言ではないだろう。そしてもちろんそのような困難な任務は，ひとり ICC のみに負わされるべきものではなく，国家や他の国際機関によって分担されるべきものである。

　そして最後に，ICC での実践は，国際社会あるいは国際法における個人の地位と役割について再考を迫るものとなる。すでに述べたように，国際人権法は国家による履行を前提とするシステムであった。また，国際人道法においても，その執行や被害の回復は国家に委ねられ，個人は間接的な存在として国家間のさまざまな実行や取り決めの客体としての地位しか認められてこなかった。その背景には，国際法は諸国家の法であり，個人は特別にそれを認める制度がない限り，国際法の権利主体とはなりえないとの伝統的な理論が存在する。ICC は，そ

れに比べて ICC における個人の地位と権利が正面から認められた制度である。個人は被疑者や被告人として，国際法上直接に課された義務の違反を理由に捜査や訴追の対象となり，また国際人権基準で認められた権利や ICC で認められた手続上・実体上の権利を行使することになる。さらに個人は被害者として，ICC が認めた権利やその背景にある重大な人権侵害の被害者としての国際人権法上の権利を，国家を介することなく直接に行使することが認められる。さらには，弁護人や被害者の代理人としての弁護士も，個人の資格で活動することが認められる。このような ICC における個人の地位や権利の承認は，もちろん，ICC 規程という条約を基礎とする特別な制度が存在する点で，伝統的な国際法理論と矛盾するものではない。しかし，この個人の地位や権利は常設の裁判所である国際機関において制度として肯定され，その制度は国際人権法や国際人道法の履行形態を基礎とし，そして個人の地位や権利は ICC 規程に加盟していない国家との間でも承認される場合がある。このことは，ICC における個人の地位が特殊限定的に認められたということに留まらない。少なくとも国際人権法や国際人道法における個人の地位や権利が，必ずしも個人が所属する国家のみによって代表される必要はないという国際法の新たなあり方を示しているものと考えることもできる。

ICC は，人権の内容と違反行為の救済において，新しい実現のフォーラムと方法を提供する可能性を持っている。

●参考文献
- 東澤靖『国際刑事裁判所　法と実務』明石書店，2007 年
- 「特集　国際刑事裁判所ローマ規程への加盟に当たって」(『法律のひろば』2007 年 9 月号，ぎょうせい，4-53 頁)
- 「特集 2　変わる刑事弁護——『国際刑事裁判所規程』加入の影響」

(『自由と正義』58巻8号,日本弁護士連合会,2007年,50-79頁)
- 「特集＝国際刑事裁判所の将来と日本の課題」(『法律時報』79巻4号・通巻981号,日本評論社,2007年,4-67頁)
- アムネスティ・インターナショナル日本国際人権法チーム編『入門国際刑事裁判所』現代人文社,2002年
- 「特集1　国際刑事裁判所の成立」(『ジュリスト』通号1146号,有斐閣,1998年,4-71頁)

第4章　テロ対策と外国人の人権
étranger への交錯するまなざし

旗手　明

はじめに

　かつて外国人の処遇について,「煮て食おうと焼いて食おうと勝手だ」と言われた時代があった。いま, 新たに「外国人はいくら監視しても当然だ」とする時代が始まっている。どちらにも共通しているのが,「外国人はあくまで見知らぬ人たち（étranger）であり, どう扱うかはこちらの自由だ」とする考えだ。

　グローバリズムが世界を席巻しているが, モノ・カネは自由に世界を還流している一方, ヒトの動きについては国家の壁が大きく立ちふさがっている。基本的に, どのようなヒトをどのような条件で受け入れるかは, 国家主権からくる自由に任されている。そして, 受け入れた外国人をどのように扱うかも, 各国の法制に委ねられている。

　2001年の9.11同時多発テロ事件以降, 欧米を中心に外国人に対する視線は極めて厳しいものとなっている。米国では, 事件後, 直ちに愛国者法が制定されテロ対策が実施されるとともに, グアンタナモ基地等へのテロリスト容疑者の拘束や, 拷問のおそれのある国への国外秘密移送など, 法に基づかない取り扱いまで行われている。

　日本でも, US-VISIT日本版の導入やテロリスト認定制度, また雇用状況報告制度の義務化やIC在留カードなど, 新たな外国人監視システムの導入が急がれている。他方, 1983年にうたわれた留学生10万人計画が約20年かけて実現した後, 2015年に25万人, 2025年に

35万人程度にまで拡大することが考えられている(2007年5月,アジア・ゲートウェイ構想)。また,できるだけ早く海外からの観光客数を2,000万人にまで増やそうという観光立国推進基本計画も策定された(2007年6月)。このように観光客や留学生として歓迎する政策と,見知らぬ人として警戒する政策が併存することに,現在の外国人に対する交錯するまなざしが象徴されている。

1 日本における外国人の概況

まず,現在の外国人の状況について見てみよう。海外から日本に来る外国人入国者数は,2006年で約811万人に及び,10年前(約424万人)のほぼ倍増に近い。また,日本に在住する外国人である外国人登録者数は,2006年に約208万人となり,10年前(約142万人)のほぼ1.5倍となっており,日本全体の人口の1.6%を占めている。

日本の総人口は,2004年の1億2,777万人をピークに減少期に突入した。2006年12月の国立社会保障・人口問題研究所の中位推計によれば,生産年齢人口(15歳~64歳)は2005年では8,442万人であるが,2055年には4,595万人まで減少するとされている。50年間に3,847万人,年平均77万人の減少という驚くべき推計であるが,従来の推計結果から考えて,実際にはこの推計以上の減少となる可能性が高い。

こうした少子高齢化という日本社会の根本的な変化を前に,さまざまな政策展開が検討されているが,その大きな選択肢のひとつとなっているのが外国人労働者政策である。しかし,「単純労働者は受け入れない」という建前を掲げたまま,外国人労働者政策は頓挫している。いま,外国人研修・技能実習制度の見直しや日系人労働者に関する議論が盛んであるが,外国人労働者政策全体からみれば,なお部分的な領域の議論にとどまっている。

他方，外国人に対する管理強化策は，着々と進行している。これまでに外国人犯罪対策からテロ対策へと展開され，今後は，外国人の在留管理体制全体の再編に至ろうとしている。

2 前史としての外国人犯罪対策

外国人への警戒心・不安感の背景には，文化や習慣を共有しない者に対する違和感があり，見知らぬ者に対する恐怖感がある。特に，それが犯罪行為に結びつけられると，その恐怖感が強化され，差別・排除の論理に容易に結びつけられてしまう。だからこそ，私たちは外国人に関する情報に触れるとき，より注意深くあらねばならない。

外国人犯罪に関する発表や報道は，過去10数年にわたって，常に「急増」「凶悪化」「組織化」「広域化」という形容を施されてきた。また，日本人が犯す犯罪と比べて，頻繁に，またセンセーショナルに伝えられてきた。しかし，実態はどうであろうか。

まず，統計数値を見てみよう。

2006年の来日外国人の刑法犯は，検挙人員で8,148人，検挙件数で27,453件である。日本全体の刑法犯の中で，検挙人員は2.1％，検挙件数は4.3％を占めるにすぎず，しかも減少傾向にある。在留資格のない外国人は，検挙人員の0.3％にすぎない。また，超過滞在外国人がもっとも多かった1993年と比べて，検挙人員で12％増にとどまっている。この間に，来日した外国人が入国者数で2.1倍ほどに増えていることを考えれば，来日外国人の犯罪率は，かなり低下しているとも言える状況である。少なくとも，来日外国人を「治安悪化」の元凶のように言う根拠は全くない。

さらに重要なのは，日本全体の犯罪状況に対する認識だ。世論調査では，治安が悪化したという意識の広がりが見られ，ある種常識化している。しかし，治安悪化が「作られた神話」にすぎないことは，犯

罪学者にとって常識である。(ここでは論ずる余裕がないので，浜井浩一・芹沢一也『犯罪不安社会』光文社新書，や河合幹雄『安全神話崩壊のパラドックス』岩波書店，などを参照されたい。)

しかし，治安に対する不安は止まるところを知らず，2000年の石原東京都知事による「三国人」発言をはじめ，2003年の江藤隆美衆議院議員(当時)による「新宿歌舞伎町は第三国人が支配する無法地帯」という発言など，高位の公務員による外国人差別発言を許容する土壌を形成している。

マスコミ報道もこうした傾向を助長してきた。一例を挙げれば，2004年3月の警察庁発表「来日外国人犯罪の現状」に関する各新聞報道は，「来日外国人の犯罪　最多」(朝日新聞)「留学生凶悪犯急増」(読売新聞)「外国人犯罪検挙23％増 最悪に」(毎日新聞)「来日外国人犯罪4万件〜組織化進む」(日本経済新聞)などと，すべて来日外国人犯罪が最多・最悪としていた。その前年の来日外国人犯罪の状況が，先に見た2006年のものと数値的にほとんど変わらないにもかかわらずである。

こうした中，2003年10月，超過滞在の外国人を犯罪者扱いして，日本国内から排除しようという政策が公式に始まった。すなわち，「首都東京における不法滞在外国人対策の強化に関する共同宣言」(法務省入管局，東京入管局，東京都，警視庁)である。同年末には，犯罪対策閣僚会議において「犯罪に強い社会実現のための行動計画」が策定され，国レベルの政策にもなった。こうして外国人犯罪対策と「不法滞在者」対策が一体のものとなって，「不法滞在者を5年間で半減させる」とする外国人犯罪対策が確立された。

3　テロ対策として何がおこなわれているか

2001年の9.11同時多発テロ事件以降，日本政府は「テロ対策特別

措置法」(2001年11月) の制定をはじめとして, まず米国のアフガニスタン (2001年10月) やイラク (2003年3月) への軍事介入をサポートするべく, 自衛隊の海外派兵を実現することに精力を注いだ。次いで, 国内対策に目を転じ, 警察庁が, 2003年8月に「緊急治安対策プログラム」を, 2004年8月に「テロ対策推進要綱」を発表した。これらを受けて, 2004年12月には政府レベルで,「テロの未然防止に関する行動計画」(国際組織犯罪等・国際テロ対策推進本部) を策定し, 本格的にテロ対策の実施に移って行く。現在のテロ対策は, この行動計画にそって進められており, 出入国管理に関してはほぼ計画どおりと言ってよい状況になっている。

「テロの未然防止に関する行動計画」において「構ずべき対策」として掲げられているのは, ①テロリストを入国させないための対策の強化, ②テロリストを自由に活動させないための対策の強化, ③テロに使用されるおそれのある物質の管理の強化, ④テロ資金を封じるための対策の強化, ⑤重要施設等の安全を高めるための対策の強化, ⑥テロリスト等に関する情報収集能力の強化等である。

テロ対策の現状

すでに実施されているテロ対策で外国人に関わりのあるものは, ①日本の航空機でのハイジャック犯の制圧等を任務とする警察官が航空機に警乗するスカイ・マーシャルの実施 (2004年12月), ②外国からの航空機・船舶が日本に到着する前に航空・船舶会社から旅客・乗員に関する情報提供を受け, 警察庁・法務省・財務省のデータベースと照合し, テロリスト・不法入国者等や輸入禁制品を阻止する事前旅客情報システムの導入 (APIS：2005年1月から行政上実施し, 2007年2月1日から全面的に法的義務化), ③旅館業者による外国人宿泊客の本人確認の強化 (2005年4月, 旅館業法施行規則改正), ④航空機・船舶等運送業者による乗客の旅券確認の義務化 (2005年入管法改定), ⑤外国入管

当局への情報提供（2005年入管法改定），⑥ICパスポートの導入（2005年旅券法改定，2006年3月実施）などがある。

スカイ・マーシャルは，法的根拠を持たないまま実施されており，法治主義の観点から問題がある。しかも，その具体的な実施状況については，「ハイジャック等の予防鎮圧に支障をきたす」として何ら明らかにされていない。テロ対策に関しては，このようにテロリストを利するとして情報の隠蔽が横行するおそれが強い。

事前旅客情報システム（APIS）は，到着する港・空港の入国審査官に，船舶では2時間前までに，航空機では90分前までに，書面により「氏名，国籍，生年月日，性別，旅券番号，出発地，最終目的地」を報告させるものである。他方，EUと米国とのAPISに関わる合意として，CNNは「欧州諸国から米国へ向かう航空乗客の34項目の情報を，離陸後の15分間内に米側へ提供するもので，名前，住所，クレジットカード情報などとなっている。米国は，情報提供に応じない航空会社には，乗客1人につき最大6000ドル（約71万円）の罰金，乗り入れ権のはく奪などを警告している」（2006年10月6日）と伝えている。今後，米国は日本との間でも，クレジットカード情報まで要求してくる可能性がある。このような歯止めのない個人情報の収集拡大は，目的に比して過剰な手段を用いるものであり，プライバシーを侵すものと言わざるを得ない。

旅館業者による外国人宿泊客の本人確認の強化は，宿泊者名簿への記載事項として従来の「氏名，住所，職業」に加えて，日本国内に住所を有しない外国人には，①「国籍，旅券番号」を記載させること（2005年4月，旅館業法施行規則改正），②旅券の提示を求め旅券の写しを保存すること（2005年2月，厚生労働省健康局長通知），③旅券の提示を拒否する場合には旅券不携帯の可能性があるものとして最寄りの警察署に連絡すること（2005年2月，厚生労働省健康局生活衛生課長通知）などとされた。そして，警察官から職務上宿泊者名簿の閲覧要求があ

れば，必要な範囲内で協力することが再確認された。こうして外国人旅行者等にとっては，常に監視下に置かれていることを意識させられることになる。

乗客の旅券確認の義務化は，「恣意的な運用が行われないように」と国会で付帯決議がついたが，運用指針等については支障があるとして公開されない。また，外国入管当局への情報提供は，「個人情報が濫用されることのないよう特に配慮すること」という付帯決議がついたが，情報提供先の外国に個人情報保護法制があることが条件となっているわけではなく，個別に判断されることになっており，制度的な保障はない。その情報内容についても，外国入管当局の「職務の遂行に資すると認める情報」とされているだけで，ほとんど限定がないに等しい。ただ，国会議員を通じた質問への政府回答では，2006 年 12 月 15 日現在，外国入管当局への情報提供の実績はない。

IC パスポートの導入は，日本人に対するものであるが，米国や ICAO（国際民間航空機関）からパスポートにバイオメトリクスを導入するよう要請を受けたもので，顔画像から始まり，将来的には指紋や虹彩の情報も搭載することが想定される。こうした究極の個人情報を日本政府が収集管理するとともに，海外を訪れる日本人の情報を外国政府にも蓄積させることになる。しかも，政府によるデータの二次的利用（目的外使用）について，明確な歯止めは用意されていない。パスポートを通じて国民 ID カード化につながるおそれもあり，プライバシーを含む基本的人権にとって脅威となりかねない。

新たに導入されたテロ対策

2006 年の通常国会では，① US-VISIT 日本版の導入，②テロリスト認定，③自動化ゲート，④ APIS の法定化などの入管法改定が行われた。

■ US-VISIT 日本版の導入　　US-VISIT とは，2004 年に米国で導入され

た指紋や顔写真など生体情報を活用して出入国管理を強化するプログラムである。この日本版が 2006 年の入管法改定で導入され，2007 年 11 月 23 日までに実施されることとなった。出入国管理の強化のために，特別永住者を除くほぼすべての外国人（16 歳未満の者，外交・公用の者等は除外される）から生体情報を採るという，基本的人権の観点から危険で極端な政策は，世界でも米国に次いで 2 番目の導入であり，容易に他の国家が追随するとは考えられない。日本で，これほどの政策を実施するべき立法事実＝テロの緊迫性があるのか，大いに疑問である。

　米国 US-VISIT では，導入されて 2 年半程の間に 6,400 万人以上の対象者に実施し，1,300 人以上の犯罪者等を摘発したとされている。しかし，その中にテロリストがいたという報告はなく，一般犯罪者や不法入国者であり，凶悪犯もほとんどいなかったと言われている。日本でも，退去強制者の 13％ を占める，入管法違反の再犯であるリピーター対策が実質的な目的となっていると考えられる。なぜなら，照合すべきテロリストの指紋情報がほとんど無きに等しいのに対して，退去強制者の指紋情報は約 80 万件に及ぶ蓄積があるからである。しかし，ほぼすべての外国人入国者から指紋情報を採取するという究極の手段を正当化するには，テロ対策を標榜するほかない。

　そもそも指紋は，万人不同性と終生不変性を有するものであり，究極の個人情報である。法律上その提供が義務付けられるのは，刑事訴訟法 218 条の身体検査令状によるほか，身体の拘束を受けている被疑者だけに限定されている。これを原則としてすべての来日外国人から強制的に採取するのは，憲法 13 条に基づき「個人の私生活上の自由の一つとして，何人もみだりに指紋の押なつを強制されない自由を有する」とした最高裁判決（1995 年 12 月 15 日）に反するものである。また，自由権規約 7 条にいう「品位を傷つける取扱い」にも該当する。

　他方，かかる生体情報に関する認証技術は，要求されるレベルに比

して精度がまだまだ低く，誤認事案が発生する可能性が高い。2005年，内閣官房の主導により成田空港で実施されたe-Passport連携実証実験では，本人確認に係る認証率が，指紋で8割前後，顔画像で7割前後にとどまり，とても実用に堪える水準ではない。

米国のUS-VISITに関しても，「連邦議会の政府説明責任局（GAO）が14日に発表した報告書によると，国土安全保障省はこのほど，通過量の多い50の国境検問所で期限の2007年12月までに出入国管理体制を整備するには，十分な予算も技術もないことを認めた。…国土安全保障省は，コスト効率の高い出入国管理体制を構築するには5年から10年の期間が必要と考えている」（2006年12月15日，ニューヨークタイムズ）という状況である。

■テロリストの認定　　これは，テロリストと認定された者を，退去強制事由の対象とするものである。

テロリストの定義に関して，国際的に一致した見解は確立されていない。国会で，政府は「一般に，特定の主義主張に基づいて国家等にその受け入れなどを強要し，また社会に恐怖感を与える目的で行われる人の殺傷行為等をいう」と答弁したが，テロリストの定義は著しく不明確かつ曖昧なことが多く，難民認定すべき者や反政府活動者までがテロリストとされる危険性も高い。

入管法改定では，「公衆等脅迫目的の犯罪行為のための資金の提供等の処罰に関する法律」に規定する「公衆等脅迫目的の犯罪行為の予備行為」「その実行を容易にする行為」を「行うおそれがあると認めるに足りる相当の理由がある者として法務大臣が認定する者」をテロリストとした。その範囲は拡大され不明確であり，主観的或いは恣意的な適用を防ぐことが困難である。これは，テロリストを定義したのではなく，「テロリストが通常行うと考えられる行為類型がすべて網羅され」たものだとされており，既に2006年6月から施行されている。

欧米のテロリスト認定の実情を見ても、一旦ブラックリストに載るとほとんど反論・反証ができないし、どのような情報や根拠に基づいてブラックリストが作られるか、実際上ほとんど明らかになっていない。日本政府がどのような情報源を用いることになるのか明らかではなく、信頼性を欠く情報源に基づいて誤った判断をする危険がある。しかも、日本政府がテロリストと認定すれば、その対象者は他の政府からも同様に判断され、排除される可能性が高くなるのである。

また、新たなテロリストの入国規制は、現に犯罪を行った者なら改定前の入管法で上陸拒否できるにもかかわらず導入されたのであり、実際に何ら犯罪行為をしていない者をも対象にするもので、思想を裁くこととなりかねない。

他方、法務省は「テロリスト及びテロ行為に関する高度の専門性や独自の調査権限を有していない」としており、警察庁・公安調査庁・海上保安庁・外務省の意見を聞いて認定することになっている。このため、2006年8月に「テロリストの認定に係る関係省庁連絡会議」が設置されたが、認定権限を有する法務大臣に独自の調査権限がないという奇妙な構造であり、テロリスト認定の正確性が確保されるのか大いに疑問がある。

従って、法務大臣の認定に不服がある場合、法務省内で入管法上の不服審査手続が厳格に実施されるべきことは当然である。しかし、その判断の重大性に鑑み、法務大臣から独立した第三者機関を設置することにより、認定の根拠が明白であるか否か判断を求める機会が保障されるべきである。また、司法手続による救済の機会も確保されるべきであり、司法手続の継続中は退去強制措置を執行できないものとすべきである。

■自動化ゲート　　自動化ゲートは、「電磁的方式によって個人識別情報（指紋・顔写真など）を提供していれば、出入国をスピーディーに行える」というもので、2007年11月24日までに実施されることに

なっている。これは外国人ばかりでなく，法務省令の改正により日本人についても導入される。また，2006年末の政府回答では，「当面，カードではなく，データベースとの照合で行っていく」としている。

　これは，便宜提供にすぎず，希望者に対してのみ任意に行われるものであることから，一見，特段の問題はないように思われる。しかし，ここに登録された生体情報は，警察当局からの照会があれば照合されることになっており，目的外利用のおそれは大きい。利用を中止すれば生体情報は削除されることになっているが，実際上どのように確認できるのか不安が残る。また，現状では，15秒〜20秒かかるとされており，決してスピーディーな出入国となる訳でもない。

4　行政による個人情報のデータマッチング

　テロ対策は，急速に国家による個人情報の掌握力を高めようとしている。

　US-VISIT日本版は，ほぼすべての外国人から来日の都度，指紋と顔画像を採るもので，毎年700万人以上という膨大なデータになる。しかも，国会論議において，政府は個人情報の保有に関して，「指紋等の個人識別情報は，…在留している間は保有し，出国後も，事後的な確認の必要性や再度の入国審査で利用する可能性に備えて，内部の運用基準で定める一定の期間は保有する。具体的な保有期間は，テロリストや国際犯罪組織メンバーに有益な情報を与えることになるので公表を差し控える」と答弁している。テロ対策となれば，個人情報の保有期間すら明らかにされないことになるのである。

　また，US-VISIT日本版や自動化ゲート利用に提供された指紋情報は，警察の捜査等に提供される。国会での政府答弁では，「行政機関個人情報保護法では，大原則として利用目的以外の個人情報の提供を禁止している。他方で，法令に基づけば利用目的以外の提供が可能だ。

国会法第104条の官公署に対する報告、記録提出の要求、刑訴法197条の捜査関係事項照会、民訴法186条の調査の嘱託等数多くあるが、各法令の趣旨に沿って提供の可否を判断する。ただし、捜査機関の照会は、具体的な犯罪・嫌疑があるときに犯人及び証拠を捜査するためだ。照合するのは法務省であり、提供するのは照合の結果ヒットした指紋だけ。包括的に捜査機関に提供することは、法制上も運用上もおよそあり得ない」としている。しかし、個別照会であっても、量的に拡大すれば、包括的提供との区別は相対的なものとなってしまう。

US-VISIT で米国政府に採られた日本人の指紋情報について、日本の警察或いは入管当局から米国に照会したり、逆に米国政府から日本で蓄積された外国人の指紋情報について照会がなされるようになれば、事実上「国民総指紋登録制度」が形成されるおそれすら出てくる。行政機関個人情報保護法は、個人情報保護というばかりでなく、一定の条件さえあれば行政機関が自由に個人情報を利用できるというものでもあるのだ。

さらに、「出入国管理業務の業務・システム最適化計画」（2006年3月31日）においては、外国人の出入国・在留に関わるあらゆる情報を、個人単位で集中管理するシステムが構想されている。これは、住基ネット判決での「個人の人格的自律を害するような態様で個人を公権力の包括的な管理下に置くことは許されない」（名古屋高判 2006 ［平成 18］年 12 月 11 日）や、「住民個々人の個人情報が住民票コードを付されて集積され、それがデータマッチングや名寄せされ、住民個々人の多くのプライバシー情報が、本人の予期しない範囲で行政機関に保有され、利用される危険が相当あるものと認められる」ので、「住基ネットは、その行政目的実現手段として合理性を有しない」（大阪高判 2006 ［平成 18］年 11 月 30 日）という判断から考えて、どうなのであろうか。日本国民については許されないデータマッチングも、外国人に対してなら許されるということになるのであろうか。

5 雇用状況報告の義務化

外国人労働者への管理強化策として新たに導入されたのが,外国人雇用状況報告の義務化である（2007年雇用対策法改正）。これは,特別永住者以外の外国人（留・就学生のアルバイトや技能実習生も含む）を雇用する全ての事業主に対して,就職時・離職時に「氏名,生年月日,性別,国籍,在留資格,在留期限」を公共職業安定所に報告する義務を罰則付きで課すものである。また,この制度で報告された事項は,厚生労働省から法務省に情報提供されることになっている。

従来の外国人雇用状況報告制度は,職業安定法施行規則に基づいたアンケート調査的なものであり,外国人労働者を雇用するすべての事業所を対象とするものでもなかった。新たな制度は,外国人労働者の雇用状況を,個人別に継続的に最新の情報として把握しようとするもので,従来のものとは全く異なる制度である。雇用主の在留資格確認義務の実効性を高めることとセットにして,資格外就労の外国人労働者を確実に排除する効果も図ろうとしている。

この制度において報告させようとしている「国籍」は,本来就労資格とは無関係な事項であり,労働基準法第3条で禁止されている国籍による差別を助長しかねないものである。また,対象外である特別永住者に対しても在留資格の確認を徹底させることになり,外国人に対する雇用差別の機会を生み出すことになりかねない。

6 IC在留カードを導入か

外国人の在留管理を徹底し,新たな再編をもたらす手段として,「在留カード」の導入が検討されている。これは,従来の外国人登録制度を改編して,旧植民地出身者及びその子孫ら「特別永住者」には従来の制度を続け,それ以外の外国人（ただし短期滞在者は除く）には

「在留カード」を適用するというもので，2008～2009年に外国人登録法や入管法の改定が想定されている。

犯罪対策閣僚会議に提出された報告文書「外国人の在留管理に関するワーキングチームの検討結果について」(2007年7月)では，現状の問題点として，「外国人の在留管理が出入国管理法(国の事務)と外国人登録法(市町村の法定受託事務)により二元的に処理されている」ことや「在留管理のチェックが点の管理(入国審査時及び更新時)にとどまり，その間の事項の変更が適切に把握されていない」ことなどが挙げられている。

これらを克服するために，特別永住者及び短期滞在者等を除く「外国人の在留情報の把握については，現行の外国人登録制度の対象から除外し，法務大臣による入国管理制度に一元化するとともに，在留期間の途中における事情の変更(居住地，勤務先等の変更)についても，法務大臣への届出事項とする」とし，また「在留許可を化体するものとして在留カード(仮称)を発行する」としている。

また，規制改革推進3ヵ年計画(2007年6月)では，外国人登録制度の見直しとして，「外国人の身分関係や在留に係る規制については，原則として出入国管理及び難民認定法に集約し，現行の外国人登録制度は，…住民基本台帳制度も参考とし，適法な在留外国人の台帳制度へと改編する」としており，在留カードの導入を契機に外国人に対する在留管理制度全体の変更が想定されている。なお，日本経団連も，2007年3月に「外国人住民基本台帳法」(仮称)の制定を提言している。

IC在留カードという構想を初めて打ち出したのは，2005年6月，自民党政務調査会の「新たな入国管理施策への提言」である。ここでは，より具体的に指紋情報の搭載やIC出入国カードとの一体化，また自動化ゲートへの活用等も想定されている。このようにIC在留カードの活用が広がっていく先には，特別永住者への適用拡大，ひい

ては国民IDカードにつながる可能性も否定できない。

すでに,英国では,テロ対策の一環として生体情報（虹彩・顔画像・指紋）を搭載したIDカードの導入が方向付けられ（2006年3月30日,Identity Cards Bill が成立），2008年以降，EU以外からの外国人及びパスポートを取得する英国民への交付を開始し，2010年の全面的な義務化が目指されている。

おわりに

テロ対策は，日本に出入りする外国人に対して，その出入国と在留の全体を通して徹底した管理体制を敷くものであり，日本を訪れる外国人がいかに息の詰まる状態におかれるか想像にかたくない。私たちは，テロ対策と人権の関係をどのように考えていけばよいのであろうか。

テロ対策と人権保障に関わる国際的な動向を見ると，国連において「テロリズムとの闘いにおける人権・基本的自由の保障」と題する決議や報告が積み重ねられている。また，国際法律家委員会（ICJ）も「テロとの闘いにおける人権と法の支配の擁護に関する宣言」（ベルリン宣言，2004年8月）を出している。2006年10月には，各国の学者，国連やNGOの専門家が個人資格で集まり，極めて包括的な「反テロリズムと人権に関するオタワ原則」という文書を発表した。各国のテロ対策の実施に当たり，かかる国際的文書への敬意が考慮されるべきである。

米国では，9.11以降，必ずしも法的根拠を持たないまま，通信傍受や秘密拘禁が実施されてきていたが，ACLU（米自由人権協会）などは政府を提訴し，最高裁（2006年6月29日，グアンタナモ基地での軍事法廷についてジュネーブ条約違反を認めた）やデトロイト連邦地裁（2006年8月17日，令状なしでの盗聴について憲法違反を認めた）で勝訴している。

また、米国では、電子政府法（2002年）によって電子技術利用に関して、プライバシー影響評価（PIA）が義務付けられている。日本政府も、国会答弁でUS-VISIT日本版の実施に当たってPIAを行うとしており、今後、具体的にどのような手法・内容で進めるのか、関心を寄せていく必要がある。日本でも、情報化社会を前提としたプライバシー権の再構築やPIAの導入を含め、プライバシー法の制定が追求されるべきであろう。

　このほか、生体情報は、ID番号・暗証番号などと異なり本人による変更はできず、一度漏洩したら救済が困難であることから、その収集・保管・利用・廃棄等に関して規制する生体情報保護法（仮称）も目指されるべきである。

　今後、「テロ対策基本法」の制定も検討の対象となっており、「テロリスト」と認定した場合の一定期間の無令状拘束、通信傍受、関係団体の集会制限なども課題に上る可能性が否定できない。このようにテロ対策を旗印にしたセキュリティ強化策は、止めどない広がりと深さを持たざるをえず、結局のところ、外国人にとどまらず全市民への管理・監視の一層の強化に帰着する。その犠牲となるのは、外国人・日本人を問わないプライバシーを含む基本的自由そのものである。

　そもそもセキュリティの強化で安全・安心が実現できるのであろうか。新自由主義が生み出している社会的格差・不公正が、結果として強く社会に不安を感じさせている側面を見落としてはならない。また、テロという結果＝現象への対策だけでなく、テロが生まれる原因にこそ目が向けられるべきである。

●参考文献
- 自由人権協会編著『アメリカ発　グローバル時代の人権』明石書店、2005年

- デイヴィッド・ライアン／清水知子訳『9.11 以後の監視』明石書店,2004 年
- ナット・ヘントフ／松本剛史訳『消えゆく自由』集英社,2004 年
- 大沢秀介・小山剛編『市民生活の自由と安全』成文堂,2006 年
- 「特集 テロとは何か」(『現代思想』2003 年 3 月号,青土社)

第 2 部　　現代社会における多様な声

第5章 「君が代」斉唱・伴奏と教師の思想の自由

棟居快行

はじめに

　本章は、卒業式・入学式における「君が代」斉唱・伴奏等の教師に対する強制が、どのような憲法問題を内包するかを論じるものである。その際、2007年2月7日に原告教師側敗訴の最高裁判所（第三小法廷）判決（判例時報1962号3頁以下）が出されている事案を素材として伴奏の強制を主題とし、併せて斉唱の強制（こちらもいくつかの下級審判決が出されている）にも若干言及することとする。

1　私見による「日の丸・君が代」問題の焦点

　まずはじめに、筆者の基本的な観点を述べておく。周知のごとく、公立学校卒業式・入学式における「日の丸」の掲揚や「君が代」の斉唱ないし伴奏を教師に職務命令として義務づけ、逆らうと戒告等の処分が下されるという事態が東京都などで続いている。1999年の「国旗国歌法」制定に際しては、同法は直接に国民を義務づけるものではないとの説明がなされていたし、実際にもそうした義務づけの規定はない。しかしながら他方で、すでにそれ以前から、「日の丸・君が代」が学習指導要領に含まれている（もちろんこれも文部科学省の狭智のゆえである）ことを理由として、卒業式・入学式における掲揚・斉唱等の拒否が、「教えるべき学習内容をきちんと教えさせるための、校長に

よる職務命令に逆らった」として、処分の対象とされているのである。

このような処分を伴う教師の斉唱等の強制は、かつて軍国主義の象徴であったものを教育現場で無批判に尊重し、生徒に儀式というめでたい場でそうした疑わしい造形や歌曲を肯定的に伝えることを教師に強要するものである。それは、教師自身の内面の思想良心の自由のみならず、命令にやむなく服従する教師の姿を見て人格形成に悪しき影響を受けるかもしれない生徒の側の、思想良心の自由やさらには学習権・成長発達権（26条の「教育を受ける権利」に含まれる）をも脅かしうる。およそ儀式という公的な場でどのような価値判断に基づいてどのように振る舞うか、という一人の公的存在としての身仕舞いについて、生徒は自分自身や親との葛藤を通じて獲得してゆく途上にある（それがうまくいかないとたとえば成人式で子供じみた挙動をすることになる）。そうした人格の核心にかかわる自己決定は、どういう信仰を持つか持たないかという問題と同様に、生徒本人および保護者に100パーセント委ねられるべきであることは、いうまでもない。

生徒がいかなる価値観をひっさげた大人（主権者の一員であるところの社会的・公的人格）となるかは、社会公共の側からも大いなる関心事であるものの、だからといって、「公教育」が独占的に生徒のそうした公的人格形成を行うことは、公教育の管轄を超えるし、むしろ公的人格の形成にとっても背理といいうる。なぜなら、個人が多様な生活体験のなかから多様な公的な価値判断をおのおの抽出し、民主主義の公的な空間でそれぞれの価値観をぶつけあい学びあうというプロセス（いわば多元的な価値観の統合のプロセス）が保障されてこそ、はじめて良き公共空間が形成される。にもかかわらず、公教育が未来の公共空間の有り様を特定の価値観の押しつけを通じて先取りし固定してしまうとすれば、右のプロセスの実現はおよそ不可能である。多様な家庭環境のなかでの保護者との葛藤を通じた個人の成長の悩み・苦しみこそが、未来の良き主権者を育てる土壌であり肥料である。学習指導要

領に型どおりに従う上からの「公民教育」のお仕着せは，こうした土壌や肥料とはなりえない。そもそも，現時点での民主主義の多数派意思から中立的とはいいがたい「公民教育」は，たまたま現状においてそうと信じられているところの「公共性」の劣化コピーを次世代に押しつけるものに他ならず，未来の「公民」をひ弱で自律的な決定のできない，つまりおよそ「公民」にふさわしくない存在としてしまうのである。

「日の丸・君が代」問題は，単純に公教育を遂行しようとする学校管理者とそれを邪魔する頑固な教師の対立という図式では捉えられない。こうした図式を前提とするかぎり，公教育の教育内容を伝授すべき義務を負う教師が，自らの思想上の理由から（要するに自分の個人的な都合で）当該義務の履行を拒否しうるか，拒否しうるとすればそれはどのような場合か（キリスト教の一宗派「エホバの証人」の信者である生徒が公立高専で必修の剣道実技を拒否したため退学とされた，剣道受講拒否事件［最高裁判所 2006 年 3 月 8 日判決で生徒側勝訴］で問題となったような，本来の義務を免除する代わりに課される「代替措置」の可否など），さらには校長の側の裁量権行使に「行きすぎ」はなかったか（もっと上手に人事管理が出来なかったのか），という問題に「日の丸・君が代」問題がいわば矮小化されてしまう。しかしながら，真の問題は，教師の思想の自由という内面の保障にあるのではなく，そもそも公教育ひいては国家が個人の価値観の根幹にかかわる論点につき，未熟な生徒に対して，儀式などの肯定的雰囲気を利用して，一定の解答を刷り込むことが許されるのか，という点にある。すなわち，問われているのは，国家の思想的中立性からの逸脱の有無如何である。

もちろん，思想の自由を保障する憲法 19 条は，信教の自由と政教分離原則を合わせて規定する同 20 条とは異なり，明文で「国家の思想的中立性」の要請をかかげてはいない。そのことの反対解釈として，国家は宗教的中立性（政教分離）は憲法上要請されているが，思想的

中立性は要請されるところではない、と解する余地もある。しかしながら、思想と宗教とはともに強い内心の信念に宿り、両者の境界は曖昧であるから、両者で国家のとるべきスタンスに大きな差違を設ける理由は見あたらない。さらに、政教分離原則についての通説判例である「制度的保障説」(芦部信喜・高橋和之補訂『憲法[第4版]』岩波書店、2007年、151頁参照)に立てば、政教分離原則は信教の自由を確保するための手段的地位に置かれるが、このような制度的な担保が必要であるのは信教の自由のみならず、同様にデリケートな内心の自由にかかわる思想の自由もやはりそうなのである。国家による特定の思想の称揚が、直接にではないが間接的に個人の内心に萎縮効果を及ぼし、結局は内心の侵害につながるという点において、国家の思想的中立性の要請は、思想の自由の保障それ自体から派生するものというべきであろう。20条が政教分離原則を特に明記しているのは、国家神道という負の歴史の復活を封印するためであり、政教分離原則は信教の自由から派生するが、こうした事情のために特に明記したと捉えるべきであろう。

2 「君が代」伴奏事件判決の検討

本節の視角

筆者の「日の丸・君が代」問題についての基本的なスタンスは前節で見たとおりであるが、本節では、こうした一般的なスタンスはひとまず横に置き、2007年2月に最高裁第三小法廷が下した「君が代伴奏事件」上告審判決を、同事件の下級審判決と併せて整理・分析し、今後の「君が代斉唱事件」判決への波及を予想したいと考える。

東京都日野市立小学校の音楽専科教師Xは、校長から入学式において「君が代」のピアノ伴奏の職務命令を受けたがこれを拒否し、東京都教育委員会より戒告処分を受けたため、その取消訴訟を提起した。

以下に一審，控訴審，最高裁（いずれも原告側敗訴）の判旨を紹介し，その思考枠組を検討する。

東京地方裁判所判決（2003年12月3日　判例時報1845号135頁）

　請求棄却。「もとより公務員であっても思想・良心の自由はあるから，原告が内心においてそのような思想・良心を抱くことは自由であり，その自由は尊重されなければならない」。「本件職務命令は，本件入学式において音楽専科の教諭である原告に『君が代』のピアノ伴奏を命じるというものであり，そのこと自体は，原告に一定の外部的行為を命じるものであるから，原告の内心領域における精神的活動までも否定するものではない」。「もっとも，人の内心領域における精神的活動は外部的行為と密接な関係を有するものといえるから，『君が代』を伴奏することができないという思想・良心を持つ原告に『君が代』のピアノ伴奏を命じることは，この原告の思想・良心に反する行為を行うことを強いるものであるから，憲法19条に違反するのではないかが問題となる」。「しかし，原告のような地方公務員は，全体の奉仕者であって（憲法15条2項），公共の利益のために勤務し，かつ，職務の遂行に当たっては，全力を挙げて専念する義務があるのであり（地方公務員法30条），思想・良心の自由も，公共の福祉の見地から，公務員の職務の公共性に由来する内在的制約を受けるものと解するのが相当である（憲法12条，13条）」。

東京高等裁判所判決（2004年7月7日　判例集未登載）

　控訴棄却。「思想・良心の自由も，公共の福祉の見地から，公務員の職務の公共性に由来する内在的制約を受ける」。「公教育に携わる公務員は，学校教育法等の法規の定めるところによって教育を行うことが義務付けられているというべきであるから，その限りでは，自ずから思想・良心の自由も制約されることがあり得る。例えば法規により

あることを教えることとされている場合に、公教育に携わる公務員がその個人的な思想や良心に反するからといってそのことを教えないというわけにはいかないのである。このような意味での思想・良心の自由の制約は、公共の福祉にかなうものとしてやむを得ないものであって、公教育に携わる公務員として受忍せざるを得ず、このような受忍を強いられたからといって憲法 19 条に違反するとはいえない」。

最高裁判所第三小法廷判決（2007 年 2 月 7 日　判例時報 1962 号 3 頁）

多数意見（上告棄却）：「上告人に対して本件入学式の国歌斉唱の際にピアノ伴奏を求めることを内容とする本件職務命令が、直ちに上告人の有する上記の歴史観ないし世界観それ自体を否定するものと認めることはできない」。「他方において、本件職務命令当時、公立小学校における入学式や卒業式において、国歌斉唱として『君が代』が斉唱されることが広く行われていたことは周知の事実であり、客観的に見て、入学式の国歌斉唱の際に『君が代』のピアノ伴奏をするという行為自体は、音楽専科の教諭等にとって通常想定され期待されるものであって、…音楽専科の教諭にそのピアノ伴奏を命ずるものであって、上告人に対して、特定の思想を持つことを強制したり、あるいはこれを禁止したりするものではなく、特定の思想の有無について告白することを強要するものでもなく、児童に対して一方的な思想や理念を教え込むことを強制するものとみることもできない」。「さらに、憲法 15 条 2 項は、『すべて公務員は、全体の奉仕者であって、一部の奉仕者ではない』と定めており、地方公務員も、地方公共団体の住民全体の奉仕者としての地位を有するものである。こうした地位の特殊性及び職務の公共性にかんがみ、地方公務員法 30 条は、地方公務員は、全体の奉仕者として公共の利益のために勤務し、かつ、職務の遂行に当たっては全力を挙げてこれに専念しなければならない旨規定し、同法 32 条は、上記の地方公務員がその職務を遂行するに当たって、法

令等に従い，かつ，上司の職務上の命令に忠実に従わなければならない旨規定するところ，…入学式等において音楽専科の教諭によるピアノ伴奏で国歌斉唱を行うことは，これらの［学校教育法等の］規定の趣旨にかなうものであり，…本件職務命令は，その目的及び内容において不合理であるということはできないというべきである」。

　那須補足意見（多数意見の原告側敗訴の結論を支持）：「信念に反して『君が代』のピアノ伴奏を強制されることは，演奏のために動員される上記のような音楽的な内心の働きと，そのような行動をすることに反発し演奏をしたくない，できればやめたいという心情との間に心理的な矛盾・葛藤を引き起こし，結果として伴奏者に精神的苦痛を与えることがある」が，「行事の目的を達成するために…校長による統一的な意思決定に服させることも『思想及び良心の自由』との関係で許される」。

　藤田反対意見（多数意見に反して破棄差戻しを主張）：「本件における真の問題は，校長の職務命令によってピアノの伴奏を命じることが，上告人に『「君が代」に対する否定的評価』それ自体を禁じたり，あるいは一定の『歴史観ないし世界観』の有無についての告白を強要することになるかどうかというところにあるのではなく…むしろ，入学式においてピアノ伴奏をすることは，自らの信条に照らし上告人にとって極めて苦痛なことであり，それにもかかわらずこれを強制することが許されるかどうかという点にこそあるように思われる」。「上告人の『思想及び良心』としては，…公的機関が，参加者にその意思に反してでも一律に行動すべく強制することに対する否定的評価（…このような行動に自分は参加してはならないという信念ないし信条）といった側面が含まれている」。

地裁，高裁判決の概観

　本件地裁判決の特徴は，それが「外面内面二分論」と呼びうる前提

に立っていることである。すなわち，思想の自由により守られるべきは，本来は内面世界であって外面世界ではないから，外面世界における一定の行為の強制は，当然には思想の自由の侵害にはならない，とまず地裁は考える。しかしながらもとより，外面世界と内面世界とは密接な関係を有するから，外面世界での一定の行為の強制であっても，思想の自由の侵害となる可能性はある。そこで結局のところ地裁判決は，公務員の人権制約を正当化する際の常套手段として憲法15条2項の「全体の奉仕者」という文言を引用し，「公務員の職務の公共性に由来する内在的制約」として本件処分を合憲適法とした。

なお，別件で斉唱義務と伴奏義務の不存在の確認が予防的に求められた事案で，東京地方裁判所判決（2006年9月21日　判例集未登載）は，斉唱と伴奏を区別することなく，斉唱・伴奏の職務命令による義務づけは，「19条の思想・良心の自由に対し，公共の福祉の観点から許容された制約の範囲を超えている」として，原告らがこれらの行為を行う義務のないことの確認等をしている。外面の強制が内面の強制に直結するという素朴な観念に立つもののようにも見え，本件一審判決のような「外面内面二分論」はうかがわれない。

本件高裁判決は，地裁とは異なる構成をとっている。すなわち，公務員にも思想の自由はあるが，それは「公務員の職務の公共性に由来する内在的制約」を受けるという。この部分だけを見ると地裁判決と同一である。しかしながら高裁は，地裁が前提とした「外面内面二分論」には依拠せずに，もっぱら外面世界における個人の思想の自由と公務員としての職務遂行義務との衝突とを見据えたうえで，前者に対する後者の優先を合憲論の決め手とするのである。公立学校の教師は「個人的な思想や良心に反するからといってそのことを教えないというわけにはいかない。…このような受忍を強いられたからといって憲法19条に違反するとはいえない」という部分は，外面的な行為の強制が外面レベルで当然に思想の自由と衝突することを認めながら（こ

の点で地裁と異なる），個人の思想の自由よりも職務遂行義務が優先するとしたのである。高裁のこのような構成は，信教の自由とその法律等の世俗の規範との衝突の場面においては，後者が優先するとしたいくつかの裁判例（加持祈禱事件最高裁判所1963年5月15日判決，日曜授業参観事件東京地方裁判所1986年3月20日判決）を想起させる。

佐々木説

　以上の最高裁判決を理解するにあたり，有用と思われる学説として，佐々木弘通説がある。そこで最高裁判決を検討する前に，まず同説を誤解を恐れずざっと紹介しておく。同説は，「君が代」斉唱などの特定の外部的行為の強制がなぜ・どのような場合に思想の自由の侵害となりうるのかを深く洞察する。その結果として，19条の解釈として，「外面的行為の強制」の禁止を思想の自由の本質とみなすタイプの解釈，すなわちA「外面的行為の強制」型の解釈と，「自発的行為の強制」の禁止をその本質とみなすタイプの解釈，すなわちB「自発的行為の強制」型の解釈とを区別する（以下，①佐々木弘通「『人権』論・思想良心の自由・国家斉唱」『成城法学』66号1頁以下，②同「『国家の斉唱』行為の強制と教員の内心の自由」『法学セミナー』2004年7月号42頁以下参照。なお，同説は通常説かれる「不利益取扱い」型の侵害類型も19条による禁止の対象として認めるが［②42頁］，これは「内心に有るもの」に対する意図された侵害であり，意図されない侵害についてABの類型を区別するのである）。「外面的行為」とは，「当人の自発性に基づいていなくてもその行為が現実に行われること自体に価値がある」行為を指す（前掲①46頁，②44頁）。また，「自発的行為」とは，「『行為者の自発性・自主性に基づいていてはじめて，意味がある』と社会的・文化的にみなされる行為」である（前掲①44頁，②44頁）。

　A「外面的行為の強制」型は，「公権力が，特定内容の『内心に有るもの』を侵害する意図なしに，一般的な規制措置を行う場合に，そ

の規制による『外面的行為の強制』が或る個人の保持する特定内容の『内心に有るもの』と深いレベルで衝突するとき，同規制からその個人を免除することが憲法上の要請である。ただし，免除しないことを正当化する非常に強い公共目的が存在する場合には，この限りでない。また，可能な場合には，免除される者に，当該規制に代替するような負担が課されるべきである」（前掲① 48 頁，② 42 頁）という内容の 19 条解釈である。

また B「自発的行為の強制」型とは，「自発的行為を公権力が強制的に個人に行わせることは憲法上許されない」（前掲② 44 頁）という内容の 19 条解釈論である。これは，20 条の信教の自由の保障の内容として，次のような意味での自発的行為の強制の禁止が含意されていると捉え，同様の解釈を 19 条にも施すことによって得られる帰結である。「内心の自発的な信仰が本質的であり，二次的にそれに付着して行為の外形が現れる。礼拝行為は，内心の自発性に基づいてはじめて意味を持つ。…だから，礼拝行為の禁止が内心の自発性そのものの禁圧だとして許されないばかりでなく，礼拝行為の強制もまた許されない。それは，その信仰を持たない人には，自発性に基づかないのに該当行為を強制される点で自己の自発性の侮蔑的取扱いである…」（前掲② 44 頁）。

佐々木説は，人間の行為の大部分は外面的行為だが，なかには自発的行為と見るべきものが含まれるとし（前掲② 44 頁），それぞれの人間の行為類型に応じて 19 条には AB 二つの型の保障が共存していると考えるもののようである。

上記引用部分を整理すると，まず A の保障内容としては，次のような命題が成り立つ。国家行為の態様が内心の強制を直接に意図するものでなく，それ自体としては「外面的行為の強制」にとどまる場合には，ただちに違憲となるものではない。ただし，（イ）規制と内心の信念（同説の用語では「内心に有るもの」）とが「深いレベルで衝突」

し，かつ（ロ）規制を免除しないだけの強い正当化事由が国の側にない場合には違憲となるし，（ハ）剣道受講拒否事件で問われたような代替措置（剣道でなくランニング等で体育の目的は達成可能である場合の別の負担）が可能であるのに認められなかった場合には，やはり違憲となる。

またBの保障内容としては，佐々木説が信教の自由について述べるところを思想の自由に置き換えると，次のような命題となる。思想の自由にとっては，〈内心の自発的思想が本質的であり，二次的にそれに付着して行為の外形が現れる。思想の外部への表明は，内心の自発性に基づいていてはじめて意味を持つ。だから，特定思想の表明の禁止ばかりでなく，特定思想の表明の強制もまた許されない。それは，その思想を持たない人には，自発性に基づかないのに該当行為を強制される点で自己の自発性の侮蔑的取扱いである…。〉

佐々木説の私見による敷衍

佐々木説の出発点は，信仰にせよ思想にせよ，内心の有り様そのものに向けられた強制（禁止を含む）は今日では実際にはさほど多くない，という事実であろう。むしろ思想の自由の侵害が唱えられるケースの大半にあっては，国が何らかの行政目的を実現しようとして（一部の）国民に何らかの外面的行為を強制し，それが当該国民からすれば内心の有り様に間接的ないし事実上の影響を及ぼすことから，そのような場合に19条はどのように・どの範囲で当該国家作用を統制しうるか。これが佐々木説の主たる関心事と思われる。

剣道受講拒否事件は，まさに高専における技術者養成という教育行政目的の実現のための剣道の必修化が，他方で「エホバの証人」の信者である学生の内心の有り様に深刻な影響を与えたのであった。そのような場合に，常に行政目的実現のための法令等による義務づけが優先するとすれば，それは信教の自由や思想の自由が法令等による義務

づけの留保の下に置かれることとなり、そもそも人権保障としての信教の自由なり思想の自由の意義がなくなる。他方で、信仰や思想が行為（不作為を含む）として外部に表明されるに至れば、他者加害性がある場合に制約されるのはもとより、内心の自由の抑圧を目的とするのではない一定の行政目的の遂行に対して、常に自由の側が優先し義務の免除が認められるとするのは適切でない。行政目的は、そもそも都市計画のように一律に実現されないと意味をなさない場合が多く、また、信仰や思想は内心の問題であるから真偽を深く問いただしうる性格のものでないことから、簡単に偽装され義務の免除が認められることともなりかねない。

　自由と規制との境界はここでもいうまでもなく困難であるが、二つの要素を同時に勘案する必要がある。一つには、内心の保障の絶対性を貫くべきである。と同時に今ひとつには、一律の行政目的の実現のための手段が、内心に直接の規制を及ぼすのではなく間接的ないし事実上の制約が及ぶにとどまる場合（こうしたケースが非常に多い）には、信教の自由や思想の自由と当該規制とが真に衝突しているのかを、よく見定める必要がある。

（a）まず、当該規制手段によって実現されようとしている行政目的が、別の代替手段によっても同様に実現されうるのであれば、そもそも自由と規制との真の衝突は存在しないのである。その場合には、規制の側が、見せかけの衝突を回避し、代替措置を用意しなければならない。さもないと、行政目的を実現するための必要最小限度の規制とはいえず、そればかりか、およそ目的と手段との合理的なつながりを欠くこととなる。代替措置の可否が実際の中心的争点となった剣道受講拒否事件で、原告側勝訴の決め手となったのは、高専の体育教育にとって剣道が唯一無二ではないという（特殊で幸運な）事情であった。

（b）また、規制はあくまで外面的行為のレベルでのそれであるから、規制がなされたからといって当然に内心の絶対的保障が侵害されるわ

けではない。信仰や思想が第一義的には内面の作用であるならば，行政目的実現のための「外面的行為の強制」はそもそも内心の営みに無関心な権力作用であるから，通常は内心の自由の保障の急所をはずしているとも言いうる。例外的に「外面的行為の強制」が，内心の信仰や思想の核心を侵害する（「深いレベルで衝突」する）場合に限り，違憲という解釈をとれば足りる。こうした「外面的行為の強制」の禁止として19条を理解するやり方は，実は，すでに見た本件地裁判決の「外面内面二分論」に近似する。ネーミングとしてはやや分かりづらいが，「外面的行為の強制」型とは，内心の強制とは区別されるところの「外面的行為の強制」どまりの強制は合憲である，という命題を内包している。すなわち，外面と内面を遮断する「二分論」なのである。ただし，地裁判決も考慮しているように，外面の強制が内面の強制に及ぶ可能性はある。ここで地裁判決は，そうだとしても公務員の職務の公共性ゆえに外面的行為の規制は許される，という論法で逃げており，佐々木説のように，「深いレベルの衝突」か否かを真剣に論じることを回避している。

（c）なお，一部の外面的行為はもともと内面の信仰や思想を表出するための象徴的な性格を持つ。信仰に対応する礼拝という外面的行為がその適例である。こうした行為をすること・しないことを強制される場合，第三者から見れば，単なる外面だけの行為ではなく，内面の信仰や思想を当然に伴う行為（佐々木氏のいう「自発的行為」）であるように見える。

この外観（見かけ）が，内面を伴わないにもかかわらず，行為（不作為を含む）を強制されることで演出され第三者に誤解を与えてしまう場合，本人は特定の信仰や思想を持っているのに持っていないと見なされてしまう。剣道をすることで「エホバの証人」の信仰を有していないように見えてしまう場合や，「君が代」斉唱・伴奏を強制されることで「君が代」に反対する思想を持っているのにそうでないよう

に見えてしまう場合が、その例である。なお佐々木説は、斉唱の強制の憲法問題はこの点にあるという（前掲②44頁）。

　また注目すべきことに、本章の主題である伴奏の強制については、佐々木氏は、伴奏それ自体は「自発的に『国家の斉唱』を行いたい人たちにとっての友好的な環境整備に関わる職務を、教員は遂行せねばならない」ことから、むしろ前述の「外面的行為」に分類する（前掲②44頁）。すなわち、斉唱そのものは内面の思想を推測させる象徴的意味を帯びる（だからその強制は違憲となりうる）のに対して、伴奏はそうした象徴的性格を有さず、むしろ儀礼的慣習的ないし教師の職責としての行為であるとして教師の内面と結びつけずに捉えられる（したがって原則として違憲とならない）というのである。

　なお、以上とは逆にある行為の強制により、特定の信仰や思想を持っていないのに持っていると見なされてしまう場合もある。行政目的の実現のための強制が、こうした象徴的な意味合いを持つことは稀と思われるが、公務員が職務命令で葬儀に参列し、その場での宗教の式次第に則ったやり方で哀悼の意を表す場合に、第三者からは当該公務員が個人としてその宗教の熱心な信者であるかのように見えてしまう（「自発的行為」であるように受け取られてしまう）ということはありうる。

　以上のような「自発的行為」の強制（自発的に見える外面的行為の強制）は、「外面的行為の強制」一般とは区別すべきであり、後者ではただちに信教の自由・思想の自由の侵害とならないが、前者ではただちにこれら自由の侵害を意味しうる。佐々木氏は、その根拠として、「自発性に基づかないのに該当行為を強制される点で自己の自発性の侮蔑的取扱いである」（前掲②44頁）ことを挙げている。

最高裁判決の捉え方

　最高裁は、一読すると、地裁とも高裁とも異なる構成をとるように

見える。すなわち、卒業式・入学式における「君が代」斉唱は広く行われており、その伴奏を音楽専科の教師が行うことは「通常想定され期待されるもの」だから、伴奏を命じても特定の思想の強制や、思想の告白の強制には当たらない、というのである。外面の行為の強制が思想の強制には当たらないとすることから、地裁の「外面内面二分論」のようにも見えるが、職務上の義務が外面のレベルで思想の自由に優先するとするようでもあり、そうであれば思想の自由といってもその外面における保障の範囲を問題としているわけであり、そのかぎりで高裁の発想に近いともいうる。

しかしながら、最高裁判決が論拠として述べるところの、（イ）「客観的に見て、入学式の国歌斉唱の際に『君が代』のピアノ伴奏をするという行為自体は、音楽専科の教諭等にとって通常想定され期待されるものであって」、（ロ）「音楽専科の教諭にそのピアノ伴奏を命ずるものであって、上告人に対して、特定の思想を持つことを強制したり、あるいはこれを禁止したりするものではなく、特定の思想の有無について告白することを強要するものでもな」いという部分は、佐々木説の用語でいえば、伴奏の職務命令は「自発的行為の強制」ではなく単なる「外面的行為の強制」にとどまる、といったものと理解しうる。すなわち最高裁判決は、（イ）でピアノ伴奏が「客観的に見て」「音楽専科の教諭等にとって通常想定され期待される」行為であるから、それを強制されたからといって内心の「君が代」賛美の思想を自発的に表明したような外観は呈さない、したがっておよそ「自発的行為の強制」には当たらない、と述べていると解しうる。すると次に問題となるのは、「外面的行為の強制」として合憲といいうるかということになる。この場合には、佐々木説によれば前述のように、当該強制が内面の思想と「深いレベルで衝突」すると言いうるのであれば、なお違憲の可能性は残っているが、そうでない限りは、合憲ということになる。この点につき（ロ）は、伴奏の職務命令が、特定思想の強制や禁

止でなく思想の告白の強制でもない、とすることからすれば、「深いレベルでの衝突」を否定し、したがって単なる「外面的行為の強制」にとどまるとして、合憲という結論に至ったということになる。以上のように、本件最高裁判決は、佐々木説を前提とすれば、至極よく理解しうるものである。なお、佐々木説も前述のように、「君が代」伴奏命令は最高裁判決と同じく「外面的行為の強制」型に整理していた（したがって違憲とはなかなか言い難い）から、最高裁判決は規範のみならずその事案への適用においても佐々木説にきわめて近いといいうるように思われる。

　なお、最高裁判決多数意見は猿払事件最高裁大法廷1974年11月6日判決をも引用する。同判決には意見表明そのものの制約でなく、行動の制約に伴う間接的な制約である場合には合憲とし易いと考える、有名な「間接的付随的制約論」が含まれているが、では本件を思想の自由の問題としてでなく、「『君が代』伴奏という表現行為をしない」という消極的表現の自由の行使の問題として理解すればどうなるか。入学式という特定の場所で特定の消極的表現行為が禁止されたにとどまるから、他の場所・時間での（「君が代」を弾かないという）同一内容の表現行為は禁止されていない。よって「行動の禁止に伴う限度での間接的・付随的な制約にすぎず」（猿払事件最高裁判決）という理由から、簡単に合憲との結論に至りそうである。ただし、猿払事件のように特定の表現の禁止が違憲であるとして争われたのと異なり、本件では特定の表現の強制が違憲であるとされている。前者で禁止規範に従ったからといって、内心から禁止に追従しているという外観を呈するおそれはない。これに対して、後者で表現の強制に従ってしまうと、内心から当該表現を自由意思で行っているように見えてしまうのである。このような外観を不本意にもたらすことにこそ、伴奏・斉唱強制の問題の本質があるとすれば、猿払事件の公式はさほど本件では有用ではないこととなろう。猿払事件の場合を合憲と捉えても、本件でも

当然にそうだと考える必要はないのである。

補足意見・少数意見

　なお，那須裁判官の補足意見は，19条のこれまでの解釈に近く，内心の絶対的保障から出発し，あくまで保障の対象を内心の精神作用の有り様に置く。そのうえで，本件職務命令は内心の「葛藤」ないし「苦痛」を惹き起こしうることを認めながら，校長による「統一的な意思決定」の重要性を優先させる。ここでは，伝統的な内面の保障という理解が，それは個人個人にさまざまでありうるが，だからこそ行政目的の統一的な遂行のために犠牲に供されてもやむを得ない単なる感情レベルの不利益にすぎない，という帰結へとつなげられているように思われる。

　また藤田裁判官の反対意見は，「苦痛」を強制することが許されるかが本質であるとし，那須補足意見と同様に，内面に軸足を置くもののように見える。ところが藤田反対意見は，侵害される思想の内容として「このような行動に自分は参加してはならないという信念ないし信条」を挙げている。ということは，藤田意見で問題にされているのは「苦痛」という表現から想定される主観的内面的な不利益ではなく，むしろ外面化されたいわば公的な思想——すなわち入学式で「君が代」の斉唱がなされるべきではなく，このような公的な観点からして伴奏という形での自分の参加はおよそあってはならないことである，という抵抗の思想——であり，良心的不服従としての不作為（演奏拒否）である。その意味では，藤田意見はもっぱら外面的行為のレベルでの規範の衝突（職務命令 vs. 伴奏拒否の思想表明）を見据えているようにも思われる（その限りでは高裁の枠組と共通する）。公教育一般ないし入学式という公的行事の場における「公共性」のあるべき姿として，多数意見は国が決定する一義的なシンボル（「君が代」）がそれにふさわしいと考え，藤田意見は個人個人の多元的な価値観を統合するよう

な「公共性」の内実がふさわしいと考えるのではないかと思われる。ここには，一元的な「公共性」観と多元的な「公共性」観のぬぐいがたい対立がある。

3 「君が代」伴奏・斉唱の強制をどう捉えるか

　それでは，伴奏ないし斉唱の強制をどのように考えるべきか。まず，本件最高裁判決が採用したと考え得る佐々木説ならびに同判決の致命的な欠点を述べておこう。それは，「自発的行為の強制」のみが違法となると考えてしまうと，要するに外観上も強制のゆえであって自発的意思のゆえではないことが明白でありさえすれば，「自発的行為の強制」型には当てはまらず，原則として合憲となってしまうことである。処分内容が重ければ重いほど，そもそも強制された外面的行為であることとなり，「自発的行為」という外観を呈する余地が存在しなくなる。佐々木説および最高裁判決が，「自発的行為のように見えてそうでない」場合に違憲と考えやすいというのであれば，自発的行為とおよそ見えなければ違憲という答えは出てきにくい。これは内心の自由の保障がやはり中心をなすはずの思想の自由にとっては，強制が強ければ強いほど侵害とされにくいということであるから，解釈論上の重大な背理であろう。

　また，処分そのものの強制力がさほど強くない場合であっても，この種のイベントでは保護者や地域などからの同調圧力がかかりやすい。「常識」の装いをこらした特殊な思想的立場の押しつけが，おめでたい儀式に便乗してなされることはよく見られる。本件の原告も伴奏の期待を一身に集めながらそれを拒否した当日の10秒ほどは，ずいぶん長く感じたはずである。こうした制度外の圧力も含めると，伴奏が思想表明などのシンボリックな意味を持つ「自発的行為」と見なされることは良くも悪くもほとんどないのであって，儀礼的行為として

(つまり仏式の葬式に数珠を持って参列したからといって仏教徒であるとは見なされないというように）周りからは重大視されずに済んでしまうであろう。すると逆に、強い同調圧力にさらされながら、内心は手つかずで保障されているということになってしまうのである。なお、このように考えると、斉唱と伴奏を佐々木説のように区別しうるかは疑わしい。現に、本件最高裁判決は伴奏であることを強調しているが、2007年6月20日の東京地方裁判所判決（判例集未登載）は斉唱の事案で本件最高裁判決を引用して、斉唱も儀式において通常期待される儀礼的行為であることを理由として原告の請求を退けている。

　それでは斉唱・伴奏をどう考えるべきか。第一に、本章冒頭で述べたように、国家の思想的中立性という観点が重要である。内心の主観的権利の保障とは別に、国家と特定思想との癒着を断ち切ることが、憲法19条から導かれる客観的な要請としてある。この要請に反する職務命令は、それ自体が違憲違法となる。逆にこの種の裁判で行政裁量の逸脱濫用を言うためには、無理に思想の自由の「侵害」を論証する必要はなく、単にそこに違憲な国家作用があることさえ言えれば十分なのである。

　第二に、かつて「君が代」テープ事件で京都地方裁判所1992年11月4日判決（判例時報1438号37頁）が「国歌」につき述べた、「内心に潜在するシンボルの適否の問題」ゆえ「国民一人一人の感性と良心による慣習の帰すうに委ねられるべき」である、という一節を今一度かみしめるべきであろう。この理屈は、国旗国歌法が制定されたからといって何ら説得力を失っていない。個人の心の奥深いところにかかわるテーマだけに、そもそも学校教育などで画一的に内容を決定され強制されるべきものではなく、家庭を中心とした個人の自己決定とその保護のプロセスに委ねられるべきものなのである。

　第三に、人権・平和・国民主権など憲法的価値への忠誠を称揚（いわゆる「憲法パトリオティズム」）する歌詞であればかまわないのか、と

いう問題がある。ドイツのように「戦う民主主義」(「自由の敵には自由を与えるな!」という不寛容な民主主義)を採らないわが国においては,個々人の多様な価値観に対して開かれた公教育や国歌の歌詞でなければならないと考えられる。すると,特定の政治道徳や共同体的価値を盛り込んだ中身の濃い歌詞は,国歌には不向きということになろう。「君が代」の歌詞も歴史と合わせて考えると,やはり重すぎる(非中立的な)内容というべきものである。なお,立憲主義の本来の姿からいえば,むしろ現時点で存在すべきは,日本国憲法の「進みすぎた」価値観をそのまま盛り込んだ国歌に対して,保守的な勢力が抵抗するという図式なのであるが,実際には公教育という啓蒙の場にあって非合理な価値観の唱導が全国一律になされているわけである。こうしたボタンの掛け違いは,うがっていえば日本社会に新手のナショナリズムが発生するのを阻止する機能を果たしていると言えなくもない(つまり,「ナショナリズム=時代遅れ」と一般に捉えられている結果として,ネオナチのような動きが出て来にくい)が,他方で「公共空間」で論じられるべき真の公的問題から国民の目をそらせていることは,疑う余地がない。

● 参考文献

- 佐々木弘通「『国歌の斉唱』行為の強制と教員の内心の自由」(『法学セミナー』2004年7月号42頁以下)。「斉唱」強制と内心の自由の関係を緻密に分析した論稿。
- 福岡陽子『音楽は心で奏でたい――「君が代」伴奏拒否の波紋』岩波ブックレット,2005年。本件裁判の原告教師による事件と裁判の記録。
- 西原博史『良心の自由と子どもたち』岩波新書,2006年。学校現場での日の丸・君が代問題という理論と実践の交錯領域をわかりやすく解説。

第6章　知的障がい者の民事訴訟における尋問及び訴訟進行における問題点

樫尾わかな

はじめに

裁判における「供述の信用性」

　被害を受けた場合，加害者に対してその償いを求める法的手段は，最終的には裁判となる。受けた被害に対して損害賠償請求をする民事裁判においては，被害者側が被害を受けた事実を立証（証明）しなければならないのである。

　被害事実に関して，客観的・物理的な証拠がある場合，あるいは明確で信用できる目撃証言がある場合などは，立証は比較的容易になる。

　しかし，被害者本人のみの供述（言い分）が証拠になる場合，すなわち，「私は…という被害を受けた」と被害者本人は述べているけれども，加害者の方では，「そんな事実はない」と，これを否認して争っているような場合は，どうであろうか。

　もちろん証拠の構造はケースによって様々なので，様々な事実の積み重ねにより立証に努めることになるが，主としては，被害者本人の供述と加害者本人の供述のどちらが信用できるのか，ということが重要な問題となる。

　裁判を受ける権利は，憲法上保障されたものであり，真実，被害を受けている場合には，裁判所において，真実のとおり被害事実が認定され，適正な判断が下されることが正義に適ったものであることは言うまでもない。

しかし，人が人を裁く裁判の構造において，〈ある人物が述べていることが果たして信用できるのか？〉という供述の信用性の判断は，非常に難しいものとなる。

水戸知的障がい者虐待事件

知的障がい者が虐待・被害を受けたケースは，現在に至るまで数多く発生しているが，泣き寝入りせざるをえない場合がほとんどといえよう。

障がいをもつ故に，被害は発覚しづらく，また，訴える手段を得ることも困難な場合が多く，さらに裁判を起こしたとしても，その供述の信用性の判断，適正な裁判を受けること自体において，大きな壁に直面する。

自由人権協会の支援事件でもある，水戸の知的障がい者虐待事件は，知的障がい者多数（30〜40名程度）を雇用していた茨城県水戸市内にあった会社において，知的障がいのある従業員らが，同会社社長から，性的虐待を含む虐待を長期にわたって受けていたという事件であった（以下，「水戸事件」という）。従業員らは，手やスリッパ，椅子等で殴る，蹴る等の暴行，膝の裏にジュースの缶を挟み，膝に大きな石を乗せて正座させる，手錠をかける等の虐待を受け，特に女性従業員らのほとんどは，性的虐待を受けていたという，全く信じがたい虐待行為が何年にも亘って行われていたのである。

この事件は様々な問題を孕んでいるが，主要な被害が性的被害であり，被告（会社社長）は，全女性従業員に対する性的虐待を全面否認していたため，原告（被害者）本人の供述の信用性が認められるかどうかが重要な争点となった。

水戸事件の民事訴訟弁護団は，「知的障害者の訴訟手続上の権利保護に関する研究会」を立ち上げ，『裁判における知的障害者の供述（研究報告）〜知的障害者の声を司法に届けるために』という研究報告

書をまとめた。ここでは，水戸事件の民事訴訟を通じて，弁護団として検討し訴訟上主張してきた点や，その成果をご紹介したい。

1　知的障がいの特性に配慮すべきであること

　私たちが生きているこの社会においては，各人が様々な特性をもって，共存している。障がいがあるということはその特性の一面であるが，知的障がいがあるということについて，私たちはどれだけの理解をしているだろうか。

　残念ながら，多くの司法関係者は，知的障がい者と全く接点をもたずに生活しており，知的障がいがあるということ，知的障がいの特性等について十分な知識・理解をもっていない。また，障がい者に対しての偏見・差別も，残念ながら今日もなお根強く残っているのが現状である。

　しかしながら，知的障がいがあることの特性を理解せず，その特性に配慮しないまま訴訟手続を進めることは，結果的に，本人が本当に伝えたいことについて適切な供述が得られなかったり，その供述の信用性について誤った判断がなされるおそれがある。

　知的障がい者は，健常者より記憶力の点で劣っているのではないか？　質問に対して合理的な回答ができない部分があるということは供述全体が信用できないのではないか？　等々の偏見や一方的な思いこみにより，安易にその供述すべての信用性を否定されるようでは，その被害は救済されないままになってしまうだろう。

　知的障がい者が言いたいこと・伝えたいことを，きちんとくみ取るためには，適切な供述が行える環境を整えたうえで，適切な質問を行う必要があり，その配慮により，適切な供述を得ることは十分可能になるのである。

　法的救済は，最後の砦となるものである。

被害を受けた知的障がい者が，適切に法による救済を受けられることは，知的障がい者を食い物にする加害者を懲らしめ，正義に適った公平な社会の実現につながるであろう。

知的障がい者の裁判を受ける権利を実質的に保障し，適切な被害救済が受けられるようにするためには，知的障がい者の特性を理解し，その特性に配慮した訴訟手続の進行・尋問が確保されることが必要である。

2　知的障がい者の特性について

一般に，知的障がい故に有する特性としては，心身障がいの専門家等によって次のようなことが指摘されており，知的障がいのある人に質問（尋問）する場合や，その供述を評価する場合には，以下のような特性に留意すべきと考えられる。

知的障がい者の知的特性・心的特性

知的障がい者は一般に，知的機能が十分発達していなかったり，思考の柔軟性に欠けているため臨機応変に柔軟な対応をすることが難しかったり，抽象的概念を理解することが苦手であることが多く見られる。

また，後天的な心的特性として，動機づけ（やる気）が弱いことや，外的指向性（他者への迎合など）が見られることも指摘されている。知的障がいをもって成長・生活していく過程において，失敗を繰り返すことで自己評価が低くなり，課題に取り組む動機づけ（やる気）が弱くなったり，日常的に周囲に依存的な生活をせざるをえないことから，外的指向性が強くなり，周囲の人間に対し過度に迎合的になったりすることがあると言われている。

こうした知的・心的特性が，記憶特性や供述特性にも影響を及ぼす

ことになる。

知的障がい者の記憶特性

　知的障がい者に対しては，記憶能力全般について，健常者より劣っているのではないかという誤解，また，細部や周辺事実についての記憶が曖昧である場合に供述全体の信用性がないのではないかという誤解がもたれることがある。

　しかしながらこれは，知的障がい者の記憶特性に関する誤った認識に基づくものである。

　一般に，人は，目や耳などの感覚器官を通じて得た情報（感覚記憶）のうち，意識化され選択された情報を「短期記憶」として保持する。「短期記憶」の保持時間は20～30秒程度であり，これを維持するためには，その情報を復唱する作業（維持リハーサル）が必要になる。その短期記憶の入った短期貯蔵庫から，既存の知識を利用しながら情報に意味づけを行ったり，イメージ化したりして，長期貯蔵庫に送り込まれた情報が「長期記憶」となる。

■短期記憶・維持リハーサルの困難　　知的障がい者は，一般に，短期記憶の容量が限定的で保持時間も短いことから，短期記憶は困難となるため，健常者であれば通常記憶しているような情報を記憶していないことがある。また前述の維持リハーサルが困難であるとも言われている。

　従って，事実の細部について記憶が曖昧であったとしても，この供述特性に基づくものと考えられ，これをもって事実全体の信用性が減殺されるべきではない。

■意味的記憶の困難　　前述のとおり，情報を長期記憶として保持するためには，既存の知識を利用して，情報に意味を持たせたり，イメージ化等を行う必要があるが，知的障がい者は，イメージ的記憶（「つらかった」など自己の感情を伴う記憶等）は長期記憶として残りやすい一

方，意味的な記憶（日時，場所等客観的事実に関する記憶等）は，長期記憶に残りにくいという弱点もある。

　従って，重大な出来事についても日時や場所に関する供述が曖昧になることがあるが，この点も，事実全体の信用性を減殺する要素とみるべきものではない。

■長期記憶の保持は健常者と同じ　　他方，長期記憶については，知的障がい者も健常者と変わらないと言われている。

　長期貯蔵庫に移る記憶の範囲は限定的になるが，一旦長期記憶として記憶の貯蔵庫に入った記憶については，その正確性や忘却のスピードは，健常者と比べても全く劣らないという点については，学説上異論がないものと言われている。

　特に，自己の体験に関する記憶（エピソード記憶）については，イメージ的な記憶として長期貯蔵庫に蓄えられ，忘却されにくいことになる。また，人の情動（怒り，悲しみ，喜び，恐怖等）は，健常者と変わらず，情動に強く結びつく記憶に基づく供述は，さらに信用性が高いものと言える。

知的障がい者の供述特性

　先に述べた知的障がい者の特性から，健常者とは異なる供述特性がみられることがある。

　まず，抽象的概念（数量概念や空間把握等）が苦手であり，また，質問に対して，覚えている情報から検索・推測することが困難であるため，限定された質問に対しては，正確に答えることが困難な場合がある。

　また，心的特性として，動機づけが弱いため，あるいは日常的に低い評価を受け続けていることから，そうした評価を避けるために，本当は供述することができるのにあえて一部しか回答しなかったり，回答を拒絶して「知らない」「覚えていない」と答える等，結果的に不

正確な供述をしてしまう場合がある。

その結果として，以下のような特徴が見られることがある。

■**抽象的，あるいは複雑な質問の理解が困難**　「もっと」「より」「同じ」といった対象を比較する言葉や，「いくつか」「どのくらい」等の頻度や量を表す言葉，「どうして」といった理由を尋ねる質問は，よく理解できず，理解しないまま不正確な供述をしてしまうおそれがある。

■**能動と受動の区別が困難**　抽象概念の把握が困難であることから，能動と受動を混同し，「私が○○された」と言うべきところ，「私が○○した」と能動的に表現してしまうことがある。

■**質問の意図を察することが苦手**　思考の柔軟性が低いことから，質問文章が一義的に明確でないと，質問の内容を理解できないことがある。

■**威圧的状況・緊張状態等のストレスを受けやすい**　知的障がい者は，健常者以上に，緊張状態等のストレスを受けやすく，問題解決能力が低下しやすくなることがある。また，質問を途中で遮られると混乱し回答を続けることが困難になることがある。

■**誘導的な質問に乗りやすい**　外的指向性（他者への迎合性等の特性）から，質問者の誘導に乗りやすかったり，質問の中の事実関係が誤っている場合にも，それを訂正することができず，質問を黙認して肯定してしまうおそれがある。

■**日時の特定は苦手**　これらの概念は重要な事実とは受けとられにくく，また，抽象的概念が苦手なことからもその特定は不得手となる。

3　訴訟進行上留意すべき事項

以上のとおり，知的障がい者も，体験した事柄（核心的事実）に関する長期記憶は，健常者と変わらず，適切な状況において適切な質問を行えば，十分に信頼に足りる供述を得ることができ，逆に，不適切な質問により得られた回答につき，その供述特性を理解せずに評価す

ることは,誤った判断・事実認定に陥るおそれがある。

そこで,知的障がい者の記憶特性や供述特性に留意して適切な尋問を行うために,訴訟進行上以下のような点に留意したうえで,得られた供述を適正に評価すべきと考えられる。

知的障がい者の尋問環境・尋問方法

法廷での尋問というのは,成人の健常者にとっても,非常にプレッシャーがかかり緊張する場となる。特に,相手方(代理人)から質問を受ける反対尋問は,厳しい尋問となりうるが,一般には,反対尋問によって供述が揺らぐことがその信用性を失わせるものと考えられる。すなわち反対尋問によってぶれてしまう供述は真実に基づくものではなく,信用できない供述であると判断される傾向にある。

しかし,知的障がい者の場合は,異なった視点が必要となる。知的障がい者が,緊張を強いられる尋問環境において厳しい反対尋問にさらされることは,不当に混乱に陥れ,却って誤った供述を引き出すおそれがあるのである。適切な尋問環境において適切な方法で尋問をしてこそ,信用できる供述が得られると考えられる。

この点,児童や性被害者に対して尋問を行う場合に留意すべきことについては多々指摘されており,参考にすべき部分も多いが,成人の知的障がい者の場合,人生経験の積み重ねにより得られているものもあり,児童とはまた異なる配慮が必要となる場合もある。

■尋問環境　ⅰ——非公開・ラウンドテーブル(裁判官と当事者が同一の机につく)法廷を使う。不特定多数の傍聴人がいたり,裁判官が壇上にいるような堅苦しい雰囲気では,人前で話すこと自体に慣れていない知的障がい者は緊張してしまい,臆することなく自由に供述することが困難となる。できるだけリラックスして供述できる雰囲気・環境を整えることが必要である。

ⅱ——(精神的サポートが必要な場合に)付添人を付ける。精神的負担を

和らげるために必要な場合には、供述者にとって信頼のおける知人やカウンセラー等の専門家を付き添わせることを認める必要がある。

　iii——**アテンダント（通訳人）を付ける。**知的障がい者のコミュニケーション能力を補うため、必要に応じて、供述者の意思を正しく伝えるためのアテンダントが認められるべきである。

　先に述べた水戸事件の訴訟においては、言語障がいを有する原告の尋問の際、その通訳人については、法的根拠がないという理由で認められなかったが、こうしたことに対する法整備も必要と思われる。

　iv——**尋問をビデオ録画する。**知的障がい者は、言語による表現能力は十分でなくとも、表情や身振りによる非言語的な表現能力は優れていることもあり、そうした非言語的表現も併せて考慮することにより供述の内容がより理解しやすくなることもある。従って、知的障がい者の尋問にあたっては、その供述をビデオに録取し、ビデオ調書として残す方が有用と考えられる。

■**尋問方法**　　適切・正確な回答を引き出すためには、以下のような点に注意して、適切な尋問方法による尋問を行うことが必要である。

　i ——**具体的な質問を行う。**抽象的思考が必要となるような質問を避け、具体的かつ平易な言葉、単純な構文で質問を行う。障がいのある供述者が理解できるような言葉で質問をする。

　ii ——**混乱させるような質問はしない。**重複質問や威圧的な質問、立て続けにたたみかける、証言を遮る等の質問は避ける。

　iii ——**知的障がいの特性を踏まえ、理解できないような質問は避ける。**特に出来事の時期を特定する質問の仕方には留意する。

　iv ——**回答まで時間がかかる場合があることに留意し、答えを急がせない。**

　v ——**誘導尋問をしない。**知的障がい者は、誘導的な質問に対しては、事実に反する誤った証言を行うおそれが大きいため、反対尋問においても、誘導尋問は避けるべきである。

　vi ——**非言語的な表現の意味を特定する。**知的障がい者の供述において

は，身振り，手振り，表情等が，供述を補足する意味が大きなものとなるため，それらの表現の意味づけを行う質問が必要となる。

　vii——知的障がい者の人格に配慮する。知的障がい者は日常的に「劣っている」との評価を受け，自己評価が低くなっている場合があるため，反対尋問において，ことさら証言の信用性を疑う質問を行うと，人格を不当に傷つけるおそれがあり，かつ適切な供述を行えなくなるおそれがあるため，注意が必要である。

知的障がい者の供述についてどのように信用性判断をすべきか

　以上のとおり，知的障がいの特性に留意した尋問をするよう努めても，個々人の特性は異なる面もあり，実際に適切な尋問（質問）を行うことは難しい場合がある。

　従って，尋問後得られた供述の評価にあたっては，供述の一部に，ぶれや一見矛盾するような点が認められても，知的障がい者の供述特性に留意し，不適切な質問によって，部分的に，不適切な（事実に反する）供述がなされているのではないかという視点に立って，供述全体の信用性の判断を行う必要がある。

4　知的障がい者を巡る社会状況に関する理解

　もう一つ重要なことは，事件の実態を理解するためには，知的障がい者及びその家族が置かれている社会的状況と心理状態を十分理解する必要があるということである。

　裁判においては，「普通はこのように考えて行動するはずではないか？」という，いわゆる経験則に沿って，事実の有無を判断する。合理的な人間であればこのように行動するであろうという観点に立ち，それに反した行動や証言については，信用できないと考える傾向がある。

しかし，知的障がいをもつ人は，誕生のときから，保育・教育段階，就労段階，様々な過程において，差別・偏見にさらされることにより，本人も家族も，虐待を受けることに慣れてしまう「劣等処遇感」というものを抱くことになったり，被害を訴えていくことができない心理状態に陥っていることも多いのである。

裁判においては，こうしたことも念頭において，適切な事実認定に努めなければならないと思われる。

おわりに

以上，知的障がいをもつ被害者の民事訴訟において留意すべき点について論じた。

先に述べた水戸事件においては，裁判所により適切な尋問環境の確保が図られ，結果的に，被害者（原告）の主張をほぼ全面的に認めた，画期的な勝訴判決が出された（水戸地裁 2004 年 3 月 31 日　判例時報 1858 号 120 頁。被告により控訴されるも，東京高裁においても，同年 7 月 21 日原審どおり認定する判決が出され，確定）。

同判決では，まず，知的障がい者の置かれている社会的状況（就職困難などの状況）を踏まえ，雇用されている知的障がい者が社長による被害を訴えるのが困難であることを前提として，知的障がいのある原告らの供述について，専門家の意見書を引用し，原告の供述を信用できるものと判断している。

この判決は，知的障がい者の供述の信用性の判断にあたり，重要な意味づけをもつ判決といえるが，こうした供述特性に関する理解，適切な質問方法のあり方，また，得られた供述の信用性の評価・判断のあり方については，まだ十分な検討・研究がなされているとは言えない。

加えて，被害が生じた場合には，被害を受けた直後，できるだけ早

期に被害供述の聴取が適切な質問方法により行われることが重要となる。海外では，特に児童については，フォーレンジックインタビュー（心理の専門家による聴き取り）等，適切な事情聴取のための法整備が進んでいる国もあるが，日本ではまだそうした途は開けていない。

また，知的障がいといっても一括りにできるものではなく，それぞれの障がいの特性に応じて，考慮すべき点もまた異なってくることは言うまでもない。

これらの点については諸外国でも研究途上にあるが，今後，知的障がいのある人の裁判を受ける権利，司法参加の実現に向けて，さらなる研究・法整備の充実が必要と言えるだろう。

●参考文献
- 水戸事件のたたかいを支える会編『絶対，許さねえってば──水戸事件（障害者差別・虐待）のたたかいの記録』現代書館，2006年
- R. ブル＆R. ミルン／原聰編訳『取調べの心理学』北大路書房，2003年
- 小林武「知的障害者の『裁判を受ける権利』の実質的保障に関する覚書（一）（二）」（『南山法学』22巻4号，23巻3号，2000年）
- その他，水戸事件の訴訟において提出した文献・意見書

第7章　日本の精神医療
ネグレクトの歴史に終止符を

小林信子

はじめに

　2007年という年は，日本の精神医療が患者の人権保障を伴ったものへと舵を切った1987年の精神保健法施行から20年目の年である。かつて国連を巻き込んだ80年代後半の精神衛生法改正論議にJCLUは大きな役割を果たしてきた。ここでは，筆者が関わっている「東京精神医療人権センター」というアドヴォカシー団体の視点から，特にこの20年間の動きに焦点をあてつつ，日本の精神医療の成り立ちや日本の精神医療が抱える問題，また今後の方向性を報告していく。

1　日本の精神医療の現状

今日の一般的状況

　2006年度の労災申請の42％は心の病気，そのほとんどがうつ病であるという。この数字からわかるのは，隠すことの多かった精神病の中でもうつ病に関しては，社会的認知がなされ人々はやっと公に語り始めたということだろう。今日，大企業においても，社員のうつ病の増大とその処遇はかなり深刻な問題である。加えて，日本はロシアに次ぐ「自殺大国」であり，毎年3万人以上の自殺者を出すという現実がありながら，人々は精神科への助けをあまり求めてきていないようでもある。やはり精神病とその治療機関に対する社会の偏見は依然根

強く，正しい情報の入手が困難なこともあり，精神科受診への躊躇が人々を休職に，果ては自殺にまで追い込んでしまっているという現実もある。医学かどうか判らないという懐疑のせいからか，精神医療は日本社会においてあまり信頼されていないのかもしれない。人々の中にある精神病とその医療，精神障害者に対する偏見は世界共通でもあるが，それが自国の文化や歴史に由来することも無視できず，広範な議論が常に必要とされている。

　日本では精神科医療を主として担っているのは精神病院である。その病院が戦後数十年の長きにわたり患者を拘禁し，社会から隔離することに専心している間に，社会構造は急速に変化してきた。そのため，社会で生きる人々のニーズの多様化に対応できぬ，時代から取り残された精神病院になってしまっていた。それに気づいた力量のある精神病院は，生き残りをかけて患者の対象を変えたり，訪問看護やホームヘルプサービスに乗り出し，"外"に活動を広げることに力を注いでいるが，一方，長期入院者を抱えて取り残されている病院もあり，現状では二極化が顕著である。

　2007年度版厚労省障害白書によると，精神障害者の推定数は303万人，うち在宅（通院）は268万人，精神病院入院者は33万人。ストレス過多社会や高齢化に伴うアルツハイマー病などの増加により，精神科ベッド数はこの5年間で1万床増えて36万床であり，これは世界一のベッド数である。3か月以内の退院を目指していても平均在院日数は約1年間と長く，先進国の中で群を抜いて長い。患者は入院が1年以上になると，退院まで5,6年必要とされることもデータで示されている。

　米国における1960年代の脱施設化やヨーロッパのノーマライゼーションの施策のもと，欧米先進国の精神医療のほとんどは，80年代には入院中心主義から地域ケアという施策にシフトし，入院を食い止め，病院のベッドを削減し，地域で患者を支えるための社会的資源の

充実に予算をつぎ込んできた。予防・早期発見に力を入れ、治療は原則として地域で行い[1]、病院での治療は例外的という政策が一般的になっている。

日本でも1987年の精神保健法の成立に力を得て、精神医療改革を目指す現場の人々や、人権意識を持ち始めたユーザー（障害者自身）たちが地域ケアへの移行とその充実を提起し、90年代以降「病院から地域へ」という政策転換を要求してきた。だが、後述する日本の精神病院のあり方、法の構造、予算の問題等で現実には、求める地域医療・福祉サービスの充実にはまだまだ遠い。日本は急激な高齢化社会に直面しているが、財政引き締めという理由で同時に福祉的地域ケアサービスの停滞が続いている。このままでは日本の認知症患者の多くも60年代から精神障害者が蒙ってきた過去の悲劇の再現のように、続々と精神病院の認知症病棟に送り込まれ、社会から隔離されていくのではないか。これは、すべての人に係わる問題ではないだろうか。

日本の精神医療の特徴

精神障害者とみなされた人々は「座敷牢」に閉じ込められていた（私宅監置という）歴史がある。明治以降は、そこへの入所者は警察の管轄下に置かれ（1900年精神病者監護法）、家族は厳しい監視義務を負わされた。それゆえ、治療という視点よりも隔離・拘禁という発想が大きかった。この状態は精神衛生法が1950年に制定されるまで存続した。

国家が近代化される過程で精神医療制度も徐々に整えられていった（1919年精神病院法）。しかし、多くの庶民の精神病患者は依然として私宅監置が主流だったため、戦前は小規模な私立病院が存在するだけで精神病床は少なかった。法は制定されても公立精神病院建設は実行されず、自治体が民間病院を"代用病院"として認定し、民間病院にとってはこのことは名誉であるとされた。現在でも1，2の県では県

図1　各国人口1000人あたりの精神病床数

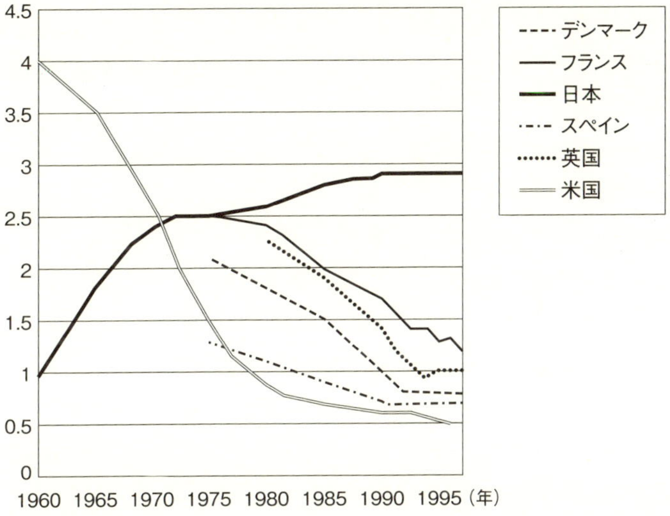

（凡例）
- デンマーク
- フランス
- 日本
- スペイン
- 英国
- 米国

（出所：OECDヘルスデータより）

立精神病院が建設されていない。

　近代化や経済の高度成長は精神病者を生み出す。英国でも、アサイラムが建設され始めたのは産業革命以降である。日本も高度経済成長が始まる1950年代後半から、社会保障の不在を補う形で雨後の筍のように、国の間接的な財政援助の下に精神病院が設立されていった。この時期、西欧諸国では向精神薬が開発・導入され、退院が促進された。前述した米国の脱施設化が始まり、西欧諸国では精神科ベッド数は徐々に減少し始めた。これとは反対に、60年代以降、日本の病床数は急増し始める（図1）。

　安上がりな医療にしておくために、国の民間病院依存はさらに顕著になり、単科精神病院は続々建設される一方で、公立病院や、精神科を有する総合病院の建設は他科に比べ発展しなかった。1960年代当時は、社会保障制度が全く整備されていず、「社会的敗者の収容所」としての機能を精神病院が引き受けたことで、その増加に拍車がか

かった。現在でも精神科病床の90％は民間病院という他国には見られない特異な実態が存在している。見方によれば現在の"規制緩和"の先取りといえる。こうした現状が日本の精神医療改革をより困難にしている。

　1948年に病院や医療の質を規定する医療法が制定された。その時,精神科や結核科病院は"特殊病院"とみなし,他科に比べ医師は1/3,看護師は2/3でよいとする医療法の"特例"も制定された。つまり,国による精神科差別（ネグレクト）が行われたのである。現在は特例という言葉は削除されたが,差別的実態は維持されている。精神病院は,「少ないスタッフで運営可能」とみなされ,医療提供の場というより,社会の安全のために精神障害者を病院に閉じ込めておくという発想がつい最近まで行政や医療現場を支配していた。また病院の多くが社会から隔離されていたこともあり,患者の人権侵害を蔓延させていった。

2　法律の変遷と患者の人権

精神衛生法から精神保健法，精神保健福祉法へ
■1950年　精神衛生法施行　　知事命令による措置入院と,保護義務者（家族）による同意入院の2種類の強制入院が定められた（だがこの法では家族による同意入院は強制入院と認めていなかった）。これにより今まで私宅監置されていた人を,知事命令により強制入院させていった。

　措置入院の要件は,精神障害者であり,自傷他害の恐れがある場合で,「公安」上の制度として位置づけられたので,本人の同意などは必要なかった。また,同意入院は,医者が許可しても保護者の同意がないと退院できない入院形態であり,家族にさまざまな監督義務や責任を負わせることで長期入院化が進んだ。1961年の国民皆保険導入は,長期入院であればあるほど,病院によい収入をもたらした。

当時はまだ「人権」という発想はなく,患者が入院に対する不服申し立てをするには行政不服審査しかなかったので,現実的には何の救済手段もなかった。福祉事務所と手を組んだ生活保護者受け入れ専門ともいえる病院も出来た。

■1987年　精神保健法施行　　過去にも数々の精神病院のスキャンダルは発生していた。しかし,1984年に発覚した報徳会宇都宮病院事件は,精神衛生法の持つ人権侵害の問題性を明らかにした。すでに1960年にWHOの代表として来日したD.クラーク医師も日本の遅れた精神医療に対する改善勧告を行っていたが,無視されたままになっていた。宇都宮病院事件では,法律家を中心とした市民団体が国際法律家委員会（ICJ）を招聘して国内の病院調査を行い,日本政府に勧告を行った。この勧告は国連人権小委員会で取り上げられ,人権侵害を生む法律の改正を日本政府は国連の場で約束し,それが実行されて精神保健法の誕生に至った。この法には人権保障と社会復帰が新しく盛り込まれた。

●具体的改正点（一部）
➢ 入院を判定するために経験を積んだ医師が必要であるとの観点から,精神保健指定医制度の創設,強制入院手続きの厳正化,医師の質の確保を義務づけた。
➢ 強制入院手続きの見直しに関連し,「同意入院」という名称を廃止し,「医療保護入院」とする。これにより下記の2種類の入院が規定された。
　◇　措置入院——精神保健指定医2人の判定を要する
　◇　医療保護入院——精神保健指定医1人の判定と家族の同意を要する
➢ 精神医療審査会を各都道府県及び指定都市に創設し,患者の退院請求や不服申し立てを受ける機関とする。
➢ 退院者を医療・福祉サービスを受けながら地域で支えるための社会復帰施設を法定化,作業所や援護寮（生活訓練居住施設）などの設立に関する青写真を作成した。

（1991年　国連「精神病者の保護及びメンタルヘルスケア改善のための原則」採択）

■1995年　精神保健福祉法に改正　　この前後1993年，99年，そして2006年にも法の一部改正が小刻みに行われている。また精神障害者はそれまで他の障害者から分離されていたが，98年に「障害者基本法」が改定され，身体障害，知的障害，精神障害の三つが統合された。

(1999年　国連拷問等禁止条約批准)

■2005年7月　心神喪失等の状態で重大な他害行為を行った者の医療及び観察等に関する法律（医療観察法）の制定　　1999年の精神保健福祉法一部改正時に「重大な犯罪を犯した責任能力の疑われる精神障害者の処遇について…早急に検討…」との付帯決議があったことを受け，2001年から，大臣や行政による各方面の有識者を集めた法案検討会が開始された。この問題は70年代には激しい保安処分論争があったため，長年タブー視されていた。検討会の内容が明らかになるにつれ，精神保健福祉法内の貧しいマンパワーの精神医療制度，現状の刑法による簡易鑑定のあり方や鑑定医の質の問題，刑事施設の精神医療のあり方等々，解決しなければならない根本的な問題には手をつけていない法案であることが判明し，障害者当事者だけでなく，医療や福祉などの現場でも大きな反対運動が繰り広げられた。折悪しく，「大阪池田小学校事件」が起こり，この法案とは直接関係ない事件だったにもかかわらず，冷静さを欠いたメディア報道にも影響され，これを精神障害者問題と結びつける勢力に反対派の声はかき消された。その過程で修正が行われ，最終的に法の目的が「再犯防止と社会復帰の促進」となり，法案提出時の目的を曖昧にして「医療観察法」は成立し，施行された。この法では，入退院には審判があり，弁護士は患者の"付添い人"となって審判に出席する。不完全だが，日本の精神医療にも司法の介入がなされたことになる。

　現在は，国立指定病院が10か所運用され，4か所が建設中である。

制限付退院後の通院を確保する指定通院医療機関も全国に257か所ある。法施行が2年を過ぎて，いろいろな問題が提起されている。この法でも地域社会における受け入れ先の資源不足が退院審判を遅らせている。と同時に，日本における初めての，マンパワーが十分整っている精神医療実践の試験場ともなっている。一方で，すでに医師不足や，指定病院間の実践の格差も指摘され始めている。「東京精神医療人権センター」は，月2回，国立武蔵病院の指定病棟を患者の権利擁護者として訪問し，入院者の話を聞く活動を行っている。

(2006年　国連障害者権利条約採択[2])

3　現行制度が持つ恒常的問題

　国は，精神医療政策をずっと民間に委託してきた。行政としての病院監督は半ば放棄し，精神病院は日本医師会長に「牧畜業か」と揶揄されるくらい，患者を漫然と入院させて莫大な利益を得るという時代が長く続いた。その利益は，少ないスタッフ数と多数の患者という構図で保証されるので，精神科"特例"は，民間病院の要望に合致するものなのである。現在でも，少数の革新的な民間病院を除けば，その基準で病院は運営され，その基準を満たすことにすら汲々としている病院も多数ある。近年の病院再編にどう対処していくのか監視が必要である。

　私たちは，精神科医療における他科（身体科）との処遇差別を大きな問題と捉えている。少ないスタッフ数は，緩慢で管理的な治療環境，隔離・身体拘束の濫用，慢性化による入院の長期化を生み出してきた。これらは精神医療における20世紀の負の遺産であるが，国は「退院先さえあれば72,000人の退院が可能」という数字的解決策（？）を示しているだけである。

　1987年の法改正後，国際社会の批判をかわすために政府は利益誘

導を重ね，外来診療報酬を高く改定した。入院者数は一時減少し，入院期間も短期になってきた。しかし，ベッド数に大きな減少はなく，現在では増加さえしている。精神病床は減らさず，かつ地域ケアも充実させていくこと，つまり「病院と地域の両方を充実させること」は予算的にも不可能であり，他の先進国では決して見られない政策である。外来診療への誘導は，大都会では精神科診療所の開設ラッシュを生み，地域医療の一部を担っているが，なぜか病院ベッド数の減少には貢献していない。

精神保健福祉法は，精神病者は自分では何も理解できない，ゆえに判断もできないという予断に基づいて構成されている。

そうした患者の入院中の権利保障の一つである不服審査機関（精神医療審査会）は，事務局をもった第三者独立機関ではない。各審査会は5人から構成され，医療委員は民間病院の院長などが過半数を占めていた（2006年の法改正で，医療委員の過半数規定がなくなった）。

国内有数の長期入院者が多いある県で，「その病院に入るといつ退院できるかわからない」と悪名高い病院の院長が，この機関の委員長を長年務めていたという事例がある。似た話が各地にあるのが日本の患者救済機関の現状である。

審査に関する事情聴取や調査なども審査会の裁量で決められ，委員長は必ず医師である（英国の精神保健審査法廷［MHRT］では，議長は必ず法律家［弁護士］である）。審査結果通知までは平均2か月を要し，通知は知事名で行われる。つまり，患者にとっては，強制入院の命令者である知事が，救済機関でも命令権者を務めるという不合理が生じている。退院申請の承認率は6.4%（2004年度）と極端に低い。

入院中の患者の権利は，現行法でも通信・面会しか保障されていない。その面会も，最近では家族と，法律に規定された弁護士や吏員しか認めないという病院が増えて，旧法の時代に逆行している。

医師が権威主義の頂点に立つこの構造にメスを入れ，他の専門職へ

の"分権化"を進めることも重要である。

4 拷問等禁止委員会勧告について

　ここまで，精神科の病院問題や入院患者の処遇や人権のことを中心に述べてきた。障害者の人権保障は国際人権条約とも密接な関連を持ち，基準にしている。折りから今年（2007年）5月に国連拷問等禁止委員会による日本政府第1回報告書審査がジュネーブで開催され，委員会から日本政府に対する改善措置勧告が出された。政府は1999年にこの条約を批准し，1年以内に政府報告書の提出を求められていたが，2005年にやっと第1回の報告書を提出し，それに対して委員会から改善勧告が出されたのである。そしてこの政府報告書に対し，国内で刑務所や入管収容施設，精神病院などで自由を奪われた人々の人権を護るNGOが連合して「CAT NETWORK」を結成し，「東京精神医療人権センター」もその一員となった。政府報告書を読んで各分野の問題を整理し，その代替レポートを作成して委員会に提出した。「センター」が問題にした点や政府への質問は，ここまでに記述した問題と重複しているが，主要点のみを以下に紹介する。

　まず，「拷問等禁止条約」第1条の拷問の定義や，「公務員その他の公的資格で行動する者により行われるものをいう」という規定に基づいて，すなわち国際的なスタンダードに照らして日本の精神保健福祉法における強制入院手続きを再検討してもらいたい。

　つまり，日本では患者を拘禁する強制入院の手続きを，民間病院に勤める精神保健指定医が，その手続き時のみの"みなし公務員"として行い，医療基準に基づく指定病院に患者を収容する行政処分である。公立もあるが，指定病院の多くは民間病院である。手続きが完了し"みなし公務員"を外れた精神保健指定医は，一民間病院の勤務医として通常の治療をし，「一人退院させたら，一人入院させろ」という

病院管理者の指令に抵抗できない立場にいる。こうした現場の実態を無視していて、これでも手続き的に患者の人権が保障されていると言えるのか、大いに疑問な状況なのである。

また条約第10条の「法執行の職員、医療職員、公務員その他の者に対する訓練」については、政府報告書では精神保健指定医研修制度がそれに該当するとされている。民間病院の圧力団体がその研修団体として認定されていて、確かに精神医学について学ぶ時間は確保されているが、患者の人権や国際人権についての研修時間は空白か、おざなりになっている。この点は大問題である。

第13条の「拷問を受けたと主張する者の申立て」及び14条の救済措置に照らして、精神医療審査会の問題を再検討すべきである（前節参照）。

第16条には、第1条で定義されている拷問には至らないものであっても非人道的な取扱いについては、「［本条約の規定中］『拷問』を『他の形態の残虐な、非人道的な又は品位を傷つける取扱い又は刑罰』と読み替えた上で適用する」とある。これは、人間としての尊厳を奪い取られ、貧しい治療環境で今も呻吟している多くの精神障害患者にはほとんど該当するものであり、その処遇改善に大いに役立つ条約ではないかと「センター」は考えている。

今回の拷問等禁止委員会の勧告は、「慰安婦」問題や代用監獄に関する内容など多くの人権NGOにとって追い風となったが、精神医療に関しても特に以下のような言及があった。

　勧告25．委員会は、私立の精神病院で働く精神科指定医が精神的疾患を持つ個人に対し拘禁命令を出していること、及び拘禁命令、私立精神病院の管理・経営そして拷問もしくは虐待行為に関する患者からの不服申し立てに対する司法的コントロールが不十分であることに懸念を表明する。
　締約国は公立及び私立精神病院における拘禁手続きについて、実効的かつ徹底した司法コントロールを確保するために必要なあらゆる措置を採るべきである。

患者の人権保障という観点からもこの勧告を意義あるものにしたい。

5　地域で生活している精神障害者の状況

障害者の地域生活の広がり

　1987年の精神保健法において「社会復帰」を法に盛り込んだことで，多くの人の自己犠牲と頑張りによって貧しい予算でも地域資源は確実に発展してきている。それらを利用しながら，退院して地域で生活する精神障害者の数は増加している。地域に住む患者の居場所作りとしては，まず作業所が次々に設立された。だが，地域生活を保障する住居であるグループホーム等の建設は乏しかった。とはいえ，遅々としたものではあるが20年の歴史の経過と共に，また身体・知的障害者に比べればまだ予算的には少ないが，三障害統合のサービスも法制化され，地域資源は確実に種類も量も質も多くなってきている。医療面でも，外来診療を受ける際，病院に行かなくても都市部ではクリニックがたくさん開設され，通院も身近になり，そこでのデイケアを利用している人も多い。クリニック受診で入院が予防され，地域資源も増えれば早期退院も可能である。現実には入院患者は減少してもベッド数は維持されており，日本の精神医療施策に根本的問題があることを証明している。

社会保障制度の重要さ

　障害者の地域生活が推し進められてきている背景には，さまざまな要因が重なっている。中でも人権意識の高まり，世界的な脱施設化政策の潮流やノーマライゼーションの理念などは大きな推進力だが，現実にそれが実践できるのは何よりも社会保障制度の充実に拠るところが大きい。日本社会も経済力に見合っているかどうかは別として，それなりの社会保障を備えた国になっている。かつては退院に反対する

家族がいれば長期入院を余儀なくされていた患者も，スタッフの支援を受け生活保護を受給してアパート生活が可能になった。さらに，障害者年金の受給により一定の収入が確保されたので，その人の体力や環境に応じてパートの仕事などに就き，裕福とは言えなくても自立した生活を送れるようになった。最近は，まだ限定的だがヘルパーの支援も受けることができるようになり，家事などで大いに助けられている。

こうした精神障害者の地域生活を支援していくためにも，昨今の，財政赤字を理由とした政府の生活保護をはじめとする社会保障の引き締めは絶対に認められない。

次のステップは「仕事を持った市民」…？

医療機関や福祉機関でのデイケアで一定期間地域で生活し，働く経験を得た人々は，次には福祉内就労を超えて自分で給料を稼ぎたいという思いが大きくなってくる。給料だけの問題ではなく，仕事は人間としての誇りの回復でもある。知的障害者の先進的雇用先としては，「スワンベーカリー」など有名な就労の場がたくさんある。行政もやっと障害者の雇用施策を強化し，作業所で安い手間賃仕事に甘んじていた人々も，本人の意思次第で仕事に就く機会は近年ぐっと拡大してきている。社会的起業をして雇用を創り出すこともなされている。「障害者自立支援法」(2005年成立，06年4月1日から順次施行)によって，「いま障害者の就労には追い風が吹いている」と，この分野に長く関わってきた人々は意欲に燃えているようだ。精神障害者も働き，給料を得ることで一人の市民として出発し，次いで，より社会参加し，当然社会的責任や義務も引き受けていくことになるだろう。

ただ，種々の理由から「仕事に就きたくない。年金と生活保護で暮らしていきたい」という障害者も現実には一定数存在する。これらの人々のライフスタイルも尊重していかなければならないし，仕事を持

ちたくない，あるいは持てない理由をていねいに探っていく作業も必要だろう．

「障害者自立支援法」の問題点
「障害者自立支援法」は，自立や就労を推し進める法である一方で，障害者の貧しい生活の現実を無視した負の施策である部分も大きい．作業所や援護寮などの地域サービスの利用はそれまでは無料だったのが，昨年（2006 年）10 月に施行されたこの法によって，1 割の"応益負担"となり，地域サービス利用者に大きな打撃を与えている．これは，障害者という特性を無視して，高齢者の介護保険サービス制度との"整合性"を強引に持たせた結果でもあり，早急な見直しが求められている．

「退院支援施設」問題
　これは，「障害者自立支援法」（2006 年 10 月）施行 3,4 か月前に突如浮上した精神障害者の社会復帰施設に関する問題である．
「退院支援施設」とは，既存の精神病院病棟の内部を少し改装することで，自立支援法に基づく「施設」とし，入院者を名目的にそこへ「退院」させるというものである．精神医療業界に古くから存在する"中間施設論"の再浮上である．精神障害者の人々や「センター」を含む多くの団体はこれに断固反対を表明し，厚労省と数回にわたり深夜まで交渉し，そのスタートを半年延期させた．反対理由の一つは次のようなことであった．「退院支援施設」とは病院内退院である．病院は地域社会から隔離された施設であり，その中の「退院支援施設」に住む人々は法的には入院患者でなくなったが，日中のデイケアや活動は，食事も含め病院のサービスを利用することがほとんどで，それでは退院したとはいえない．海外の精神医療改革の歴史を見ても，この種の中間施設は成功していない．地域に住んで社会的サポートを受

けながら生活してこそ,本人の満足度も高く,地域生活をうまく送れるのである。

　実は,この施策は当事者には何もメリットがないが国や病院側にはメリットがある。世界一の精神科ベッド数を持つ日本は,それなりに国際的な圧力を受けている。しかし,「10年間で72,000人の患者の退院」という国の掲げる目標も遅々として進まない。そこで,病棟ごと福祉施設に転換してくれれば,実質はどうであれ,国としては,大きな単位で"病床削減"が図れるというわけである。病院側も,新規入院者はあってもその約85％は1年以内に退院（2004年の調査）するから,時代に対応できない病院ほど空きベッドが出来てしまう。入院者の高齢化問題もあり,老人病院への転換も簡単ではない。「施設」と看板を架け替えれば,福祉の分野からの収入が見込めるという利点がある。この「退院支援施設」案は,2007年4月から延期が解かれたが,障害者団体は反対を続けており,病院側は今のところ模様眺めである。

　これらが,「東京精神医療人権センター」の活動を通して見た,現在の日本の精神医療や福祉を取り巻く状況である。過去から現在までをみれば,精神障害者も,精神医療も,国や社会からずっとネグレクトされてきた歴史がある。21世紀,このことに終止符を打たなければならない。しかし残念なことに日本社会の非寛容度の高まりで,精神障害者の真の自立へ向けた方向性はジグザグの動きを呈している。だが,それでも確実に開かれた展望はある。そして日本の精神医療も,かつての隔離・収容主義にはけっして逆戻りしない。

●注
（1）国連決議「精神病者の保護及びメンタルヘルスケア改善のための原

則」(1991年12月採択)の第3項で「地域の生活:すべての精神障害者は,可能な限り地域において生活し,働く権利を有する」とされている。
 (2) 2006年,国連総会本会議において採択されたが,日本はまだ批准していない。障害者当事者を中心に,今後この条約を国内でどのように生かしていくかの議論が始まっている。

●参考文献
- 国際法律家委員会編『精神障害患者の人権(国際法律家委員会レポート)』明石書店,1996年
- 広田伊蘇夫『立法百年史 精神保健・医療・福祉関連法規の立法史』批評社,2004年
- 関東弁護士会連合会編『精神障害のある人の人権』明石書店,2002年

第8章　企業の社会的責任（CSR）と人権

市毛由美子・羽柴　駿

はじめに

　最近，企業の社会的責任（CSR）についての関心が日本でも高まりつつある。CSRの概念は，国連グローバル・コンパクト10原則のうち人権と労働が6項目，環境が3項目を占めることからも明らかなように，人権（労働を含む）と環境という二つの普遍的価値がその中心となるものであるが，日本社会ではともすると環境問題に焦点が当てられがちである。それ故に私たちは，CSRを論じる際における人権の重要性を日本社会へアピールしてゆく必要があるものと考えている。
　本章は，そのような目的から筆者両名の共同責任で書き下ろしたものである。

1　JCLU ガイドラインの作成まで

　JCLUは既に1990年より，「人権コンサルティング小委員会」を設置して企業活動と人権の関係についての調査・研究活動を始め，その成果を単行本『ニッポン企業人権宣言』（ダイヤモンド社，1991年）として刊行した。さらにその成果を具体化するものとして，企業広告を人権の観点から評価する「人権広告大賞」活動（1995〜1998年）などの，企業に対する人権啓発活動を展開した。これらの活動は当時の，未だCSRの概念すら認知されていなかった日本社会においては，極

めて先駆的な活動であったと自負している。

　その経験をふまえてJCLUでは，2004年から「企業と人権プロジェクトチーム（PT）」を設置してCSRと人権に関する調査・研究を開始した。PTの活動は，国連グローバル・コンパクト参加企業やCSR報告書を発行している企業への聞き取り調査，国連東京事務所や外務省OECD室のインタビュー，ISOにおけるCSR規格（26000）論議の研究，労働団体や人権啓発企業団体などの関係者との交流など，広い範囲に及んだ。

　そしてPTは，これらの活動の成果として，JCLU「企業活動と人権に関するガイドライン（PT案）」（JCLUガイドライン）およびJCLU「CSR報告書の人権関係評価項目（PT案）」をまとめ，2006年11月に発表した。この発表に際しては，トヨタ，ホンダなど日本の自動車会社11社について，その発行しているCSR報告書をPT案に照らして評価する試みも実施した。これらは日本の人権NGOとして初の試みであった。

　そして2007年8月に，これらPT案を正式にJULUとしてのガイドライン・評価項目とすることをJCLU理事会において決定した。

　なお，JCLU「CSR報告書の人権関係評価項目」は，基本的にJCLUガイドラインの各項目の実施状況をCSR報告書に記載することを求めるものであり，紙数の関係で本書では掲載を省略したが，関心のある方はJCLU発行の小冊子『提言：CSRにおける人権』（2007年8月）を参照して頂きたい。

　私たちはJCLUガイドラインを作成するにあたり，CSRに関する国際的に認知された3つの公的基準を基礎とした。国連グローバル・コンパクト（GC），国連人権促進保護小委員会が2003年8月7日に採択した「人権に関する多国籍企業および他の企業の責任に関する規範案」（小委規範），そしてOECD多国籍企業ガイドライン改訂版（OECDガイドライン）である。

これら3つ以外にもCSRについては様々な民間組織がそれぞれの基準を公表しており，その中にはGRIサスティナビリティ・リポーティング・ガイドラインのように広く知られ多くの企業などで利用されているものもあるが，現時点ではこれら3つの基準のみが，世界各国ないし主要国の政府が加盟する政府間組織が作成したものという意味で公的基準と呼びうるものである。

　このように国際的基準をふまえたJCLUガイドラインであるが，対象とするのは日本国内において事業を行う全ての企業である。これは，JCLUガイドライン作成の目的が，国際的基準を日本に適用した場合にどのような問題が見えてくるかを具体的に示すところにあるためである。そのような作業は，1947年創立以来，一貫して日本国内における人権問題を取り上げてきた国内人権NGOであるJCLUにふさわしい役割であろう。

　JCLUガイドラインは，企業に対し直ちに実施することを求めるものと，実現に向けて努力することを求めるものとの2種類を含んでおり，後者は，「…努める」との表現をとっている。

　全体構成は，「A　一般原則」，「B　労働（ジェンダーを除く）」，「C　先住民族」，「D　腐敗防止」，「E　消費者保護と公正な取引」，「F　社会貢献（人権関係）」，「G　ジェンダー」の7つの大項目から成り，大項目はさらに1から20までの中項目に，中項目はさらに具体的な小項目に分かれている（章末資料参照）。なお，人権NGOとしてのJCLUが作成するものという性格から，人権と並ぶCSRのもう一方の柱である環境問題はJCLUガイドラインには含まれていないことを，念のためお断りしておきたい。

　筆者両名（羽柴駿，市毛由美子）はPTの担当理事としてこれらの活動の中心となった者であり，以下においてJCLUガイドラインの各項目について解説することとする。

2 JCLU ガイドラインの各項目——1

A 一般原則

　世界人権宣言や国際人権規約などの国際的に確立された人権の一般原則は，各国政府だけでなく企業においてもこれを尊重することが求められるものであり，このことは，小委規範1項やGC原則1に明記されており，OECDガイドラインII-2項も同趣旨と理解できる。

　そこでJCLUガイドラインの「A　一般原則」では，1項において国際的に確立された人権を尊重することを求め，具体的には，企業内における人権研修・教育の実施（1-1），人権問題の総合担当セクション設置とその権限付与（1-2），人権NGOとの協力や人権啓発組織への参加（1-3）などをあげた。

　1-1は最近では多くの日本企業において実施されているが，1-2のように雇用差別問題だけでなく女性の権利，セクハラ防止や広告表現なども含めた総合的な人権問題の担当セクションを設置するところはまだまだ少ないし，1-3も同様である。これらを全ての日本企業が実行することが当然と考えられるようになることを期待したい。

　そして2項においては人権侵害へ加担しないことを求め，具体的には，企業として戦争犯罪や大量殺戮などの人権侵害を自ら行わないことだけでなく，それらに加担したりそれらから利益を享受したりしないこと（2-1），海外への進出や取引先の選定にあたり相手方における人権問題の有無を考慮すること（2-2），商品開発や広告宣伝など全ての事業活動において不当な差別を容認，助長しないこと（2-3）などをあげた。

　2-1は小委規範3項，GC原則2に明記されているところである。またOECDガイドラインII-2項は「取引相手や事業活動の行われる国における人権の尊重を奨励すべきである」としているが，これをより一歩進め，海外進出先や取引先の選定においても人権への考慮を求

めたのが 2-2 である。女性や先住民族などの少数者に対する雇用上の差別を撤廃することは，小委規範 2 項，GC 原則 6，OECD ガイドライン IV-1-d が共通してあげるところであるが，2-3 では，差別の撤廃が単に雇用上の問題に留まらず，商品開発や宣伝広告も含めた全ての事業活動において求められることを明らかにした。

2-1 の実施については，何をもって人権侵害への加担，あるいは利益享受というかが問題であろう。かつて，アパルトヘイト体制下の南アフリカ共和国に対し石油や自動車を輸出するメジャーや自動車会社が，人権侵害に加担するものとして人権 NGO から批判を浴びたが，当該企業側からは，同国の国民生活にとって必要な物資の売買であって当該政府への支援をしているわけではない旨の弁解がなされることもあったと聞く。同様の問題は今後もあちこちの国をめぐって生じるであろうし，明快な解答があるわけではないが，国民生活にとって必要というならば食料や医療品などに限って，それも確実に一般国民の手に届く方法で売買されることが求められるであろう。

2-2 は，現在の世界で人権問題が全く存在しない国などありえない以上，相手国における人権問題の有無を考慮した結果，少しでも問題のある場合に常に進出や取引を止めることまで求めるものではない。私たちは，様々な可能性のある事業活動において，営利や事業拡大だけではなく常に人権というファクターも考慮に入れることを求めるものである。

2-3 のうち広告活動については，JCLU が行った人権広告大賞の活動において私たちの考える具体的な基準を公表しているので参考にしてほしい。たとえば，管理職として登場するのが常に男性で補助職が常に女性というパターン，「奥様にも出来ます」と難しい操作は女性に向かないことを当然視するパターンなど，女性の固定的役割分担を当然の前提とする企業広告は今でも日常的に見受けられる。これらは，女性の多様な生き方を実現するという観点から見て決して好ましいも

のではない。

B 労働（ジェンダーを除く）

　労働分野における人権問題として最も重要なものは雇用上の差別問題であり，上述のとおり雇用差別の撤廃は3つの国際的基準全てが共通してあげるところである。JCLUガイドラインの「B　労働」でも3項として雇用差別の撤廃をあげた。

　具体的には，単に雇用差別を行わないだけでなく (3-1)，積極的雇用により差別撤廃に努めること (3-2)，日本固有の差別問題として被差別部落出身者や在日韓国・朝鮮人など旧植民地出身者に対する差別を撤廃すること (3-3, 3-5) を求めている。

　また障害者については，「障害者の雇用の促進等に関する法律」などの法令により義務づけられている雇用割合を達成出来ない企業が未だに見られるが，CSRの観点からも法定雇用割合の達成は最低限の義務であることを明らかにした (3-4)。

　4項では労働組合との関係で組合結成の自由と団体交渉権の保障をあげたが，これもまた3つの国際的基準全てが共通してあげるところである。現代でも第三世界諸国などでは，労組結成や争議行為を事実上禁止するに等しいような法制度や実務がまかり通ることが見られるが，企業としては日本国内外を問わず，そのような労働基本権の侵害に加担すべきではない (4-1, 4-2)。複数の組合がある場合の差別的取扱禁止も明記した (4-3)。

　強制労働と児童労働の撤廃も3つの国際的基準が共通してあげるところである。日本国内では一部の外国人労働者を除きこのような労働実体は殆どないであろうが，第三世界諸国では珍しくないものであり，そうである以上，日本企業にとっても自己の事業においてこれらを利用しないことはもちろんのこと，これらの労働による製品などを利用しないことに注意しなければならない (5項, 6項)。

7項では，労働環境をめぐる問題をまとめている。具体的な労働条件については各国ごとに様々な労働法令等が定められ，また労働慣行も異なるものであるため，一律にガイドラインとして定めるのは困難であり，やや抽象的なものとせざるをえなかった (7-1, 7-2, 7-3)。海外進出の場合，受入国において既に行われている類似業者の雇用基準を下回らないこと (7-4) は，OECDガイドラインIV-4項aを採用したものである。

労働環境に関する日本国内における大きな問題としてはサービス残業と有給休暇未消化があると考え，サービス残業の防止と有給休暇の完全消化を求めた (7-5, 7-6)。

C 先住民族

先住民族の権利を尊重することは，国際人権規約（自由権規約）をはじめとする国際人権基準において特に最近重要視されるようになった人権問題の一つである（小委規範10項に関する注釈c）。そこでJCLUガイドラインは「C 先住民族」としてこれを取り上げ，まず8-1で国際基準に合致する先住民族の権利を尊重することを求め，続いて8-2，8-3で日本国内における先住民族としてアイヌ民族と沖縄・奄美地域住民の歴史と文化を尊重することを求めている。

企業が特に北海道と沖縄・奄美地域において事業を行う場合は，例えば伝統的な宗教行事を執り行う地区の自然や景観を保全することなど，慎重な配慮が求められるであろう。

D 腐敗防止

日本の例を引くまでもなく，政治家・官僚とビジネスとの関係は腐敗防止の観点からも極めてデリケートで重要な問題である。そのため3つの国際的基準はいずれも，企業に対し賄賂の禁止を始めとする腐敗防止を求めている（小委規範11項，GC原則10，OECDガイドライン

VI)。JCLU ガイドラインもこの点を「D　腐敗防止」として明記した。

　まず9項で賄賂の禁止をあげ、現金に限らずいかなる不法な利益、便宜も公務員や政治家に提供しないこと、また財務諸表の粉飾等の汚職を隠す慣行を防止することなどを求めた (9-1, 9-2, 9-3)。

　続いて10項では、主として日本国内における政治献金のあり方を念頭において、国政選挙における各党の得票率に応じて配分するものを除いて、全て廃止するよう求めており (10-1)、また実際に行った政治献金については毎年その献金先と金額、理由などを公表するよう求めている (10-2)。

　周知のように最高裁判所は八幡製鉄政治献金事件において企業の政治献金を一定条件の下で合法と判断しているが（最高裁判所大法廷判決1970［昭和45］年6月24日）、仮に合法であるとしても、企業という営利目的組織が行う政治献金などの政治家への利益供与は、当然のことながら当該企業にとって広い意味での利益につながるものとしてなされるのであり、それは腐敗防止というCSRの目的に合致しないものであることは疑いない。同時に、役員、株主、社員など多数の個人によって構成されているのが企業組織であり、それら構成員個人には様々な政治的思想の持ち主がいるにもかかわらず、企業として特定の政治勢力にのみ利益を供与することは、間接的にではあれ個人の政治的思想を侵害するものであるといわねばならない。

　そのような考えに基づき、私たちは企業による政治献金はCSRの観点からは否定されるべきものと考える。もちろん、否定されるのはあくまで企業としての献金であり、役員・社員ら各個人が行うものは全く別である。また、国政選挙の得票率に応じて献金を各政党に配分するならば、それは特定の政治勢力への支持ではなく、政治活動全体への協力という公益目的の活動と認めることができるので、企業としても許されると考える。

　なお、このような考えに対する賛否は別として、企業が実際に行っ

た政治献金などの政治への利益提供については，腐敗防止目的にてらし，同時に株主，消費者らに対する説明責任として，全てを公表することが最低限の責任であろう。10-2 はそのような観点から定めたものである。

E 消費者保護と公正な取引

ここでは，消費者保護についての全体的な基準（11項），消費者のプライバシーを尊重し個人情報を保護すること（12項），公正な取引を行い談合を行わないこと（13項）などを定め，さらに，国内外の法令遵守，企業倫理の実施を求めている（14項）。

これらのうち 11 項から 13 項は，関係法令を守ることに留まらず，より健全な社会を作るために企業としてなしうることを求めているものである。なお，CSR が本来は法的義務とは別の，法的義務を超えた社会的責任を求めるものであることから考えると，14項のうち法令遵守はやや CSR の範囲から逸脱するものであるかもしれない。

F 社会貢献（人権関係）

企業の社会貢献というと，日本では一般に福祉，芸術，科学技術などへの寄付や協力と理解されている。それらが社会貢献として重要であることは間違いないが，ビジネスと人権というテーマで作成する JCLU ガイドラインとしては，人権・人道問題の被害者に対する支援や，それらの被害者を支援する活動を行っている人権 NGO への協力をあげておきたい（15項）。

企業がこういった活動を支援することは，日本ではあまり見られないが，先進諸国では決して珍しいことではないことを強調しておきたい。

3 JCLU ガイドラインの各項目── 2

G　ジェンダー

　1999 年に成立した男女共同参画社会基本法の前文では,「少子高齢化の進展,国内経済活動の成熟化等我が国の社会経済情勢の急速な変化に対応していく上で,男女が,互いにその人権を尊重しつつ責任も分かち合い,性別にかかわりなく,その個性と能力を十分に発揮することができる男女共同参画社会の実現は,緊要な課題となっている。このような状況にかんがみ,男女共同参画社会の実現を 21 世紀の我が国社会を決定する最重要課題と位置付け,社会のあらゆる分野において,男女共同参画社会の形成の促進に関する施策の推進を図っていくことが重要である」と謳われている。更に同法第 10 条は,「国民は,…社会のあらゆる分野において,基本理念にのっとり,男女共同参画社会の形成に寄与するように努めなければならない」と定め,企業もまた,国民の一員として,男女共同参画社会の形成について責務を負う主体であることが示されている。

　2006 年に改正された「男女雇用機会均等法」においては,①労働者に対する性別を理由とする差別の禁止,②妊娠,出産等を理由とする不利益取扱いの禁止,③男女労働者に対するセクシャル・ハラスメント防止対策の措置等に関する事項が加えられた。

　企業活動への女性の積極的登用が経営上のアドバンテージとなることは,データ的にも裏付けられ,最近は女性の働きやすい職場づくりこそ,優秀な人材確保の要であるという認識も広まっている。しかし,その一方で,日本社会においてはいまだジェンダー（社会的に作られた性）による役割分業意識も根強く,採用だけでなく昇進,賃金,能力開発等において,男女間格差が解消していないのが現実である。

　そこで,企業自身が企業内のあらゆる場面における性差別の現実を意識し,これを解消するための取り組みを行うこと（16 項）は,企業

自身のためだけでなく，社会全体にとっても，女性の人権一般の問題としても大きな意義を有する。特に，意思決定の場に一定割合の女性が配置されるよう，積極的是正措置（ポジティブ・アクション）をとることにより，現存する差別がよりスピードをもって解消されることが期待できる（17項）。

また，職場における上下関係を利用したセクシャル・ハラスメントは，明確に人権侵害であり，時として深刻な被害をもたらす。企業がその防止規則を策定して周知徹底し，かつ，起きてしまったセクシャル・ハラスメントに適切に責任ある対応ができるよう体制を整え，効果的な被害者支援策を講じることまでが，現在の企業には求められている（17項）。ここで注意しなければいけないのは，被害者が安心して相談・救済窓口にたどりつけるシステム作りであり，具体的には秘密の厳守及び相談者に対する不利益措置・報復を禁止して周知・徹底することが重要である。

更に，改正男女雇用機会均等法の趣旨に則り，男女ともに育児・家庭責任を果たせるようなワークライフバランスの確保，企業によるその支援は，喫緊の課題である（19項）。

そして，今回，JCLUガイドラインはこの問題に関し，法の規定よりも更に進んだまさに21世紀の企業の社会的責任たりうる提案を行っている。それは，具体的な企業活動とは直接の関係があってもなくても，企業が社会に現存する性差別や性に基づく人権侵害に積極的に取り組み，かつそのような姿勢を社会全体に示すことにより，社会一般のジェンダーに関する意識改革を促進し，浸透させていくことである。具体的には，人身売買等に関与している店舗等での接待その他，人身売買への関与の禁止（20-1），ドメスティック・バイオレンスの防止のための研修・被害者救済システムの確立（20-2及び3），また，性差別を助長し，女性を性の対象として強調するような広告・宣伝を排除していくこと（20-4）等があげられる。

●参考文献
- JCLU編『ニッポン企業人権宣言』ダイヤモンド社,1991年
- 藤井敏彦『ヨーロッパのCSRと日本のCSR』日科技連出版社,2005年

【資料】JCLU　企業活動と人権に関するガイドライン

■略語
1. 小委規範：人権に関する多国籍企業および他の企業の責任に関する規範案（国連人権促進保護小委員会2003年8月7日採択）とその注釈
2. GC：国連グローバル・コンパクト（2004年6月24日）
3. OECDガイドライン：OECD多国籍企業ガイドライン改訂版（2000年1月）

■ガイドライン作成にあたっての基本方針
1. 日本国内において事業を行う全ての企業と企業経営者のために，事業に関係する人権問題（環境問題を除き，労働・消費者問題など広く人権に関係する諸問題を含む）について，JCLUとして望ましいと考える行動基準を定める。
2. 対象となる事業は，日本国内だけでなく海外も含めてその企業（子会社を含む）が行う全ての事業を含む。
3. 小委規範，GCおよびOECDガイドラインの3つの国際基準をふまえて，これまでのJCLUその他関係者の人権活動の知識・経験に基づき作成するものとし，内容はできるだけ具体的なものとする。各項目の見出しには括弧にて，3つの国際基準の関連項目を示す。
4. ガイドラインには，直ちに実施することを求めるものと，実現に向けて努力することを求めるものとの2種類を含むものとし，後者については「…努める」との表現による。
5. 各企業に対しては，自らの事業のCSR評価においてこのガイドラインを用いること，CSR報告書の記載にあたってはこのガイドラインの各項目の遵守，達成の度合いを具体的数字を挙げて明記することを要請する。
6. ガイドラインの内容は，今後の関係者との意見交換，研究などの結果をふまえて逐次改訂してゆく。

A　一般原則

1. 国際的に確立された人権の尊重（小委規範1項，GC1項，OECDガイドラインⅡ-2項）
   1-1　経営者および従業員に対し，世界人権宣言や国際人権規約など国際的に確立された人権についての理解を促すための研修，教育を絶えず行うこと。
   1-2　社内において人権問題を総合的に担当するセクションを設け，専従の担当者を任命し，その担当者には社内におけるあらゆる資料へのアクセスを保障し，経営者に対し人権問題に関して勧告する権限を付与すること。
   1-3　国内および国際的な人権NGOとの対話，協力関係を確立するよう努めること，お

よび国連グローバル・コンパクトなどの人権啓発活動を行う企業関係組織に参加して関係企業・団体との連携に努めること。
2. 人権侵害に加担しないこと（小委規範3項，GC2項）
2-1 戦争犯罪，人道に対する罪，大量殺戮，拷問などの人権・人道法違反行為を行わず，それらに加担せず，それらから利益を享受しないこと。
2-2 海外進出，取引先や下請などの選定にあたり，市民的自由，人種差別，両性の平等，児童労働などの人権問題の有無を考慮すること。
2-3 商品，広告その他全ての事業活動において，人種差別や性差別など不当な差別を容認，助長しないこと。

B 労働（ジェンダーを除く）

3. 雇用機会均等と差別の撤廃（小委規範2項，GC6項，OECDガイドラインⅣ-1項d）
3-1 採用，給与，昇進，研修，解雇，その他の雇用に関するあらゆる場面において労働者に対し機会の均等を保障し，人種，肌の色，性別，言語，宗教，政治的意見，出身国籍，日本国籍の有無，社会的出身，健康状態（HIV，障害など），年齢，婚姻関係，性的指向などによる不当な差別を行わないこと。
3-2 差別されている社会的少数者を積極的に雇用することなど，自らの事業活動の及ぶ範囲内において差別が撤廃されるよう努めること。
3-3 日本国内において，採用にあたり本籍地を示すよう求めること，地名総鑑を購入することなど，部落差別につながる行為を行わないこと。自らの事業活動の及ぶ範囲内において部落差別が撤廃されるよう努めること。
3-4 障害者雇用を義務づける法令がある場合はこれを遵守し，法令上定められた障害者雇用割合を達成すること。
3-5 日本国内において，在日韓国・朝鮮人など特別永住権を有する旧植民地出身者とその子孫について，新規採用を含む雇用全般において日本国籍を有する者と完全に平等な取扱を行うこと。
4. 組合結成の自由と団体交渉権の保障（小委規範9項，GC3項，OECDガイドラインⅣ-1項a）
4-1 いかなる事前の承認もなしに労働者が組合を結成し，あるいは選択する自由を保障し，組合との団体交渉を実効あるものとして行うこと。
4-2 確立した国際条約に従って行われるストライキなどの争議行為に参加した労働者に対し，不利益処分を行わないこと。
4-3 一つの事業所に複数の組合が存在する場合，いずれの組合に対しても差別的取扱を行わないこと。
5. 強制労働の排除（小委規範5項，GC4項，OECDガイドラインⅣ-1項c）
5-1 自己の事業において強制労働を利用せず，強制労働による製品を購入あるいは利用しないこと。あらゆる形態の強制労働の廃止に努めること。
6. 児童労働の排除（小委規範6項，GC5項，OECDガイドラインⅣ-1項b）
6-1 自己の事業において児童労働を利用せず，児童労働による製品を購入あるいは利用しないこと。あらゆる形態の児童労働の廃止に努めること。
7. 労働環境（小委規範7項および8項，OECDガイドラインⅣ-4項b，2項bおよび3項）
7-1 国際人権・人道法および関連する国際文書や国内法で定められる安全で健康的な労働環境を提供すること。

- 7-2 労働者に対し本人およびその家族が適切な生活水準を維持できる報酬を提供すること。
- 7-3 労働者の代表に対し、雇用条件その他労働者の利害に影響する条件について必要な情報を提供すること。
- 7-4 受入国において類似の使用者が遵守している雇用および労使関係の基準よりも低くない基準を遵守すること。
- 7-5 労働者にサービス残業を行わせず、その防止のために有効な措置をとること。残業の縮減に努めること。
- 7-6 労働者の有給休暇を完全消化させること。そのため、各年度の始めに全ての労働者における有給休暇の計画を立て、完全消化を可能にする人員配置などの体制を実施すること。

C 先住民族

8. 先住民族（小委規範 10 項の注釈 c）
   - 8-1 国際人権基準に合致する先住民族の権利を尊重すること。
   - 8-2 日本国内においてアイヌ民族の先住民族としての歴史と文化を尊重し、アイヌ民族社会に影響を及ぼす開発計画などの事業については関係するアイヌ民族から事前の十分な説明の上での同意を得る原則を尊重すること。
   - 8-3 日本国内において沖縄・奄美地域住民の独自の歴史と文化を尊重し、これらに影響を及ぼす開発計画などの事業については関係する住民から事前の十分な説明の上での同意を得る原則を尊重すること。

D 腐敗防止

9. 賄賂の禁止（小委規範 11 項、GC10 項、OECD ガイドライン VI-3 項、4 項、5 項）
   - 9-1 直接、間接を問わず、公務員や政治家に対しいかなる賄賂または不適切な利益をも提供せず、提供の約束や申し出をしないこと。
   - 9-2 贈賄や汚職を隠すために財務諸表を粉飾したり文書を偽造・変造・廃棄したりする財務・税務会計や監査慣行を防止する経営システムを導入すること。
   - 9-3 政治家、政党その他の政治団体、公職候補者に対し不法な金銭その他の利益、便宜を提供しないこと。
10. 政治献金のあり方（小委規範 11 項注釈 a、GC10 項、OECD ガイドライン VI-3 項、6 項）
    - 10-1 企業としての政治献金（政党・政治家に対するあらゆる金銭的・物的・人的支援を含む。以下同じ）は、次の方法によるもの以外は廃止すること。
      直近の国政選挙における得票率にしたがって各政党に献金を配分する方法
    - 10-2 上記の方法以外の政治献金をおこなっている場合は、その献金先、金額・内容および献金先を選択した理由を毎年公表すること。

E 消費者保護と公正な取引

11. 消費者保護（小委規範 13 項、OECD ガイドライン VII-1 項、4 項）
    - 11-1 取引先または消費者へ提供する商品およびサービスについて、その安全および品質を確保するために必要な措置を全て講じること。
    - 11-2 消費者が使用して有害となる可能性がある商品を生産、販売、仲介または広告しないこと。

11-3 詐欺的または誤解を生じやすい表示や広告を行わないこと。
12. 個人情報保護（OECD ガイドライン VII-5 項）
    12-1 消費者のプライバシーを尊重し，個人情報を保護すること。
13. 公正な取引（小委規範 13 項注釈 a，OECD ガイドライン IX-1 項）
    13-1 公正かつ透明で公開された競争の発展と維持に努めること。
    13-2 直接あるいは間接に価格を決定し，独占的地位を作り上げ，あるいは不正入札（談合）を行うための競合企業との協定を結ばないこと。
14. 法令遵守，企業倫理（小委規範 10 項）
    14-1 国内および国際法規を遵守すること，違法行為の根絶に努めること。
    14-2 企業倫理を社内規範化し，これを実施すること。

F 社会貢献（人権関係）

15. 被害者支援（小委規範 1 項，12 項，OECD ガイドライン VII-1 項，4 項）
    15-1 人権・人道問題の被害者を支援する活動を自ら，あるいは人権・人道 NGO を支援する方法で行うこと。

G ジェンダー

16. 職場における性差別の解消（小委規範 2 項，GC6 項，OECD ガイドライン II-2 項，IV-1 項 d）
    16-1 コース別採用制度などを用いる等の方法により，昇進，賃金，能力開発等において間接的に性差別の結果が生じるシステムがある場合には，これを是正すること。
    16-2 多様な雇用形態に応じた均等待遇を確保すること。
    16-3 女性社員のみのお茶くみ，掃除のような一方の性に利益または不利益な職場慣行，取引慣行および業界慣行を排除すること。
    16-4 差別的な取扱を存続させる場合は，その理由と合理性を説明する責任を負うこと。
17. セクシャル・ハラスメントの防止（小委規範 2 項，7 項，GC6 項，OECD ガイドライン II-2 項，IV-1 項 d）
    17-1 職場におけるセクシャル・ハラスメント防止規則を制定すること。
    17-2 上記規則を含めて，全社員に対しセクシャル・ハラスメントを防止するための研修を行うこと。
    17-3 セクシャル・ハラスメントの相談窓口を設置し，これを全社員に周知徹底するとともに，適切な相談員（少なくとも男女各 1 名）を置いて，問題の解決，被害者の救済に努めること。
    17-4 上記の相談窓口を利用する者に対する不利益措置または報復を禁止し，相談事項の秘密を厳守すること。
    17-5 会社の費用負担によるカウンセリングなど，被害者に対する支援制度を充実すること。
18. 積極的差別是正措置（ポジティブ・アクション）（小委規範 2 項，GC6 項，OECD ガイドライン II-2 項，IV-1 項 d）
    18-1 管理職の男女割合が全社員の男女割合と比べて一方の性に偏っている場合には，その原因を解明するとともに，暫定的措置として一定期間，不利益を受けている側の性への積極的差別是正措置（ポジティブ・アクション）を採用するよう努めること。
    18-2 在籍社員の男女割合に偏りがある場合には，新規採用時の一定割合を少ない割合の側の性にするか，または成績が同じ場合には少ない割合の側の性を優先するよう努

めること。
19. 育児・家庭責任への配慮（小委規範2項，7項，GC6項，OECDガイドラインII-2項，IV-1項d)
    19-1 男女ともに育児休暇・介護休暇を取りやすい制度作り，特にパパクオーター制のように男性も育児休暇・介護休暇をとりやすい制度作りに努めること。
    19-2 妊娠・出産または育児・介護のための休暇をとることによる不利益措置を禁止すること。
    19-3 上記休暇中の代替要員を確保すること。
    19-4 男女がともに育児・家庭責任を果たすための支援サービスを福利厚生に盛り込むよう努めること。
20. その他（小委規範1項，2項，GC6項，OECDガイドラインII-2項，IV-1項c)
    20-1 人身売買に関与している場所・店舗での接待を禁止し，その他人身売買に関与しないこと。
    20-2 社員がドメスティック・バイオレンスまたはストーカーによる被害に遭遇している場合の支援体制の確立，および家族も利用できるメンタル・ヘルス・ケアの充実に努めること。
    20-3 ドメスティック・バイオレンス，ストーカー，その他の性にかかわる暴力に関する研修を行うよう努めること。
    20-4 性差別を助長し，または女性を性の対象として強調する広告・宣伝をしないこと。

以上

第9章　ドメスティック・バイオレンス防止法の再考
保護命令制度と警察の対応について

吉川真美子

はじめに

　自由人権協会（JCLU）はドメスティック・バイオレンス（DV）禁止法の実現に向けて数多くの活動を行った。2001年4月に成立した「配偶者からの暴力の防止及び被害者の保護に関する法律」（配偶者暴力防止法，通称DV防止法）は，2004年に第1回の，2007年に第2回の法改正が実施されたが，改善すべき問題点は多い。本章では，保護命令制度と警察の対応の2点に絞って，JCLUの提案と現行法を比較し，現行法の問題点とその将来像を考えてみたい。

1　日本のDV防止法と保護命令制度の導入

JCLU「DV禁止法案」提言プロジェクトのスタート

　JCLUの「DV禁止法案」提言プロジェクトは1999年8月に発足した。プロジェクトの作業は，法案作成の手がかりとして，米国の全米家庭裁判所裁判官諮問委員会（National Council of Juvenile and Family Court Judges）が州によるDV防止立法のモデルとして作成した模範州法（Model State Code）や，マサチューセッツ州などのDV防止法の分析から始まった。同時期には，市民団体などの法案提言活動の活発化にともない，米国の法律家や支援活動家の講演会が相次いで開催され，DV専門家の貴重な知見と情報が得られた。

警察政策研究センター主催による 2000 年春のフォーラムで，米国マサチューセッツ州の検察官スーザン・ローンが米国における DV 防止法の出発点は保護命令であると指摘したように，米国各州の DV 防止法の中核をなしているのは保護命令である。日本の立法運動においても，被害者及び被害者支援に携わるシェルター関係者，弁護士，研究者が，保護命令制度の導入を切望していた。暴力を止めるための実効的な法律を作るには裁判所による罰則規定を伴う保護命令が必要であり，とくに被害者の安全を守るための緊急保護命令の導入が不可欠であるということが DV 問題に関わる人びとの大部分の一致した意見であった。2000 年 8 月に発表した JCLU の法案にも，保護命令，緊急保護命令，命令違反に対する刑事罰などの規定が盛り込まれた。

配偶者暴力防止法の成立

　DV 防止法制定に向けての運動の高まりによって，2000 年 4 月に参議院共生調査会の中に超党派の議員によって構成される「女性に対する暴力に関するプロジェクトチーム」（PT）が設置された。PT は民間の被害者支援組織や有識者から聞き取り調査を行うとともに，30 回にわたる集中的な討議を重ね，JCLU の法案プロジェクトの成果も逐次 PT へ提言された。そして 2001 年 4 月に配偶者暴力防止法の法案が議員立法として参議院に提出された。法案が 2001 年第 151 国会において 4 月 2 日に参議院に提出されてから，衆議院法務委員会でのわずか数時間の審議を経て 6 日には衆議院本会議で可決成立し，13 日に公布されるまで，表面的にはスムースでスピーディな展開を見せたが，法案作成の段階では法務省，最高裁判所，刑事法学者などから様々な反対意見が噴出していた。

　保護命令制度の導入は被害者支援に携わる人びとの強い願いであったが，議員による法案提出に際して法務省や最高裁判所からは，日米の法体系の違いや既存の法制度との整合性を理由に，保護命令制度に

ついて様々な制限や修正が要求された。また，被害者の安全確保という意味での保護命令の実効性を確保するためには，警察の積極的介入が必要であるとの主張もあったが（戒能民江「警察の介入姿勢の変化と『法は家庭に入らず』の維持」『法学セミナー』550号，2000年），他方で，警察の早期介入や逮捕権限の拡大は，デュー・プロセス（適正手続）という憲法的近代刑事原則を後退させ，侵害に直面させるおそれが大きいという懸念が，刑事法や憲法の学者から示され（小田中聰樹「刑事法制の変動と憲法」『法律時報』73巻6号，2001年），法案には具体化されなかった。

法案の成立を優先したPTは，保護命令制度の導入と引き換えに，保護対象者の範囲の限定や緊急保護命令の見送りなど，内容の大幅な妥協を受け入れたため，保護命令制度導入推進の側からは「名をとり，実を捨てた」という批判がなされた（長谷川京子「防止法の課題と活用」『アディクションと家族』18号，2001年）。

現行の保護命令制度とその問題点

保護命令制度の目的は，配偶者から暴力を受けた被害者がさらなる暴力を受けることにより，その生命または身体に重大な危害を受けるおそれが大きい場合に，裁判所が保護命令を発令することによって被害者の生命または身体の安全を確保することにある（10条）。従来は同様の目的のために，民事保全法上の仮処分の一類型である接近禁止の仮処分が利用されたが，裁判所の決定が出されるまでに時間を要するうえに，決定に従わない者に対する制裁の効果が弱く，DV被害者を緊急に保護するという目的には有効でないと考えられた。配偶者暴力防止法の保護命令も民事上の制度であるが，命令の実効性を確かなものとするために命令違反者に対して刑事罰が科されるという点で，画期的なものとなった。

しかし，主に米国のDV防止法を参考にして，日本に刑事罰付きの

保護命令制度を導入しようとしたPTの法案に対して、法務省や最高裁判所から次の問題点が指摘された。

第一に、法体系や既存の法制度との整合性に関して、保護命令制度は、裁判所侮辱罪がある米国法とは異なり、民事・刑事の峻別を特徴とする日本の法体系の例外となる。米国では、民事保護命令も含め、裁判所命令に対する違反は裁判所侮辱の罪として罰せられ、制裁手段として拘禁あるいは制裁金が科される。ところが、日本では、民事上の請求権履行確保の手段は、直接強制、代替執行及び間接強制に限られており、刑事罰をもって履行を確実ならしめる制度は採用されていない。DV加害者への制裁手段として刑事罰を含んだ保護命令制度を創設することは、命令の名宛人の人格に対する過度な干渉となるおそれがある。

第二に、日本国憲法31条によって保障されるデュー・プロセス（適正手続）との関連で、保護命令の違反に対して刑事罰を設けるとなると、その命令が命令の名宛人の権利を不当に侵害するようなものであってはならず、したがって、命令発出の要件や手続は適正で妥当なものでなければならない。そのためには、命令の内容については明確な要件を定めるとともに、命令の名宛人に防禦の機会が充分に保障されなければならない。

とくに緊急保護命令については、刑事罰が科されるような強力な命令を、裁判所が当事者の一方である被害者の申立てのみを聴いて発することに問題があるとされた。これらの問題点が指摘されたが、充分な議論が尽くされないままに配偶者暴力防止法が成立し、日本の保護命令制度は、デュー・プロセスとの平仄(ひょうそく)を合わせるために、幾つもの限界をもって生まれた。

JCLUの提言では、緊急保護命令と審理後の本命令という二段階の保護命令制度を設けた。緊急保護命令については、被害者の心身に重大な危険があるときには、書面または口頭で申立てを行うことができ

るとし，その申立てに対して裁判所が相当な疎明がなされたと認める時は，申立て時から24時間以内に，緊急保護命令を発令しなければならないとした。

これに対して，現行の配偶者暴力防止法では緊急保護命令が実現していない。そもそも，保護命令の目的は，加害者の暴力から被害者の生命・身体の安全を緊急に守ることである。しかし，現行法では，命令の名宛人に対する告知と聴聞の権利を保障するために，保護命令は原則として，口頭弁論または相手方が立ち会うことができる審尋の期日を経た後に発令される (14条1項)。14条1項但し書きには「その期日を経ることにより保護命令の申立ての目的を達することができない事情があるときは，この限りでない」とあり，この部分が緊急保護命令に相当するとみることもできるが，例外的に緊急の命令を出してもらうためには，さらに重大な危険が差し迫っているなど，特別の事情を証明する負担が被害者側に課されることになり，それでは緊急に被害者の安全を確保するという保護命令制度の趣旨が活かされない。実際にも，緊急発令の件数はごく僅かであると聞く。

保護命令違反に対しては罰金や懲役が科されるが (29条)，保護命令には民事上の執行力がないと規定されている (15条4項)。民事上の執行力とは，保護命令という裁判所の判断が民事執行法によって強制執行という方法で実現されうる効力である。したがって，民事上の執行力がないということは，例えば退去しない配偶者を裁判所の執行官が退去させることはできないということである。また，警察は命令違反に対して迅速に対処することを要請されているが，米国のDV防止法のような違反者の逮捕の規定はなく，警察官が違反者の身柄を拘束するとは限らない。保護命令が民事上の執行力を有しないとされたのは，「刑罰の制裁に加え民事上の執行力まで付与することは，屋上屋を架す制度となるから」ともいわれているが (堂蘭幹一郎「配偶者からの暴力の防止及び被害者の保護に関する法律における保護命令制度の問題

点」『法律時報』53巻10号，2001年），警察官の具体的な責務や権限が明確に定められていない現状では，被害者の安全は何によって保障されるのであろうか。

2 DVへの警察の対応

警察の対応状況

2006年における警察のDV対応件数は18,236件である。配偶者暴力防止法による保護命令違反の検挙数は53件，他法令による検挙数は1,525件であった。他法令による検挙の内訳は，殺人が62件（4.1%），傷害が908件（59.5%），暴行が351件（23.0%），器物損壊が45件（3.0%）である（警察庁2007年「配偶者からの暴力事案の対応状況について」）。

法務省刑事局が2001年の配偶者暴力防止法施行から2006年3月31日までに報告を受けた保護命令違反事件は200件であった。そのうち40件が保護命令違反と他法令の違反が併せて処理され，160件が保護命令違反単独で処理された。単独処理の160件のうち，32件が不起訴，1件が家裁送致，127件が起訴された。起訴された事件のうち，第一審において懲役刑の実刑判決が19件，懲役刑で執行猶予付判決が54件（16件は保護観察付），罰金刑判決が54件であった。罰金刑判決となった事件のうち，52件は略式請求であった（法務省2007年「DV法違反事件の現状（補足）」）。

罰金刑判決や保護観察が付かない執行猶予付判決を発するときには，被害者への執着や逆恨みをもつ加害者の再犯の可能性を充分に考慮する必要がある。調査によれば，被害者の身の安全についての不安は高く，離別後に相手から追跡された経験のある人が54.7%と半数以上にのぼっている（内閣府2007年「配偶者からの暴力の被害者の自立支援等に関する調査」）。

暴力による支配を続けようとした典型的なDV事例として，2007年5月17日に愛知県で元暴力団員が離婚した妻を人質に自宅に籠城して発砲する事件が起きた。被疑者は家庭内で長年にわたり妻に暴力をふるい，離婚した元妻は2005年12月から県内のシェルターに避難して生活していた。被疑者は元妻に復縁を迫ったが，断られ逆上し，娘と息子の他に駆けつけた警察官に発砲して負傷させ，さらに県警特殊急襲部隊の隊員を死に至らしめた（読売新聞2007年5月19日朝刊）。日本でも近年は銃の入手が容易になっており，家庭内で銃が発砲される可能性がゼロではなくなった。被害者やその家族，さらには近隣住民や警察官の安全のためにも，DV事件への対応について具体的なマニュアルを確立する必要があるのではないだろうか。

　警察の対応について，JCLUの提言では，通報を受けた司法警察職員は，直ちに現場に臨場し，再発防止のための合理的措置を採らなくてはならないとした。警察官の責務として，「暴力の制止および犯罪の捜査」を行い，「保護命令に違反した者，または違反したと信じる相当な理由がある者を逮捕すること」を明記した。

　これに対して，現行の配偶者暴力防止法の8条では，「暴力の制止，被害者の保護その他の配偶者からの暴力による被害の発生を防止するために必要な措置を講ずるよう努めなくてはならない」として，被害者保護に関する警察官の努力義務規定にとどまっている。2004年の法改正では，8条の2に，警察本部長等は「被害者からの暴力による被害を自ら防止するための援助を受けたい申出があり，その申出を相当と認めるときは」，被害の発生を防止するために必要な援助を行うものとするという規定が加えられたが，これは警察庁の被害者援助の施策であり，加害者への対応については新たな規定は加えられていない。

警察の対応の問題点

　日本の刑法では，1995年に削除された刑法200条の尊属殺人の罪を除いて，家族による暴行が法律上一般の暴行事件と区別されているということはなく，配偶者暴力防止法の制定の前から，夫の妻に対する暴力は，これに暴行罪（刑法208条）や傷害罪（刑法204条）などを適用することが可能であり，犯罪である。しかし，法律上はそうであっても，殺人や重大な傷害の結果を引き起こした場合を除いて，夫の妻に対する暴力は，家庭内の私的問題として，刑事手続において特別な扱いを受けてきたことは否定できない。被害者支援に携わる人びとが保護命令制度の導入によって実現を望んだのは，司法の積極的介入によって加害者の暴力から被害者を緊急に保護することであった。保護命令違反に刑事罰が科されることで，加害者への警告・抑制となることも期待されてはいるが，より重要なことは，警察の積極的介入を促して，被害者の生命・身体を守ることである。その意味では，直接の目的は，被害者と加害者の夫婦関係を理由に介入を手控えるというような，警察の消極的姿勢と法の運用の偏向を是正することであったといえる。

　ところが，現行法では警察官の被害者保護に関する努力義務が規定されているに過ぎない。これによって警察に従来の民事不介入の抗弁が許されなくなったことは一つの前進であるが，配偶者暴力防止法成立後の2001年7月9日付で警察庁から各都道府県警察に出された通達「配偶者からの暴力の防止及び被害者の保護に関する法律の施行を踏まえた配偶者からの暴力事案への対応について」では，1999年に示された「女性・子どもを守る施策実施要綱」を踏まえた適切な措置を引き続き講ずるとされた。すなわち，「刑罰法令に抵触する事案については，被害者の意思を踏まえ，検挙その他の適切な措置を講ずる」という方針に変更は加えられなかった。ここでいう検挙とは，逮捕とは異なり，警察が認知した犯罪について捜査を遂げるという意味

で、被疑者在宅のままの書類送検や、訓戒や監督者の請書をとるなどで済ませる微罪処分も含む（犯罪捜査規範195-7条）。したがって、現在の警察の対応では、警察の介入によって、加害者が身柄拘束されて被害者から引き離され、被害者の安全が確保されるということは必ずしも望めない。

　警察の対応方針に配偶者暴力防止法の成立を契機とする大きな変化はなく、配偶者暴力防止法に DV 事件を扱う警察官の責務と権限を明確に示す規定はない。これでは、現場における個々の警察官の事件への対応が恣意的になるおそれがある。現行の配偶者暴力防止法に警察官の責務と権限が具体化されなかったのは、前述のように、警察の早期介入や警察官の逮捕権限の拡大はデュー・プロセスを害するおそれが大きいという懸念が示されたからである。とはいえ、デュー・プロセスの要請に適いつつ、暴力の防止と被害者の保護という配偶者暴力防止法の二つの目的が達成されるためには、警察官の責務と権限の具体化が必要である。そのためには、指摘されるところの被害者保護とデュー・プロセスの相克という問題についてさらなる議論が必要となるのであるが、配偶者暴力防止法制定後に、懸念の表明の域を越えて、具体的に何が問題になるのかの議論の展開は見られない。もし被疑者・被告人に保障されるデュー・プロセスについて、DV 被害者の保護に関わる場合に、何らかの調整が必要となるのであれば、それはどのような場面か、具体的にはどのようなデュー・プロセスの保障が問題となるのかについて、幅広い観点からの検討が必要である。

米国の DV 防止法における義務的逮捕

　法の執行に携わる警察官が男性の女性に対する暴力を軽視し、DV を他の暴力犯罪と区別して扱い、加害者の逮捕を回避するようなことがあっては、被害者は警察を頼ることができない。米国においても、各州の DV 防止法が制定される以前は、警察は加害者逮捕に消極的で

あった。加害者逮捕の阻害要因は、警察官の逮捕権限に関するコモン・ローの制約と、夫の妻に対する暴力を容認する警察官のジェンダー・バイアスであった。これら2点の問題の解決に向けて被害者支援組織が始めた運動は、1977年にオレゴン州の「虐待防止法」(Abuse Prevention Act)による義務的逮捕(mandatory arrest)へと結びついた。そして、今日では30以上の州のDV防止法に義務的逮捕が規定されている。

義務的逮捕とは、DV防止法に規定される逮捕の仕組みであり、犯罪の嫌疑があり、逮捕の法的要件が揃っている場合には、警察官はその被疑者を逮捕しなければならず、警察官の裁量で逮捕をしないでおくことは許されないということを意味する。義務的逮捕が導入された理由は、夫の妻に対する暴力の容認や女性被害者の供述の軽視など、警察官のジェンダー・バイアスによる恣意的な判断によって、加害者の逮捕が手控えられ、その結果、警察へ通報した後で被害者がさらに酷い暴力を振るわれる事態が多く発生したからである。

米国の義務的逮捕に対しては、日本の刑事司法に支配的な感覚からすれば、無用の逮捕を生むおそれがあるとして被疑者の人権保障の観点からの批判が予想されるが、米国の半数以上の州でDV犯罪や民事保護命令違反に対する義務的逮捕が定められている。刑法学者の酒巻匡は日米における逮捕の法的性格の違いについて、日本では、強制的な身柄拘束処分である逮捕は例外的手段であり、現行犯を除き、逮捕は充分な嫌疑が整った段階で実行されるのが一般的であるのに対して、米国刑事司法においては、逮捕は、捜査の初期段階で、まさに特定の被疑者に対し刑事司法作用が起動する第一段階であると指摘する。そして、米国刑事司法の「このような枠組みのもとでは、従来、犯罪として取り上げられにくい嫌いのあったドメスティック・バイオレンスに対して、刑事司法が積極的に介入するという政策決定の下で、逮捕を義務付けるという方式はよく理解できる」と述べている(酒巻匡

「米国のDV対策法制——比較法制度の視点から」『警察学論集』53巻7号,2000年)。

　日本の現状において懸念されるのは,被害者の意思の尊重を理由に警察が介入を手控えることによって,被害者がさらなる暴力をふるわれる危険である。警察庁の通達では今日でも,「刑罰法令に抵触する事案については,被害者の意思を踏まえ,検挙その他の適切な措置を講ずる」という基本方針に変更はない。義務的逮捕を全米で初めて導入したオレゴン州のDV防止法は,1977年の制定当初は,被害者の反対があれば警察官の裁量によって加害者を逮捕しなくてもよいとする条項が設けられていた。しかし,被害者の利益の優先という法の趣旨に反して,この条項が警察官の逮捕回避の口実に使われることがあり,1981年には削除された。オレゴン州の例からも分かるように,「被害者の意思を踏まえ」という警察庁の方針は,逮捕を回避するための口実となるおそれもあり,被害者が加害者に脅迫や暴力を受けて被害の申立てや告訴を拒んでいる場合には,犯罪が潜在化し,被害者の救済が困難になる可能性がある。DV事件では,加害者の暴力や脅迫にさらされてきた被害者が,その加害者の前で警察官に本当の意思を告げることは困難であるから,加害者への警察の対応を被害者の意思に委ねるべきではない。

3　日本のDV防止法への提言

　日米の逮捕の法的性格には違いがある。また,日本では逮捕後の手続的人権保障が充実されない限り,逮捕という処分によって被疑者にもたらされる不利益や権利侵害のおそれが,米国の場合より大きい。したがって,日本に米国の義務的逮捕と同様の方法を直ちに導入することは難しいが,米国の義務的逮捕が現実に果たしている様々な機能を評価し,それを日本の警察政策に活かすような取り組みは可能であ

ろう。義務的逮捕という仕組みから、日本への示唆をまとめると、次のようになる。

　第一に、義務的逮捕は、警察官のジェンダー・バイアスによる恣意的な逮捕回避を防止する。米国法では、逮捕とは刑事訴追または取調べの目的で被疑者の身柄を拘束することであり、逮捕によって刑事司法作用が起動するというのが一般的な考え方である。したがって、義務的逮捕とは、捜査の初期段階で、警察官のジェンダー・バイアスによってDV事件が特別扱いされ、篩い分けられ、刑事手続から外されてしまうことを防ぐための仕組みである。日本法の場合には、身柄拘束の強制処分はできるだけ控えるべきとされ、逮捕は捜査によって犯罪の嫌疑が固まった段階で行われる。そのため、DV事件が恣意的な判断によって捜査の初期段階で篩い分けられ、刑事手続から外されてしまうことを防ぐためには、警察官に捜査の端緒であるDV事件の通報への積極的な対応を命じ、DV犯罪が認知された場合には、他の暴力犯罪と同じ基準でしっかりとした捜査を行うことを義務付ける規定を配偶者暴力防止法に設けることが必要である。

　第二に、義務的逮捕は、警察官の積極的介入と加害者の身柄拘束によって、暴力の危害から被害者の生命・身体を緊急に保護するのに役立っている。米国ではDV防止法にDV犯罪についての令状なし逮捕が規定されているが、日本では令状による逮捕が原則であり、令状なし逮捕が許可されるのは現行犯逮捕または緊急逮捕の場合だけである。現行犯の場合は、警察官は躊躇なく加害者を逮捕すべきである。緊急逮捕は死刑または無期若しくは長期3年以上の懲役もしくは禁固に当たる罪について認められており、法定刑が2年以下の暴行罪や脅迫罪には適用できない。令状なし逮捕が限定的である日本では、緊急に被害者の安全を確保するためには、裁判所によって迅速に逮捕令状が発付される必要がある。逮捕令状の請求を受けた裁判官は、「逮捕の理由」と「逮捕の必要」を審査することになるが、DV事案では妻が警

察に通報したことに対して夫が報復的暴力をふるう可能性が高いという事情があり，このため，「逮捕の必要」については，逃亡・証拠隠滅の防止だけでなく，将来の加害行為の危険が充分に勘案されなければならない。

　第三に，保護命令違反に対する義務的逮捕は，保護命令の実効性の強化に役立っている。保護命令違反に対する刑事司法の厳しい対応がなければ，違反者にとって保護命令はおそれるに足りないものになる。現行の配偶者暴力防止法では，保護命令違反に対する逮捕の規定はなく，保護命令違反者の身柄が拘束されるとは限らない。保護命令違反に対して罰金刑判決と執行猶予付判決が大部分を占める現状では，大きな抑止力を期待できない。日本の保護命令を実効性のあるものにするためには，保護命令違反は犯罪であり，保護命令の違反者は厳しく処罰されるということを，明確に示す必要がある。

　以上から，DVへの法的対応における日本の課題として，第一に，配偶者暴力防止法にDVの加害行為や保護命令違反に対する警察官の責務と権限を具体的に規定すること，第二に，警察庁がDV事案に関する明確な逮捕政策を呈示して，現場の警察官に事件への具体的対応方法の周知を図ることが必要であると考える。難しいことではあるが，デュー・プロセスと被害者保護の双方に対するバランスのとれた考慮をもって，日本のDV防止法についてのさらなる議論が展開されることを願っている。

●参考文献
- 戒能民江『ドメスティック・バイオレンス』不磨書房，2002年
- 小島妙子『ドメスティック・バイオレンスの法——アメリカ法と日本法の挑戦』信山社，2002年

- 吉川真美子『ドメスティック・バイオレンスとジェンダー──適正手続と被害者保護』世織書房，2007 年

第 10 章　市民の生活と被疑者・被告人の権利

坂井　眞

1 「有罪率 99％」と被疑者・被告人の権利

　日本の刑事裁判では，有罪率が 99％を超える。その背景には，起訴便宜主義（刑事訴訟法 248 条）のもとで，検察官が有罪立証の見込みが立たないと判断した事件をスクリーニングし，不起訴または起訴猶予処分にしているという事情もあるのかもしれない。しかし，この数字はどう考えても異常というべきである。日本弁護士連合会のメディア問題調査団の一員としてオーストラリアのシドニーを訪れた際，ニューサウスウェールズ州検察局の高官が，彼の地では有罪の答弁をせずに陪審の判断を仰いだケースのうち，42.8％が有罪，49.5％が無罪の評決であるという状況について，「満足している」と述べ，公正な裁判が行われている現れだと説明したことが思い出される。

　多数の目撃者がいるような場で傷害や殺人事件が発生し，被疑者が現行犯として逮捕されたような場合は，少なくとも人違いの虞はない。しかしその場合でも，なぜ被疑者がそのような行為に及んだのかについて，証人がすべて目撃していてそれを証言できるというわけではない。正当防衛かもしれないし，緊急避難かもしれない。動機についてはそもそも目撃者が証言できるわけではない。まして，通常は現行犯ではなく，過去に起こった犯罪事実について，例えば「人が異常な死に方をしている」というような犯罪の結果を端緒として捜査が開始される。そして捜査機関は証拠を収集し，それが事故なのか殺人事件な

のかも含めて判断し、犯罪であるとの結論に至った場合には、捜査機関が犯人であると考える者を起訴して法廷で捜査機関の考える犯罪事実を立証していく。この作業が警察と検察の任務である。

　これは、簡単な作業ではない。テレビドラマのように、最初から筋書きが分かっているわけではない。あくまで、発見された「犯罪の結果」から、時間をさかのぼって犯罪行為の痕跡である証拠を拾い集めて、過去に起こった事実を立証していかなければならないのである。困難な作業であることも多いというべきであろう。

　そのような困難な作業を経て、被疑者は起訴され、刑事裁判が行われる。であるのに、その結果有罪率が99％超というのは、いったいどういうことか。刑事裁判は検察側と弁護側双方の言い分のどちらが正しいのかを判断する場のはずである。もちろん、有罪を当初から認めている事案も多く存在するが、それを考慮したとしても、一方当事者である検察官の主張がほぼ100％の確率で認められるというのは異常ではないか。日本の捜査機関が他国より際立って優秀であり、「神」に近い正確性を有しているというのであろうか。

　99％超が有罪となるという事実は、刑事裁判官が、担当した事件の99％超の割合で有罪判決を書いているということを意味する。眼前で法廷に立つ被告人の99％超が有罪であるという毎日を送ることは、裁判官に影響を与えないのだろうか。100回に1回も書くことのない無罪判決を書こうとした時に、裁判官は躊躇を覚えないだろうか。

　99％超が有罪になるという事実は、公判を担当する検察官に影響を与えないのだろうか。検察官は、刑事裁判における当事者の一方であり、被告人を有罪とすることが基本的な任務である。検察官が起訴した事件の99％超が有罪となる現実のもとで、1％以下の確率でしか現れない無罪判決が自らの担当事件について下されることは、検察官にとってもっとも回避すべき恐ろしい事態ということになってしまわないだろうか。それは、無罪方向の証拠を隠してでも有罪判決を得よう

という衝動をもたらし，真実発見という検察官のもうひとつの義務（刑事訴訟法1条）に反する事態，すなわち冤罪の発生を招くのではないか。

これらの危惧は，日本の裁判官や検察官が優秀であるとか，プロとして訓練されている，などということによって回避できるものではない。どのように優秀なプロであっても，人間である以上間違いを犯すことがあるのは否定できないからである。そして，刑事裁判で被告人に不利な方向で間違いが起きれば，冤罪によって被告人の人生が破壊されるのである。

このような重大な結果を回避するためには，裁判官や検察官の資質の問題としてではなく，システムとして冤罪の発生を防ぐ体制を作らなければならない。そのような観点から認められているのが，無罪推定の原則であり，刑事手続における被疑者・被告人の諸権利である。それらの保障によって，冤罪発生の防止が図られるはずなのである。

有罪判決が下されるまでは被告人は無罪と推定される。そして，有罪の判断を下すためには，合理的な疑いを容れない程度の立証が必要とされる。また，憲法では，第31条以下で，詳細に被疑者・被告人の権利が定められている。適正手続（デュー・プロセス）の保障，公平・迅速な公開裁判を受ける権利，証人に対する反対尋問権，拷問の禁止，弁護人依頼権，黙秘権，令状なしに逮捕や捜索・押収を受けることのない権利等である。それらの原則や諸権利が法の定めどおり実現されていたら，有罪率99％超ということはありえないのではないか。「無罪推定の原則が認められ，被疑者・被告人の諸権利も保障されたうえでの有罪率99％超だから問題はない」，ということではないのである。それらの原則や諸権利が実現されていないことが，有罪率99％超という結果をもたらしているのである。

「1人の無辜をも罰することなかれ」ということの意味を市民一人ひとりが自らにひきつけて理解する必要がある。そのとき初めて無罪推

定の原則のもつ価値の重さも実感できる。自らが冤罪で刑罰を受け，人生を破壊されることを想像してみる必要がある。自らは決して裁かれる側に身を置かないと無意識に考えている限り，この原則の価値は理解できない。

　無罪推定原則を強調しすぎることによって，処罰すべき犯人を逃してしまうことにならないか，それで社会の治安は保たれるのか，被害者は納得できるのか，と考える人がいるだろう。しかし，そのように考える人は，自らがそのような理屈で冤罪によって処罰され，築き上げてきた人生を破壊されることになった場合も，それで納得できるのだろうか。

　社会の治安が保たれるべきこと，そして，被害者が保護されなければならないことは当然である。だからこそ刑罰が法律で定められているのである。私刑（リンチ）は否定され，公刑罰制度が確立されたが，被害者の保護や救済と，公刑罰とは無関係ではない。なぜなら公刑罰の目的として応報感情の充足が当然のこととして掲げられているからである。

　犯罪被害の悲惨さはしっかり認識されなければならないし，被害者は救済されなければならない。しかし，そのことと，現に被疑者とされ，または被告人とされた者が有罪であるかどうかはまったく次元の異なる問題である。犯罪の被害が発生している以上「誰か」が犯人である。しかし，その「誰か」が現在被疑者とされ被告人とされている者であるかどうかは，証拠の裏づけをもって，合理的な疑いを容れない程度に有罪立証がなされて初めて決することができるのである。捜査機関の主張する犯罪像が常に事実であるとも限らない。これも，証拠によって立証されて初めて確定する。そのような過程を経ることなく，被害の悲惨さを強調して，現在の手続において被疑者・被告人とされている者を犯人として扱うことは許されてはならない。それが無罪推定の原則の帰結である。

有罪率99％超という現実が存在し，そこで被害の救済，被害者の保護を強調すると，無罪推定の原則がおろそかにされやすい。なにしろ99％以上は被告人を犯人扱いしても確率的には誤りではないということになるからである。それが，さらに冤罪を生む契機となっていく可能性がある。冤罪でなくても，証拠によって裏づけられていない「犯人像」，「犯罪像」が独り歩きし，冷静さを欠いた非難が先行する虞が生じる。

　まして，現実の日本の刑事手続において，無罪推定の原則や被疑者・被告人の権利は憲法や法律の定めどおりに実現されていない。そのような現実をみると，有罪か否かが決せられる前の段階において，被害者の救済を強調して被告人を犯人として扱うことの危険性はさらに明確になる。

　以下，実際に弁護人として担当した事件での経験を通して，形式上は憲法や法律で定められている被疑者・被告人の権利が，日本の刑事裁判手続では，現実に保障されているとは到底言えないということ，そして，一般の市民の誰もが偶然に被疑者・被告人となりうることを述べてみたい。そのような刑事裁判手続の実態を前提として，被疑者・被告人の権利の保障は，被害者保護の要請に反するものではなく，それとは別次元の問題であること，さらに，裁判員制度とそれを前提とした公判前整理手続についてどのような視点が必要か，についても触れてみることとする。

2　冤罪で断たれた青年医師の夢

　関東地方のある都市の大学院で研究に励んでいた青年医師がいた。彼は，病院に勤務しながら研究を続け，将来はアメリカに留学をして専門領域の実力を高め，その分野で活躍していこうと夢見ていた。昼間は病院勤務を続けながら大学院で研究に従事し，深夜にも研究室で

実験データの整理などに追われる毎日を送っていた。

そのような生活を送っていた今から数年前の6月29日深夜未明，彼は実験データの整理をするため自家用車で自宅から研究室に向かっていた。その途中で尿意を催した彼は，小用を足すため幹線道路から一歩入った墓地沿いの裏道に車をとめた。そこに，ヘッドライトを消した怪しい乗用車がゆっくりと通りかかった。そのような場所と時刻であるから，なんとなく不安を感じた彼は，その怪しい感じの車をやり過ごそうと立ち小便をする振りをした。すると，その車が彼から数メートルのところに止まり，女性1名，男性1名が下りてきて，女性から「警察だけど，何やってるの？」と誰何(すいか)された。

実はその当時，現場付近では連続放火事件が発生しており，警察官が警戒に当たっていたのだった。そして，深夜人通りのない裏通りでひとり壁に向かって立ち小便の格好をしていた「怪しい」若い男性である彼は，この連続放火事件の犯人ではないかと疑いをかけられたのだった。

そのような状況の下，彼は結局，「午前4時30分頃，乗用車に乗車していた警察官2名に向かって，自己の陰茎を露出した上，右手で自慰行為を行い，もって公然とわいせつ行為をした」として，公然わいせつ罪の容疑で現行犯逮捕されてしまった。要するに露出狂の変態男として逮捕されたのである。ただ，当初の警察の考えとして狙いはあくまで放火犯であり，別件逮捕ということだったのではないかと想像される。このように別件で逮捕・勾留され，放火犯ではないことが明らかになったにもかかわらず，被疑者が事実に基づいて否認を貫いた結果，これから述べるようなとんでもない事態に進展していったのである。この事件は，別件での身柄拘束，その身柄拘束下での取調がはらむ問題をもよく示している。

さて，彼は逮捕後ももちろん強く容疑を否認した。その結果どのような事態が生じたのか。彼は裁判官の決定により勾留され，7月18

日に起訴されたが，その後も保釈は認められず，結局8月11日までの合計44日間も身柄を拘束されたのである。これが，悪名高き「人質司法」でなくて何というべきか。

逮捕，勾留には容疑の存在と身柄拘束の必要性が要件とされる（刑訴法199条以下）。この場合そもそも，後に東京高等裁判所が認定したとおり「路上での自慰行為」など存在しない。仮にその点を措くとしても，彼は身許の確かな青年医師で逃亡の虞はなく，しかも，被疑事実の性質からして，証拠を隠滅する方法などない。犯罪を裏づけるとされる証拠は逮捕した2名の警察官の供述だけだからである。そして，公然わいせつ容疑の具体的内容は「深夜人通りのまったくない墓地の塀にそった裏道で，たまたま通りかかった警ら中のパトカー乗車の警察官以外にひと気のない場所で，警察官に向かって公然と自慰行為をした」行為であるというのであるから，仮に事実どおりであっても社会的に実害のほとんどない行為であって，少なくとも長期の勾留の必要性など認められない事案である。

「そもそも人通りのない路地で早朝に壁に向かって陰茎を露出していたという態様自体がその意図にそぐわない」（後の東京高等裁判所による認定）から，捜査機関が容疑として主張する事実自体のなかに客観的な矛盾が内包されていたのである。

しかし彼は44日間も身柄を拘束された。

捜査機関が被疑者の身柄を拘束するためには裁判官の発する令状が必要である（憲法33条，刑訴法199条以下）。本件でも，もちろん裁判官の勾留許可状が発せられている。いかに憲法や刑事訴訟法で身柄拘束に必要な要件を定め，且つ，裁判官の令状が必要だと定めたとしても，この青年医師のような被疑事実で易々と裁判官が令状を発布してしまうのでは，憲法や刑訴法によって被疑者・被告人の権利を保障している実質は失われてしまう。仮に，捜査機関がその当事者的な立場から無理のある令状請求をすることがありうるとしても，裁判官が記

録をしっかり検討し,身柄の拘束が真実必要な事案であるかどうか正しく判断し,また,事実関係や容疑として主張されている事実の矛盾に気づいていれば,このケースで44日間にもわたる身柄拘束が認められたり,正式裁判が請求されたりすることはあり得なかったはずである。

しかし,現実に行われている「人質司法」では,これから述べるように捜査機関が不当な身柄拘束を利用して無理に自白を迫ることは珍しいことではなく,その結果作り上げられる調書によって,起訴さらには有罪判決への道筋がつけられ,冤罪の可能性が高まっていくのである。

この青年医師は,当然のことではあるが,事実無根の容疑に対して正面から戦った。深夜とはいえ路上で自慰行為を行って公然わいせつで逮捕され,有罪となったというのではまさに「破廉恥な変態医師」ということになり,彼の人生は崩壊する。だから戦うのは当然と言えるが,しかしそれは口で言うほど簡単なことではない。

まず,身柄を拘束されると,その翌日から勤務先病院との関係で支障が生じる。数日間であれば,体調不良と偽ることも可能かもしれないが,44日間ということになっては手当の仕様もない。同様に,大学院での研究活動についても,すぐに問題が生じ始める。そして,公然わいせつの現行犯として逮捕されたということになれば,世間では,「警察官が虚偽の容疑で逮捕などするはずがないし,裁判官も根拠なく勾留状を発したりしない」と考えるから,彼の「有罪」は社会的に確定してしまう。そのような経過で彼が長年努力して作り上げてきた社会関係は根底から崩壊し始める。

このケースでは,ある新聞がこの青年医師の実名を出して,「公然わいせつの現行犯で医師が逮捕された」と報じたから,彼はそれまでの社会的生活環境から事実上排除されてしまった。

そのような状況のもとで,警察官が自白を迫ってくる。「容疑を認

めればすぐに釈放されるだろう」とか,「容疑を認めれば正式裁判請求されず略式罰金で済むだろう」などと言い,逆に,「容疑を認めないとずっと代用監獄から出られないぞ,おまえの一生はこれで台無しだ」などと脅したりする。これは,憲法38条に定める黙秘権の侵害に当たるが,現実にこのようなことが行われてきたことは,近時明らかになった鹿児島の選挙違反無罪事件や,富山での強姦事件で服役後に真犯人が判明して再審が開始され,再審では検察官による無罪の論告を経て無罪判決が確定した事件での取調状況に関して指摘されているとおりである。

　この青年医師は,それでも捜査官に迎合しないで,自分は路上で自慰行為などしていないと否認を続けた。それは正しいことであったが,その結果勾留が長期化し,正式裁判が請求されるに至った。報復的な対応というほかない。すでに述べたとおり,検察官の起訴事実は矛盾に満ちたものであるばかりでなく,それを前提としてもほとんど社会的実害などない。そもそもこの被疑事実は,放火事件に対する別件であったはずなのである。であるのに,身柄を拘束したまま正式裁判請求に至るなど,およそ妥当な判断とは思われず,バランスを失しているというほかない。

　この事件の第一審判決は,事件翌年の2月17日に下された。検察官の主張をそのまま認めた罰金8万円の有罪判決であった。

　逮捕,それに続く長期間の勾留,さらに7カ月に及ぶ審理を経る中で,この青年医師はそれまでに努力して築き上げてきた人生をすべて失いそうになっていた。だから,彼にとっては,この判決は到底受け入れることはできないものであった。彼にとって重要なのは罰金の額ではないのである。冤罪を晴らそうとすること以外,彼の取るべき道はなかったということである。

　私は,東京高等裁判所での控訴審から弁護を担当することとなった。彼と会い,彼の話を聞けば真実であるという説得力はあったが,しか

し，長く刑事弁護の実務に携わってきた弁護士としての経験から，彼の期待に必ず応えられるという自信はなかった。警察官2名が現認したという公然わいせつ行為で有罪となったのである。警察官2名の目撃供述に信憑性がないことについて，裁判官を納得させる以外無罪を獲得する道はない。これは簡単なことではない。なにしろ，「99％超は有罪」なのである。

　私は，彼にこの国の刑事裁判の実情をよく説明したうえで，出来る限り努力をして無罪判決を目指そうと話し，受任した。

　東京高等裁判所には，事件から1年あまりが経過した7月20日に弁護人から控訴趣意書を提出し，控訴審の審理は9月7日から始まった。そして，控訴審判決は，翌年2月7日に下された。完全な無罪判決だった。逮捕から1年8か月が経過していた。

　無罪の決め手は，弁護側が控訴審で取調を請求して認められた，逮捕時の女性警察官の証人尋問だった。この尋問により，現行犯逮捕手続書の記載内容に信用性がなく，また，逮捕時に男性警察官が現認したと述べる「被告人の自慰行為」についての目撃内容が，女性警察官の供述とは整合しないことがはっきりしたのであった。これにより，「青年医師が深夜路上で警察官2名に向かって自慰行為を行った」という検察官の主張を裏づける唯一の「証拠」は崩壊したのである。すでに触れたように東京高等裁判所は「そもそも人通りのない路地で早朝に壁に向かって陰茎を露出していたという態様自体がその意図にそぐわない」（人に向かって公然と自慰行為をしたいという欲求と，深夜人通りのない墓地裏の路上でそのような行為をしようとしていたという行為とが，互いにそぐわないということである）とし，さらに，現行犯逮捕手続書の記載内容について「その作成主体がだれであったかについて，事実とは異なる理解を招く記述であって，捜査官としては単に表現方法が不適切であったなどということで簡単に片付けられない問題」が存在しているばかりか，その内容についても，法廷での警察官2名の証言

との間に齟齬が存在し、「一体誰の認識が反映されてこのような記載内容になったのかはまったく判然としない」ものであると認定した。そして、この事件の刑事手続の「方向性を決定づけているといっても過言ではない」、「犯行の現認状況に関する重要な事実についての記載が、一体誰の認識内容を記載したものであるのかが判然とせず、その作成経過が後の検証にも耐えられないなどという…刑事手続における現行犯人逮捕手続の重要性に照らすと、あってはならないこと」が行われていると明確に認定し、青年医師の完全な無罪を言い渡したのである。

　この判断は素晴らしいものである。判決言い渡しの際、法廷で、青年医師が涙ぐんで喜んでいたことを思い出すし、依頼人である彼の人生の幾分かが回復できたことは言葉に表せないほど良かったと今でも感じる。

　しかし、問題はそういうことではなく、市井の一青年医師であり、人生に夢を持って努力を続けていた彼が、どうして2年近くにもわたってこのような筆舌に尽くしがたい苦しみを味わわなければならなかったのかということである。

　すでに述べたとおり、憲法や刑事訴訟法では、被疑者・被告人の権利が保障されている。しかし、実務においてそれらの保障や権利に命を吹き込む運用がなされなければ何の意味もないということが、この事件によく表されているのである。身柄拘束が許される要件、黙秘権の保障、適正手続の保障、そして無罪推定の原則の尊重、これらを実質化しない限り、いくらでもこのような事件は繰り返されるであろう。

　この青年医師は、まだ運が良かったといえるのかもしれない。控訴審で被告人や弁護人の言い分に耳を傾ける姿勢のある裁判官に巡り合ったこと、そしてなによりも、法廷での尋問で、唯一の有罪の裏づけであった警察官の供述の矛盾を明らかにすることができたこと。しかし、これらは努力をすれば必ず実現するとは限らない。実際、第一

審の裁判官は，被告人の主張を一顧だにせず，同じ事件で検察官の主張を100%肯定し，有罪としているのである。

しかし，冤罪を免れることができるかどうかが，運の良し悪しで決まって良いはずがない。

この青年医師は，あなたであったかもしれないし，あなたの兄弟であったかもしれないし，あなたの友人であったかもしれない。いずれにしても，あなたやあなたに近しい人であっても全くおかしくない。そのような普通の市民が，夜，たまたま通りかかった裏通りで，放火犯を警戒中の警察官に誰何されただけではなく，別件逮捕で「公然わいせつ行為」をでっち上げられ，44日間も身柄を拘束された。その挙句，身に覚えがないから懸命に否認すると，「反省がない」として起訴されたばかりか一審判決で「路上で自慰行為をした」破廉恥な公然わいせつ犯として有罪を宣告されたのである。そのようなことがこの国で現実に起こっているのだということをぜひ認識していただきたいのである。

この青年医師のような立場に立たされた人は，間違いなく日本の刑事司法制度の被害者であり，犯罪被害者と対立する立場にないことははっきりしているだろう。市民がこの青年医師のような窮地に追い込まれないためにも，被疑者・被告人の権利を保障し，無罪推定の原則を確立していくべきなのである。

彼は，アメリカ留学の夢をこの事件で絶たれてしまったものの，「運良く」冤罪を晴らすことができたので，現在医師として活躍している。しかし，1年8カ月にわたって不当な刑事手続によって苦しめられ，人生を破壊されたことに対して国家が償ったのは，44日間の身柄拘束の後に無罪判決が確定したことに対して，元被告人の側から請求して初めて支払われた刑事補償金55万円のみである。

3　証拠を隠す検察官

　非加熱濃縮製剤によるHIV感染事件（いわゆる薬害エイズ事件）をご存じだと思う。その被告人であった安部医師の弁護団の一員として経験した事実に触れてみたい。この事件で、検察官はこれから述べるような「証拠隠し」を平然と行ったのである。

　この事件はメディアが客観的な事実を無視して騒ぎたてたが、東京地方裁判所の第一審判決で無罪の判断が下され、検察官控訴により東京高等裁判所で審理中、被告人が死亡したため裁判が終了した。事件の内容に細かく触れるのは本稿の趣旨ではないが、検察官の行為の不当性を理解するのに必要な範囲で簡単にまとめる。

　安部医師は、1985年6月に帝京大学病院の研修医が非加熱濃縮製剤を投与した行為について、業務上過失致死罪で1996年に起訴された。ちなみに安部医師自身はこの患者に非加熱製剤を投与していない。

　問題の核心は、この当時までにエイズ原因ウィルスについて科学的にどの程度の事実が明らかになっていたのか、そして、その知見を前提として、この当時の日本での血友病治療法の水準がどのようなものであったかである。

　原因ウィルスに関する知見の点は、科学的知見の到達点の問題なので、世界中の過去の論文や学会での講演、議論の記録を調べれば客観的に明らかにできる。日本での血友病治療法の点は、当時の血友病治療の実態の問題なので、過去の事実を調べればこれも客観的に明白にできる。

　そのようにして法廷で明らかになったのは、エイズの原因ウィルスが現在のHIVであるとの認識が科学的知見となったのが早くとも1985年4月以降であり、エイズの感染率、発症率、死亡率などについての知見が確定したのはさらに後になってからのことであった事実、そして、日本の血友病専門医は1985年の8月に加熱製剤が販売され

るまで非加熱濃縮製剤を血友病の治療に用いていたという事実であった。

従って、1985年6月当時日本及び世界の血友病治療の水準であった非加熱濃縮製剤を使用した医師の中で、ひとり安部医師のみが刑事責任を問われることは論理的におかしい。一審判決も同様の論旨で無罪判決を下した。

ところで、検察官は、この事件の主要な争点の一つである科学的知見にかかわる立証として、エイズ原因ウィルスの確定にかかわった研究者であるフランスのシヌシ博士、アメリカのギャロ博士の嘱託尋問調書を入手しておきながら、その内容が自己にとって不利なものであったため、これを隠蔽しようとした。

シヌシ博士は、エイズ原因ウィルスを確定したモンタニエ博士の共同研究者である。彼女は、血液製剤によるエイズ感染に関して行政の不作為を問題として起訴された本件当時の厚生省生物製剤課長であった松村明仁氏の刑事裁判に証人として出廷した。その法廷で、彼女は、それ以前にフランスで「日本人の法律家たちのいらっしゃるところで、フランスの裁判官より面接を受けたことがあります。その面接というのは、安部教授の件に関係したものであったと私は記憶しております」と証言をした。それは、検察官がフランスまでシヌシ博士の話を聞きに行ったことを意味するから、彼の地で嘱託尋問調書を作成していないはずはない。しかし、その調書は、安部医師の法廷にも、松村氏の法廷にも提出されていなかった。これらの事実は、検察官の手許にある調書の内容が検察官にとって不利なものであるということを意味する。そこで安部医師の弁護団は、裁判所に証拠開示の申し立てをしたところ、やはり検察官の手許にはシヌシ博士の嘱託尋問調書があり、その内容は、予想通り安部医師に有利なもので、「1984年秋当時安部医師にはエイズ発症とそれによる死亡について予見するに足るエイズ原因ウィルスに関する知識は無かったと思う」という趣旨のもの

だった。弁護団は，検察官がそのような活動をしていたならば，モンタニエ博士と同じくエイズ原因ウィルスの確定者であるギャロ博士の嘱託尋問調書もあるはずだと考え，証拠開示を申し立てた。結果はシヌシ博士と同様で，予想通り調書はあり，その内容は，安部医師の責任を否定するものだった。

　このように，検察官は，公正な立場で真実を追求することが義務であるにもかかわらず，多額の国費を使ってフランスとアメリカまで行き，エイズ原因ウィルスを確定した研究チームのメンバーの嘱託尋問調書を取り付けておきながら，それが自らの主張に不利な内容であったため，これを隠蔽しようとした。

　検察官のこの事件での立証活動の姿勢は，公益の代表者であるはずの検察官が，真実を追求するのではなく，被告人に有利な証拠を隠してでも有罪判決を得ようとする場合があることをよく表している。検察官は，刑事裁判の一方当事者であると同時に，公益の代表者として国費を使って真実を追求すべき立場にもある。そのような観点からは，被告人側に有利な証拠の検察官による隠蔽行為は許されるものではない。ちなみに，冒頭で触れた日弁連のオーストラリア調査の際入手した検察局の年次報告には，検察官の役割について「裁判所が真実に到達することを補助すること，及法律と公正の理論に従って，社会と被疑者との間に正義が行われるようにすることである」，「正義が公正な方法で行われるようにするべきで，有罪評決をとることが役割ではない」とされていた。

　しかし日本の現実は，検察官がその当事者的立場にのみ拘り，起訴した事件は99％超が有罪となるという状況の下で，公益の代表者にあるまじき振る舞いをすることがあるということである。そのような現実を見据えたとき，無罪推定の原則，被疑者・被告人の権利の保障を実質化していくことの重要性が理解されるはずである。

　そして，上記のような実例を見れば，公益の代表者として国費を

もって収集した検察官手持ち証拠の全面的開示の必要性は明らかであるというべきであろう。

4 裁判員制度と被疑者・被告人の権利

　裁判員制度の実施がいよいよ目前に迫ってきた。この制度そのものについての議論は本稿の目的とするところではない。しかし，裁判員制度のみを前提としたものではないとはいえ，裁判員制度の導入を前提として刑事訴訟法が改正され，公判前整理手続制度（刑事訴訟法第316条の2ないし同条の32）がすでに実施されている。

　そこでは，「充実した公判の審理を継続的，計画的かつ迅速に行うため必要があると認めるときは」（刑訴法316条の2），公判前整理手続が行われるとされる。

　公判前整理手続では，「争点」を整理し，検察官の「証明予定事実」（同法同条の13）だけでなく，弁護側も「証明予定事実その他公判期日においてすることを予定している事実上及び法律上の主張」を，第1回公判期日前に明らかにしなければならないとされている（同法同条の17）。

　検察官請求証拠の開示は一定の範囲で定められているものの（同法同条の14），検察官手持ち証拠の全面開示は求められていない。

　公判前整理手続後の証拠調べ請求が制限される（同法同条の32）旨定められているため，公判前整理手続の運用次第では，実質上第1回公判前に刑事裁判の帰趨が決せられ，公開の法廷での証拠調べが儀式化する虞さえあるといわなければならない。その場合は，公開の法廷で裁判を受ける権利（憲法32条，37条1項，82条1項）の侵害となる可能性が生じる。

　そもそも，無罪推定の原則の論理的帰結として，刑事裁判において立証責任を負うのは検察官である。そして，検察官の立証が行われて

はじめて，弁護側がなすべき立証活動が明らかになってくるのである。従って，第1回公判前に弁護側が立証計画やその主張の全貌を，検察官と同様のレベルで確立できると考えることに無理があるように思われる。警察官・検察官は国費を使って捜査し，公判を維持できると判断した事件のみを起訴するのだから，第1回公判前に検察官の請求予定証拠等の開示を受けただけで，弁護人が検察官と同様のレベルで主張立証の方針を確定できるとするのは乱暴ではないか。この制度では，検察官手持ち証拠の全面開示さえ認められていないのである。

　証拠の標目や供述調書をみれば，それで弁護側立証の内容が明らかになることもある。しかし，青年医師の事案で述べたように証人尋問の結果初めて明らかになる争点もありうるし，そもそも証人尋問は裁判官の面前で証人が反対尋問にさらされることによってその証拠価値が定まっていくという，いわば「生き物」とでも言うべき性質を有する。だからこそ，直接主義・口頭主義が原則とされている。もちろん，証拠調べ請求の制限を定める刑訴法316条の32では，「やむをえない事由によって公判前整理手続又は期日間整理手続において請求することができなかったものを除き」とされているが，運用次第では，無罪推定の原則，被疑者・被告人の権利の保障を危うくする可能性をはらむ。

　裁判員制度の意義は，「国民の中から選任された裁判員が裁判官と共に刑事訴訟手続に関与することが司法に対する国民の理解の増進とその信頼の向上に資する」(裁判員法1条)こととされる。であれば，「司法に対する国民の理解の増進とその信頼の向上」が，被疑者・被告人の具体的権利である無罪推定の原則や被疑者・被告人の権利に優先することはあり得ないから，もし裁判員制度の意義を強調して，被疑者・被告人の権利が制限されるようなことがあれば，それは本末転倒ということになろう。

　公判前整理手続の実施に当たっては，その最終目的が「充実した公

判の審理」であることを忘れて,「審理を継続的計画的かつ迅速に行う必要性」をむやみに強調し,その結果,憲法が保障している被疑者・被告人の権利を実質的に損なったり,無罪推定原則に反するような運用がなされないよう注意深く見守っていく必要がある。

おわりに

被疑者・被告人の権利は,一般の市民とは無関係な,「被疑者・被告人」という特別な種類の人間のために存在するものではない。無罪推定の原則も同様である。刑事訴訟法の規定は,憲法が国民に対して保障する無罪推定の原則,被疑者・被告人の権利を具体化したものである。それらはたとえ一人の市民であっても冤罪によって罰せられることのないように定められたものであって,市民一人ひとりにとって極めて大切な権利であることを,是非実感していただきたいと思う。

●参考文献
- 河野義行『「疑惑」は晴れようとも——松本サリン事件の犯人とされた私』文藝春秋,1995年
- 佐藤優『国家の罠』新潮社,2005年
- 矢田部孝司・あつ子『お父さんはやってない』太田出版,2006年

第 11 章　代理懐胎の行方

小町谷育子

「あなたは，他人に代理懐胎を依頼しますか」。あなたは，子どもに恵まれないことは不幸だからと考えて，YES と答えるかもしれない。では，次の質問に対してあなたは何と答えるのだろうか。
「あなたは，子どもを産めない女性のために，代理懐胎を引き受けますか」。

1　代理懐胎とは

　日本は，今，代理懐胎を許容すべきか，それとも禁止すべきかを決定する岐路に来ているようである。ここ数年，タレント夫婦が米国で代理懐胎を依頼し双子が生まれたことが，タレント自身の公表やメディアの報道によって明らかとなったり，代理懐胎を是とする医師の積極的な活動などにより代理懐胎が社会に広く知られるようになった。しかし，私たちは，本当に代理懐胎がどういうものであるか理解しているのであろうか。子どもが産めないことは気の毒だ，夫婦2人が生物学的な親であるからいいのではないか，など，情緒的な考えが先行し，すでに代理懐胎を許容しても良いとの意見を形成していないであろうか。本章では，主として代理懐胎を引き受ける女性の立場に立って，代理懐胎の行方を考えてみたい。

　代理懐胎とは，第三者に依頼して子どもを妊娠・出産してもらうことであるが，大別して2つの方法がある。1つは，人工授精型であり，

依頼者の夫の精子を代理懐胎母の子宮に人工授精により注入し，代理懐胎母の卵子と受精させて，妊娠・出産する方法である。一般に「代理母」といわれる。この方法によると，子どもは，生物学的には夫と代理懐胎母の遺伝子を受け継ぐ。米国で，子どもの引渡しが問題となった事件（ベビーM事件）は，この方法を取ったものであるが，ニュージャージー州最高裁判所が母親に訪問権を認める判断を下したことや，生物学的には自分の子であるため，代理懐胎母が子どもの引渡しを拒否する可能性が高いことを懸念して，現在ではあまり利用されていない。

もう1つは，体外受精型であり，依頼者夫婦の受精卵または依頼者夫の精子と第三者の卵子の受精卵を，代理懐胎母の子宮に着床させて妊娠・出産する方法である。一般に，用語の用い方の良し悪しは別として「借り腹」と呼ばれる。依頼者夫婦が生物学上の父母となる場合と，父のみ生物学上の父となる場合とに分かれる。

日本で代理懐胎により出生した子どもの出生届が役所で受け付けられなかったため，出生届の不受理処分が裁判で争われた事案は2件で，体外受精型であった。母の卵子を利用したケースと第三者の卵子を利用したケースに分かれていた。

代理懐胎を合法的に認めている国は，オーストラリアの一部，カナダ，ブラジル，ベルギー，フィンランド，ハンガリー，イスラエル，オランダ，英国，米国の一部であり，非合法としている国は，フランス，ドイツ，イタリア，スイス，ノルウェー，スウェーデン，デンマーク，カナダのケベック州，スペインなどである。その他，法律には何ら規定のないままに代理懐胎が実施されている国もある。たとえばインドでは，米国での費用の3分の1で済むということで，近年代理懐胎がさかんに行われているという報告もある。中国では，仲介業者が存在し，高収入を得るために代理懐胎を引き受ける女性が多いとのことである。

2　生殖医療技術を受ける女性の負担

　さて，代理懐胎を含む生殖医療技術が，いかに女性にとって精神的にも肉体的にも負担なものであるかは，ほとんど知られていないといってよいだろう。たとえ，男性に不妊の原因があったとしても，生殖医療技術が対象とするのは女性であり，その負担は並大抵なものではない。たとえば，体外受精は，精子と卵子を体外で受精させるため，卵子を女性の卵巣から取り出さなければならない。女性は，体内に卵子に成長する卵母細胞を持っているが，通常1周期に1つの卵子しか排卵しない。しかし，それでは，体外受精は卵子1個で行わなければならなくなり，仮に精子と受精しなかったり，受精しても子宮に戻す受精卵が1個では，体外受精の成功率も下がり非効率になる。一般に，1度の施術で卵子を複数個採取する。そこで，女性は約2週間，病院に1日たりとも休まず週末であっても通院し，排卵を誘発させる注射を受ける。その間，数回受診し，超音波により卵子の成長をチェックする。数個の卵子が十分成長したところで，麻酔をかけ，卵巣から卵子を採取するのである。この卵子の採取は，そのときの卵子の成長の度合いによって異なるため，あらかじめこの日に採取ということが確実に決まっているわけではない。仕事を持っている女性であれば，到底この治療を受ける時間的余裕などないことや，女性にとって大きな負担である医療技術であることも理解されるであろう。そして，これらの苦しい医療技術を受けても，体外受精の成功率は平均で約20％とされ，30歳代後半からはこの成功率は下がっていく。その中で，あきらめることができず，一縷の望みにかけて治療を継続しているというのが現状といってよい。

　現在，日本では，医療界の自主規制とされる学会の会告によって，代理懐胎が禁止されている。この産婦人科学会の会告は，たとえそれを破って代理懐胎をしても，医師免許が剥奪されるわけでもなく，自

主規制としては限界があるものの,日本では長くこの自主規制によって一応の統制が保たれてきた。そこで,代理懐胎を望む夫婦は,海外特に代理懐胎を許容している米国の州に出て行った。

代理懐胎は,先天的に子宮のない疾病を持つ女性や,がんなどの疾病によって子宮を摘出した女性にとって,自分と血のつながった子どもを得る唯一の方法である。また,体外受精を数度受けても妊娠・出産に至らなかった夫婦にとって,妻の卵子による子どもまたは第三者の卵子を利用して少なくとも夫とは血のつながった子どもを得ることができる可能性がある。日本で代理懐胎が許容されれば,渡米して1000万円とも数千万円ともいわれる金銭を支払うこともなく,とりわけ裕福な夫婦でなくても代理懐胎を利用できるようにもなろう。

しかし,光があたっているのは,子どもを産めない夫婦が代理懐胎でわが子を抱くことができるという夫婦の喜びであって,代理懐胎をした女性の権利や利益を取り上げて真剣に議論をしている事実はないように思われる。

3 代理懐胎契約書——あなたはサインしますか

代理懐胎母の権利や利益を考えるために,あなたが代理懐胎母になることを希望していると仮定しよう。依頼者夫婦は,あなたと代理懐胎契約を締結したいと申し出ている。ボランティアのつもりで代理懐胎母に応募しただけなのに,なぜ? とあなたは疑問に思うかもしれない。しかし,私たちの生活は,契約書は交わさないものの,多くの契約で成り立っている。スーパーで買い物をするとき,レジで代金を支払うが,これは売買契約であるし,町内会のバザーに自分の物を寄付するのは,贈与契約である。病院で,診察を受け,薬を処方してもらったり,検査や手術を受けるのも,病院との診療契約によっている。同様に,他人に自分の子どもを産んでもらうことも,契約の1つであ

る。そして、契約書は、契約の内容を明確にするために作成される。

それでは、代理懐胎契約書は誰が作成するのだろうか。代理懐胎については、依頼者夫婦が、代理懐胎母を募集するのであろうから、代理懐胎契約書も、依頼者夫婦の側が準備するのが通常であろう。あなたは、今まで契約書を締結したときに、契約書の内容を交渉して条項を削除したり修正した経験はあるだろうか。ほとんどが、契約書を提示されサインをするというのが日本の契約の実態ではなかろうか。すると、依頼者夫婦の側に有利なものとなっている可能性が高い契約書について、あなたが、その内容を変更してもらいたいと考えるならば、法律家を雇い、専門的な交渉を依頼する必要性さえ生じてくるかもしれない。

さあ、内容を見て行こう。

契約の当事者は誰だろう。代理懐胎は、母体の保護の観点から妊娠・出産の経験がある女性が選ばれるのが一般である。また、子どもがいる女性であれば、出産後引渡しを拒む確率は低いと信じられている。すると、あなたには、夫がいる可能性が高いわけだが、依頼者夫婦は、子どもの父親の確定についても確実な保証が欲しいと考えるだろうから、後にあなたの夫が子どもの父親だと主張しないよう、依頼者夫婦とあなただけでなく、あなたの夫も契約の当事者となることを要求するであろう。あなたは、夫に自分の希望を説明して了解を得ない以上、代理懐胎を行うことは難しい。あなただけの考えで、代理懐胎はできないのである。夫は、契約書の内容に拘束され、契約の不履行についての責任も共に追及されることを覚悟しなくてはならない。

代理懐胎は、子宮の賃貸借・使用貸借なのか、子どもを目的物とした出産の請負なのか、はたまた労働なのか、代理懐胎契約がこれらのどの契約内容に類似しているかは、難しいところだが、妊娠し、約10か月の間、1日24時間ずっと子どもをはぐくむ行為に対し、親族ではない純粋の第三者であるあなたは、何らかの報酬や実費の支払い

を求めたいのではないだろうか。いったいいくらが適正なのか。子どもの欲しい依頼者にとっては、いかに高額であっても支払う可能性があろう。代理懐胎の各国調査によると、代理懐胎母は、妊娠の過程で、報酬の増加を要求し、何としても産んでもらいたい依頼者夫婦はそれに応じるというケースもままあるらしい。しかし、あまりに高額な報酬は、赤ちゃんをお金で取引することにもなりかねず、自ずと規制が働く可能性が高い。あなたの報酬はやはり低く抑えられることになろう。米国でも、代理懐胎の報酬は百数十万ドルで、日本円にすれば150万円程度である。一方で、仲介業者に対し支払う金額は高額とも言われている。ビジネスとして成り立つということは、仲介業者にそれなりの利益が上がっているのかもしれない。それに比べてあなたの報酬は適正なのだろうか。代理懐胎は依頼者夫婦への恩恵、ボランティアだと思い込まされていないだろうか。一方、米国のような商業主義が禁止されれば、英国のように、実費のみということにもなるかもしれない。その場合、あなたが支払いを受けることのできるのは、医療費、マタニティの洋服、妊娠のために特に摂取した食事代となろう。あなたが休職したために失った給料は微妙である。

　契約を結び、妊娠したけれど、あなたはやはり産みたくないと考えた場合、中絶ができないという条項があるかもしれない。中絶をすることは、広く女性の自己決定権として、憲法上、幸福追求権として保障されている。しかし、あなたはこの自己決定権を行使することができないのである。あなたの体内の胎児は、胎盤を通して栄養を摂取してあなたの体の一部であるはずなのに、依頼者夫婦の物であり、あなたの物ではない。

　依頼者夫婦は、あなたに、出生前診断を受診する義務を負わせ、胎児に障害があることが判明した場合、中絶することを約束させるかもしれない。出生前診断とは、胎児診断とも呼ばれ、出生前に胎児の状態——発育、先天異常の有無など——を診断するものである。検査の

方法として，依頼者夫婦は，血液を採取して血中の物質を測定する母体血清試験（トリプルマーカー試験）ではダウン症の確率が分かるだけなので，羊水を採取し，羊水細胞を培養して，染色体分析，DNA診断をしたいと言う。かなり信頼性の高い診断ができるといわれている。しかし，この診断は，妊娠13週以降でなくてはできないため，診断の結果が出てから中絶を求められたとき，あなたはかなり成育した胎児をあきらめなくてはならなくなる。もし，あなたが中絶を拒否したら，依頼者夫婦は，障害のある子どもを育てる自信はないという理由で，子どもの引取りを拒否するかもしれない。あなたは，親のない子どもを産むことになる。結局のところ，あなたには，事実上中絶しか選択肢がないのではないか。中絶が事実上強制される事態に，あなたは，依頼者夫婦の幸福追求権や自己決定権が保障されているのと対照的に，あなたの自己決定権は何ら保障されていないという矛盾に気がつくであろう。

あなたは，妊娠中に食べるものに注意したり，飲酒や喫煙はやめなくてはならない。運動や行動も制限されるであろう。

あなたが流産した場合，あなたはそれまで発生した実費や報酬も割合でもらいたいと考えるだろうが，依頼者夫婦があなたの生活に問題があって流産したのだから，実費も報酬も払わないと主張した場合，支払いを受けることは難しくなるかもしれない。

最悪の事態が起きて，あなたが重篤な合併症を発症して，死亡したり，後遺障害を負ったとき，依頼者夫婦はどの程度あなたに補償をしてくれるのだろうか。依頼者夫婦は，補償について一定額をあらかじめ損害賠償の予定額として決めておきたいと言っている。1000万円が提示されているが，あなたはそれを高いと思うかそれとも安いと感じるか。あなたが死亡するようなことがあった場合，あなたの夫や子どもは，依頼者夫婦に対し，どのような法律的根拠で，契約の補償金額以上の請求をすることが可能なのだろうか。契約で決まった額以上

の請求を正当化する根拠を見出すことは難しいのではないか。すると、あなたの夫や子どもは、他人の子を妊娠・出産するために、妻・お母さんを失い、それに対する金銭的補償も十分でないという事態に陥らないだろうか。

　さて、あなたは出産後、子どもの顔を見たとたん、10か月もお腹で育んできた赤ちゃんを手放したくないと感じるかもしれない。しかし、依頼者夫婦にとっては、子どもの引渡しを受けることがもっとも重要なのだから、あなたが引渡しの拒否をできないという条項を必ず契約書の中に入れてあるだろう。あなたはなるべく子どもの顔も見ず、抱くこともなく、ミルクをあげないように努めて、子どもの引渡しのための心の準備をすることになる。引渡した後、喪失感で苦しんで、医者にかかって治療を要するケースもある。あなたが出産後どのように感じるかは、契約を結んだ時点で何も予測できないはずである。米国の代理母の第1号であったエリザベス・ケインは、代理母を経験したあと、子どもの引渡しにより苦しみ、代理母に反対する活動をすることに転じている。ケインは、「そのときになるまで、何も分からないのです」と述べている。英国では引渡しを拒否するケースが2％あるとも指摘されている。あなたは、子どもを引渡す自信が今の時点で持てるだろうか。

　出産後、出生前診断では分からなかった障害が判明して、依頼者夫婦が子どもの引取りを拒否したら、あなたは、自分で育てるか、児童施設に子どもを預けなければならなくなる。あなたは、依頼者夫婦に対し、子どもの引取り拒否はできないという条項を契約書に記載するよう求めなければならない。しかし、子どもの引取りは、モノの引取りとは異なる。嫌がっている夫婦に果たして引取りを強制できるのだろうか。嫌がっている夫婦に育てられるより、自分が育てた方が良いということにならないだろうか。

　あなたは、子どもの成長を知るために、子どもへの訪問権を認める

ように求めたいが，依頼者夫婦は，子どもの成長については写真や手紙で知らせるから，訪問だけはやめてもらいたい，子どもがたとえあなたのところに会いに来たとしても代理懐胎で生まれたことは子どもに隠して欲しい，絶対に会わないで欲しいと主張している。あなたも，写真などで知らせてもらえるならいいかと考えて，妥協する。一方で，このように子どもとの関係を絶たれることは，自分がモノ扱いされているようにも思える。出産直後は，依頼者夫婦に感謝されたけれど，そのうち手紙も来なくなり，子どもの成長は分からずじまいになるかもしれない。英国では，代理懐胎母が，アジアの依頼者は代理懐胎母との接触を絶つ傾向があり，それこそ搾取されたという気持ちがしてならないとその経験を話している。あなたも同様の経験をするかもしれない。

　さて，あなたは，このような内容の代理懐胎契約書にサインができるだろうか。

4　依頼者夫婦の変貌

　法律の問題とは離れて，依頼者夫婦の振る舞いにも目を向けてみよう。

　『産めない母と産みの母——代理出産という選択』（小泉カツミ著，竹内書店新社，2001 年）は，米国での代理懐胎の情報提供と斡旋を行っている「代理出産情報センター」（現ネバダ治療センター）の代表鷲見侑紀の経験を紹介している。

　鷲見は，サンディエゴに住む代理母が出産間近となったときに，依頼者に代理母の出産が間近なので現地に至急赴くように連絡をする。ところが依頼者の妻は，準備があるのですぐには行けないと言い，鷲見が先に米国へ飛ぶ。依頼者の妻が 2 日後到着し，その 2 日後に夫が到着する。夫は，陣痛促進剤を打ってくれないか，と依頼する。鷲見

が代理懐胎母の母体の健康を考え，迷っていると，それを察した代理懐胎母が，依頼者が待っているのも大変だろうから陣痛促進剤を使ってもよいという。なかなか産まれないため依頼者は露骨に不機嫌になる。しばらくして無事出産したが，依頼者の妻は，代理懐胎母の退院のときに病院に現れない。そして，疲れているから子どもの世話を看護婦に頼めないかという。依頼者夫婦の帰国の日，代理懐胎母が赤ん坊と別れがたく何度も抱くと，妻は，「なんで，そんなに抱きたいのかしら」とつぶやく。実際に赤ん坊が産まれた途端の依頼者の変わりように鷲見は驚く。

　妊娠・出産を経験していないため，子どもを引渡すことの痛みがわからないことに加え，コンサルティングから代理懐胎母の募集，渡米して体外受精，妊娠の連絡，妊娠期間中の無事出産してくれるだろうかという不安，出産の立会い，と気の遠くなる時間，労力，金銭的・精神的負担をかけて，ようやく子どもを得たときに，夫婦にはすでに代理懐胎母の身体や心を思いやる余裕はなく，自分たちの幸福のみに目が向けられてしまうのかもしれない。また，代理懐胎のプロセス自体が，契約にのっとって進められる以上，子どもの引渡しも形式的にならざるを得ないのかもしれない。

　さらに，日本人の依頼者は，双子や三つ子と聞くとほとんどが「できれば産んで欲しいんですが…」と言ってくるという。しかし，多胎の妊娠・出産は，母体に合併症を生じるリスクが大きいとされ，その割合は双子で78.1％，5胎になると100％となる。そして，早産率や子どもの形態異常発生率が高いといわれている。子どもは，出生体重が2500グラム以下，特に1500グラム以下の低体重で生まれることが多く，重篤な後遺障害を残すことも多い。自らの妊娠・出産であれば，母体のリスクと子どもへの影響を考え，医師の診断にもよろうが，時には減胎手術をすることもありうる。それが，自ら産まない場合には，たくさん子どもができたほうが良いと安易に考え，自分であったら避

けるようなリスクを他人に負わせることに無頓着になりかねない。

5　代理懐胎を利用する権利は自己決定権なのか

　これまで、代理懐胎を利用する権利が憲法の保障する自己決定権なのか、という疑問には触れないできた。まず、日常的な用語として使用されている「自己決定」と、憲法が保障する自己決定権とは異なることを確認しなければならない。代理懐胎の推進者が唱える「生殖補助医療を利用する権利」が憲法の自己決定権として保障されるならば、国家が代理懐胎を規制するについては、正当化根拠が必要となってくる。代理懐胎の法的規制の根拠として子どもの福祉が指摘されるが、将来子どもがアイデンティティ・クライシスに陥る可能性があると、子どもの被りうる不利益を抽象的に述べても、憲法の自己決定権の規制の正当化根拠となり得ない可能性があることに留意が必要である。

　さて、自己決定権とは、「一定の個人的事柄について、公権力から干渉されることなく、自ら決定することができる権利」（佐藤幸治『憲法［第3版］』青林書院、1995年、459頁以下）と定義できる。そして、性質上多岐にわたるとされ、①自己の生命、身体の処分にかかわる事柄（インフォームド・コンセント、治療拒否、尊厳死、臓器移植）、②家族の形成・維持にかかわる事柄、③リプロダクションに関する事柄（避妊、人工妊娠中絶）、④その他（服装、身なり、喫煙、飲酒）などが分類として指摘されている。

　定義や分類からすると、代理懐胎は、①から③に関わると考えられ、自己決定権に含まれるようにも思える。しかし、そもそも自己決定権とは、自身が産む／産まないの場面で問題となるのであって、そこでの自己決定が及ぶ範囲は、自らの身体に限定されているはずである。第三者の身体の処分（中絶するか否か）にまで関わり、第三者の身体を利用して自己の権利の実現を図ることまでを自己決定権として保障す

ることを憲法が予定しているとは思われない。すると，代理懐胎の問題は，憲法上の権利の問題ではなく，法律によって代理懐胎が禁止されたり，代理懐胎で出生した子の親を代理懐胎母とその夫とすることが決定されたりしても，憲法違反を理由に争うことは，非常に困難になろう。

6 代理懐胎の行方

2008年1月，日本学術会議が報告書を公表する予定である。法務省と厚生労働省が，生殖医療技術をめぐる諸問題に関する審議を日本学術会議に依頼したことを受けてのことで，報告書は，日本で代理懐胎を許容するのか否かという点について立法の方向性を示すものとなるであろう。審議依頼は，タレントの米国での代理出産や国内での代理出産の公表が話題となり，代理懐胎についての明確な方向付けを行うべきという「国民の声」が高まっていることを背景として指摘している。

しかし，振り返れば，厚生労働省では，数年間にわたり，審議会で生殖医療技術全般の法的規制について幅広く議論を行い，パブリック・コメントも経たうえ，提供卵子，提供胚を認める一方，代理懐胎を禁止するという方向性が報告書によって打ち出された。これを受けて，法務省も，生殖医療技術により出生した子の親子関係に関して民法の特例に関する要綱中間試案を発表し，出産した女性を母とすることを確認していた。ところが，立法化は全く進まず，なぜ中断したのかについて詳しい説明もないまま，突如日本学術会議への審議依頼がなされたのである。厚生労働省の報告書から現在まで，代理懐胎で出生した子どもの法的地位が裁判になった以外に，代理懐胎を取り巻く問題に何ら変更があったわけでもない。これでは，従前厚生労働省が方針として打ち出した代理懐胎の禁止は適切ではなかったので，許容

する方向で審議して欲しいという依頼をしたも同然ではなかろうか。実際，日本学術会議の「生殖補助医療の在り方検討委員会」の議事録を見る限り，代理懐胎を限定的に許容する意見が強いという印象を禁じえない。そこでは，子どもの権利，利益については検討がなされるものの，やはり代理懐胎母の権利の保障やその母体の保護については議論が薄いように思われる。報告書の公表まであとわずかな時間が残されているだけだが，今まで影の部分として語られなかった，語られても真剣に取り上げられることのなかった代理懐胎母の経験談などを掘り起こし，代理懐胎の影の部分まで議論を広げることを願ってやまない。

●参考文献
- 江原由美子編『生殖技術とジェンダー』勁草書房，1996年
- エリザベス・ケイン／落合恵子訳『バースマザー ある代理母の手記』共同通信社，1993年
- 佐藤孝道『出生前診断 いのちの品質管理への警鐘』有斐閣，1999年
- 上杉富之編『現代生殖医療 社会科学からのアプローチ』世界思想社，2005年
- デボラ・L・スパー／椎野淳訳『ベビー・ビジネス』ランダムハウス講談社，2006年
- 日本学術会議「生殖補助医療の在り方検討委員会」議事録

第3部　情報をめぐる権利の諸相

第3部　情報をめぐる権利の諸相

第12章　放送の自由と自律

山田健太

はじめに

　デジタル・ネットワーク時代を迎え，2007年現在，テレビ番組をパソコンや携帯電話等の端末で観ることが当たり前のことになりつつある。技術的には放送と通信の境界線が消え，世にいう「放送と通信の融合」がすでに日ごろの生活の中では実現しているのだ。こうした現実を前に，折しも，総務省の研究会では「情報通信法」と呼ばれる従来のメディア法体系を抜本的に変更するスキームが提案された。そこでは放送という概念は消滅し，メディアサービスとして私たちエンドユーザーにコンテンツが供給されることになる。しかし，あるいはだからこそ，こうした議論の前にもう一度，放送は私たちの社会にとってどのような存在であるのかを確認しておくことが重要であろう。本章では，放送法の07年改正案を素材に，過去の放送行政を振り返りつつ，日本社会におけるテレビ放送のあり方，プレスの憲法上・社会的位置づけを考える。

1　通信放送行政の法枠組み：メディア法制度論から

　2007年通常国会の会期末に提出・継続審議となった放送法改正案は，元来，通信・放送分野の改革推進のために，NHK関連事項を中心に放送制度を刷新しようというもので，電波利用をより迅速かつ柔軟に

行うための手続きを創設することを目的に謳っていた。しかし、法案を別の角度から捉え直すと、まったく異なるいくつかの傾向と意図がみてとれる。それは、行政によるガバナンスやコンテンツ規制の強化と、その前提になる放送の自由もしくは放送（テレビ）の社会的位置づけの転換である。とりわけ、関西テレビ制作の「発掘！ あるある大事典Ⅱ」の捏造事件をきっかけとして導入された「再発防止計画の提出の求めに係る制度」は、その隠された狙いが顕在化したものととらえることが可能であろう。

行政によるガバナンス強化

　第一の傾向として、新しい通信・放送行政の方向性としての総務省ガバナンスの強化をとりあげる。その中身を分かりやすく述べるならば、1つは、従来の電波管理を通しての番組内容規制に代表されるようなクッション方式の「間接型」ではなく、「直接型」コンテンツ規制を特徴とする。もう1つは、総務省・経産省・文科省の「分散型」から総務省による「集中型」コントロールへの転換である。

　放送に関する行政は戦後、免許の交付に代表される電波管理に関しては、電波監理委員会による独立行政委員会制度が導入されたが、1954年には同委員会が廃止された。これにより、電波管理を全面的に郵政省が引き継ぐことで、放送行政については一元的直接的に郵政省（現総務省）が行うことになった。しかしながら、番組内容については法構成上も、内容規律を包含する放送法には罰則を伴う強制力を有する規定は存在せず、あくまでも電波管理を法目的とする電波法に基づく放送事業者に対する処分が予定されているに過ぎなかった。

　その意味で、行政権の表現内容への介入は、あくまでもクッション方式とでも呼ぶべき間接的な手法に限られており、また実態上も行政権が直接的な介入を行うことには、こうした法構成に呼応して一貫して謙抑的であった過去の歴史が存在した。ただし後に詳述するように、

近年は行政指導の名の下に、実質的な直接コントロールが珍しくなくなり、今回の法改正はその法制化の意味合いを持つものである。

また、放送行政が郵政省に一本化された後も、インターネットをはじめとする通信事業に関しては、旧通産省が管轄してきた経緯があり、また活字については新聞社や出版社は監督官庁を持たず、しいていえば文部省（文化庁）を主務官庁としてきた。そうしたなか、通信と放送の融合状況を前に、メディア事業の所轄官庁として、もしくは国家メディア政策全般の唯一の担い手として、総務省が名乗りを上げる絶好のチャンスが到来しているといえる。

そこでは当然、電波の管理とともにデジタル化によって一体化した通信事業全般の管理・監督を包括的に行うことが企図される。またそうした事業コントロールとともに、各メディア上に流れるコンテンツ（内容）についても包括的に所管することが現実味を帯びてくることになる。

上記の直接規制の傾向は、NHK改革の中にも現れる。たとえば、経営委員会の権限強化は一面、強すぎる執行部（会長）権限に対する「カウンターパート」を期待するものといわれており、NHK内部にも歓迎する声が少なくない。しかしながら官邸の任命する委員及び委員長の権限の強化は、そのまま政治の介入の可能性と危険性を増大させるものに他なるまい。

従来よりNHKは、公共放送という立場から特別な規定がおかれてきた。具体的には、人事（経営委員会委員の首相任免権）、財務（予算の大臣提出・国会承認）、受信料（大臣認可・国会決定）、放送施設（大臣開設免許・大臣監督）、業務（報告書の大臣提出・国会報告）、定款・出資（大臣認可）、国際放送（大臣命令）、放送研究（大臣命令）と、おおよそすべての領域にわたり、国のコントロール下におかれていることがわかる。

それでもなお、国民の代表である国会に予算承認権を与えるといっ

たクッションを設けることで,政府が直接的に NHK を支配することを防ぐ工夫がなされ,しかも国会承認はあくまで形式的なものとの位置づけにより,政治性を排除することが期待されている。しかし現実には,その予算承認の過程に一般の閣法同様の「与党審査」を組み込んだがために,政治家の介入の余地を招き入れることになっている実態がある。政治（政府もしくは行政）の影響力を受けやすくなる制度改変は,そうした実態の追認になる可能性を否定できないであろう。

レイヤー区分に基づくコンテンツ規制

さらに,「有害」情報規制を名目とした,全面的なコンテンツ規制の導入と,行政権限の拡大もまた顕著な傾向である。そしてこれらは,ハード・ソフトの一致を前提としたメディア別法体系を,両者の分離を必然とするレイヤー区分の法体系に変更するための,地ならし役を務めることになる。[1]

法条文に即していうならば,一見,現行法体系を前提にしたようにみえる,認定持株会社制度と番組内容を理由とした行政処分制度の導入が,次に控えるレイヤー区分に基づくコンテンツ規制の前倒し実施になる可能性がある。すなわち,持株会社の中には,放送事業に限らず,通信関連事業とともに新聞・出版事業を扱う企業を傘下に収めるものも想定される。そうなると従来はビジネスに関し,ましてやコンテンツについては「規制がないこと」が絶対ルールだった活字メディアに対して,包括的に規制の網をかけざるを得なくなる。

これが,メディア体系を超えた表現内容規制の第一歩になることは間違いなかろう。さらに,その持株会社の改廃を行政権に委ねることは,極めて強力なメディアに対する支配力を有する官庁の誕生を意味する。なお,制度の詳細はまだ未確定のものも多いが,予定されているところでは情報独占を防止する意味から子会社の数の上限規制も考えられており,恣意的な判断事由を増やすことにつながりかねない。

しかもその改廃条件として,放送番組内容が問題にされる可能性を,条文上否定できない。

さらにまた,現在すでにネット上の情報規制で果たす総務省の役割を,放送の世界に拡大するものが行政処分規定ということになる。インターネット上の違法・「有害」情報対策の建前は,表現の自由と被害者救済のバランスである。しかし実際は,苦情申し立てに基づく表現規制に免責が与えられていることから,プロバイダー事業者には問題回避を願うがための強力な規制マインドが働く。そこで実態として,インターネット上の違法ではない「有害」情報や「不正」アクセスについては,総務省と事業者団体の二人三脚によるグレーゾーン規制が進んでいる。

ここでは,違法の線引きを事実上行政機関が行い,それに基づくメディア自主規制がなされる構図の一般化・拡大化について問題性を指摘しておきたい。そのうえで,こうしたプロバイダー規制がインターネット放送の分野に及ぶ危険性も今後,検討する必要性がある。これは,電波管理(事業)と番組規制(内容)の一体化のなかで,違法ではない倫理上問題とされる放送番組についても,内容規制が行われる可能性を示すものである。

2　番組編集準則の法解釈：憲法・行政論から

そして第二の特徴が,放送法3条の2・1項に規定されている「番組編集準則」(以下,準則)の性格を,抜本的に変更し固定化させるものになる点である。準則は,①公安・善良風俗,②政治的公正,③事実報道,④多角的論点を規定しているが,元来は放送局の番組規律を支える「精神的規定」と理解されてきた。そして行政権は,番組内容には関与しないことが立法時にも確認されていたものが,行政指導の基準へ,そして行政処分の法的根拠になろうとしているのである。

精神的規定としての準則

　電波法・放送法上、総務大臣が一般放送事業者に対して行使できる権限としては、放送法53条の8に基づく資料の提出命令があるが（関連して放送法施行規則7条）、放送内容そのものは除外されている。そのほかには、無線通信の秩序維持のための無線局への報告義務を定める電波法81条があり、過去の事例としては、①出資規制違反（2004年、マスメディア集中排除原則の出資制限の上限を超えて新聞社から放送局に出資が行われていた事例）、②ポスター挿入（2006年、安倍晋三官房長官［当時］のポスター写真が関係ない番組に映り込んでいた事例）、③あるある捏造事件（2007年）の3件がある。後二者は明らかに番組内容に基づく処分であり、この法運用の是非については次に述べる。

　一方で現行の法枠組みにおいても、違反した場合の影響可能性としては、電波法13条1項の再免許の際に考慮の対象になると理解されてきた（同法7条2項ⅳ）。それは、総務省令の「放送局の開設の根本基準」が準則と同じ内容を求めていることに起因する。また、電波法76条1項の免許取消や停波の規定に「放送法違反」が明記されていることを理由に、準則違反がこれらの処分の理由になるとの解釈もなされている[2]。なお、電波の質を理由に発射停止を定める電波法72条は、放送内容に関与することは予定されていない。

　改正案立案者は、こうした過去の解釈を超えて、業法に基づく業務改善命令が認められている事業規制立法同等に、放送法を位置づけようとしているのではないかと推測される[3]。しかし、準則が放送法と電波法をつなぐ「掛け合わせ条項」となっているのは、明らかに前述した電波監理委員会時代の名残りである。本来は全く別物であった、事業規律を定める電波法と内容規律を求める放送法を「意図的につなぐ」ことは、免許が「施設免許」であって「放送免許」でないことからも、法理論上矛盾を抱えることになる。また、準則を根拠に直接的

に放送を止めるといった行政による表現規制が認められるか否かについては，憲法学説上も異論が強いというべきであろう。

表現の自由の絶対保障の憲法規定から，準則に見られるような表現規制は原則許されないのであって，その例外的な措置が放送メディアに許されるのは，周波数の希少性や社会的影響力の大きさに起因するとされてきた。逆説的に言えば，もし規制根拠ならば表現の自由を保障する憲法 21 条に違反するのであって，放送の自由の観点からは，行政指導という形であっても公権力の行使を行うべきではない，という考え方である。

また，放送法は放送事業者の自律性を基本にしているのであるから，自律的措置が実施されている場合においては，行政指導を行う前提に欠けるという理解に立っていた。いわんや番組内容を対象に，倫理規定（自主規制基準）である準則を根拠に電波法の行政処分を行うことには否定的であった。

本来的に準則は，放送局が視聴者に対して「約束」すべき放送の自由のための規律を謳ったものと考えるべきであって，その意味では，放送事業者の自律を公権力の介入から守るためのものと解釈される。そうした解釈によってこそ，放送法 1 条の不偏不党が放送の自由の成立根拠であることや，放送法 3 条本則の自由の確立が解釈可能になるのではないか。そうでなければ，自由な報道（評論）と報道の政治的中立性は一般に両立しえないからである。

ただし一方で，準則が規制根拠と解釈される可能性を生んできたのは，近年の準則違反を理由とする行政指導の常態化と，それを黙認してきた学界と放送界自身の怠慢にある。すなわち，行政も形式的には監督権や認可権を持っているものの，立法当初はその行使には謙抑的であったものが，近年，実態には大きな変化が見られる。それは放送法解釈の変遷の歴史であり，同時に業務監督の一環としての番組内容に対する行政指導の流れでもある。

立法当時の郵政省の考え方を現すものとしてはたとえば、「法が事業者に期待すべき放送番組編集上の準則は…一つの目標であって…精神的規定の域を出ない」(「臨時放送関係法制調査会」資料、1964年1月)との記述がある。また郵政大臣も国会答弁では「番組向上を行政指導で行うことは弊害を伴う」(1972年6月、参議院逓信委員会における廣瀬正雄大臣の発言要旨)と明言していた。

行政主導による番組監視

　そもそも行政指導とは、「行政機関がその任務又は所掌事務の範囲内において一定の行政目的を実現するため特定の者に一定の作為又は不作為を求める指導、勧告、助言その他の行為であって処分に該当しないもの」(行政手続法2条6項)であって、強制力のない事実行為に過ぎないため、法的根拠は必要としないとされている。しかし実態としては、法的拘束力がないため処分命令はできないものの、総務省(旧郵政省)が行う行政指導(厳重注意、警告、注意)のなかには、2007年の「あるある捏造事件」に関する関西テレビや、1996年のオウム問題に関するTBSのように、具体的な実施措置やその後の改善状況に関しての報告を求める例もあり、実質的には改善命令同等であると認められる。

　また、行政指導に携わる者は、「当該権限を行使しうる旨を殊更に示すことにより相手方に当該行政指導に従うことを余儀なくさせるようなことをしてはならない」(行政手続法34条)とされているが、この点についても監督権限や免許権限を背景に、実質的には放送局からすると、拒否はおろか「聞き置く」ことも事実上困難であるとされており、この点からも現行の行政指導のあり方は、法の予定する範囲を逸脱する強制性を持つ可能性を否定し得ない。

　このように、行政指導の性格及びその前提としての準則の位置づけが大きく変わった節目は3つある。最初は、1980年代中葉以降の深

夜番組批判を受けての行政指導の「常態化」である。背景には，日本テレビ系が放映していた深夜番組「11PM」が，1970年代に先鞭をつけたといわれているお色気指向は，年末恒例のストリップ合戦等で高い視聴率をとる一方，演出はエスカレートしてPTA等からの厳しい批判を受け，国会でも番組批判がなされる事態になったことが挙げられる。また，70年代から80年代にかけては，「悪書追放運動」（白ポストの設置など）が広がり「有害」図書規制の手段として青少年条例が全国に拡大・強化された時期とも重なる。

　政府も1980年代半ばまでは精神的規定と言明し，行政指導はまれであったものの，深夜ピンク番組批判を境に郵政省の対応は大きく変わる。85年2月には，民放各社の社長に対し大臣名の要請書を送付，放送番組における「行き過ぎた性・暴力等の取扱い」の自粛を求めた。民放各社はこれを受け，直後の4月改編時に当該番組の打ち切りや路線変更を実施，その後の「不祥事発生→行政指導→番組自粛」のパターンの契機になったといえるであろう。当時の国会答弁をみても，「郵政省として番組チェックをして，しかるべき措置をやらせたい」（1985年2月，衆議院予算委員会における中曽根康弘首相の発言要旨）に代表されるように，政官一体となった「番組監視」と「行政主導の必要性」がみてとれる。

　しかしその「介入」の方法は，個別番組への物言いというよりは，各局の番組審議会の運営について行政指導するという形の，間接的な放送コントロールであったことは，いまになってみれば抑制的な態度を守っていたともいえる（たとえば前述の深夜番組自粛要請も，社長とともに各局の放送番組審議会委員長宛に送っているし，同年12月には開催回数や委員人選などの審議会運営に関する要望書を発信している）。

個別番組への処分権限の承認

　次には1990年代に入り，政治的公平がたびたび政治の場で議論さ

れるようになる。そして93年のテレビ朝日報道局長発言事件が決定的となり、郵政省は、準則を規制根拠とすることの正当性を積極主張するようになる（厳重注意は94年）。「番組の政治的公平については郵政省が判断する」（要旨）との江川晃正郵政省放送行政局長の国会答弁（1993年10月、衆議院通信委員会）は、その象徴に過ぎない。

　なぜ象徴かといえば、深夜番組の時と同様に強い公権力規制を求める「世論」をバックにした発言であり、それは新聞をはじめとするマスメディアが醸成したものにほかならなかったからである（たとえば、同事件を報じた産経新聞の特報記事は1994年度新聞協会賞を受賞した）。また、指導を受ける側であった放送界も、法規制ではなく形の上では放送事業者の自主性が尊重される形が保たれる行政指導を、ある種の「予定調和」の解決策として、むしろ一定の評価を与えていた事実がある（1996年12月の「多チャンネル時代における視聴者と放送に関する懇談会」報告書、民放連会長も委員として報告書作成に関与した）。

　その後、オウム事件報道をめぐってTBSには、1995年と翌96年に準則に基づく「厳重注意」が続けてなされた。行政の判断による、厳重注意としての、行政指導の常態化がここに完成するといってよかろう。国会でも、「行政指導は、放送の健全な発達を図る上で…必要かつ適切なものである」（麻生太郎総務大臣の参議院本会議答弁、2005年8月）との発言が、極めて自然かつ当然のものとしてなされる時代を迎えたわけである。

　そして、2007年の関西テレビの「あるある捏造事件」である。ここでは準則違反を理由としての電波法に基づく停波が実際に検討されるに至った。しかもこの時期、2007年4月には1か月間に4件6番組、直近3年間（07年4月まで）で19件22番組に対し、行政指導が行われている[4]。

　こうした状況は、行政による個別番組内容への処分権限を容認し、政府が番組の常時監視のもと、良い放送と悪い放送を判断することの

特異性を放置することになりかねない。また、行政指導の強制性と恣意性の追認は、政府が例に挙げる海外の独立行政機関による番組チェック機能とは似て非なるものであることを指摘しておく必要がある。多少比喩的に述べるならば、総務省はまぎれもない行政機関そのものであり、その行政権が表現内容の審査に関わり、それを根拠に放送免許の許認可権を有しているような放送行政形態は、ベトナム、ロシア、北朝鮮（朝鮮民主主義人民共和国）といった旧・現社会主義諸国に特徴的なものであるといえる。

さらに、免許権限との関連性の曖昧さを放置することで、番組内容を理由とする停波・再免許拒否の現実性を高め、憲法はもちろん放送法の他条項との不整合性を残したまま、その違憲状況が固定化されることになる。度重なる放送法の改正のたびに、総務省の監督・命令規定が挿入され、同時に省令委任が増大し、放送法の事業法化が進んでいる実態は、上記の問題をいっそう深刻化させるものといえるだろう。

3　メディアコントロール権の範囲：憲法論から

第三の論点は、憲法論からみた政府のメディアコントロール権の拡大傾向についてである。日本においては、憲法21条において表現の自由が絶対的に保障されていることはいうまでもない。その保障の度合いは、同条2項であえて「検閲の禁止」「通信の秘密」を謳い、有事を含めての政府による検閲や盗聴を絶対的に禁止し、表現の自由を保障していることにみてとれる。こうした戦争の経験をバックボーンにした表現保障は、単に21条にとどまることなく、憲法全体を流れる「表現の自由思想」でもある。

具体的には、19条で思想・良心の自由を、23条で学問の自由を、そして20条で信教の自由（政教分離）を保障しているが、これらを別個に保障する姿勢こそが、意見表明の基礎となる思想の自由を確保し、

学問研究の自由や教授の自由を守り、そして国家統一的な宗教観を排除して、自由な意見市場を社会として形成する、「国のかたち」を示すものに他ならない。

しかし、21世紀を迎えてこうした表現の自由に関わる法枠組みが大きく変わろうとしている。それは、急増するメディア規制立法の流れと、そこにみられる国家によるメディアコントロールの強化をさすが、今般の放送法改正もこうした文脈の中で捉えることが求められている。

行政によるメディアコントロールの拡大

■国の安全を理由とする表現規制　とりわけ2001年以降のメディア規制立法は大きく3つの分野にカテゴライズが可能である。その第一は、有事・治安法制のもとでの規制群であり、2003年から04年にかけて成立した武力攻撃事態法と国民保護法のもとで、指定公共機関にNHKと国内すべての民放局（一般放送事業者）が組み込まれた。なお、法条文上明記されているのはNHKのみであるが、民放局は「その他の公共的機関」として、その後に省令で追加された。従って今後、通信社や新聞社などが指定される可能性も否定できない。

同法により、「有事」との判断が示された場合は、検証が事実上不可能な政府発表情報を放送する義務を負うことになったほか、業務計画（放送番組予定）についても首相あてに事前の提出が求められている。なお、ここでいう有事には戦争状態のほか、大規模災害やオウム真理教によるサリン散布のような重大犯罪も含むと解釈されている。

また、01年の改正自衛隊法により防衛秘密条項が新設され、07年8月には日米軍事情報包括保護協定の締結により秘密軍事情報に関する守秘義務が拡大したことで、防衛・軍事情報に関する取材を制約する法根拠が増大している。前者は、従来の守秘義務規定に加え長官（大臣）が指定権限をもつ防衛秘密制度を新設、あわせて民間人処罰

制度を導入したもの。後者は，軍事秘密の保全に関する規則を網羅的に定めた政府間協定で，米軍情報とともに自衛隊の作戦・訓練情報，日米共同研究・開発に関する技術情報も対象となり，政府関係者や関連企業に対し広範囲に守秘義務を課すことになる。

　さらに，イラクへの自衛隊派遣に際して防衛庁（当時）と報道界（新聞協会と民放連）の間で04年3月に締結された取材・報道ガイドライン（防衛庁「イラク人道復興支援特措法に基づく自衛隊部隊の派遣に関する当面の取材について」）は，「隊員の安全」名目で事実上，一方的に取材の制限が可能な規定となっている。これらの取材条件と報道自粛を誓約した者にのみ，派遣部隊への同行や基地立ち入りの「許可証」を発行する体制がとられるようになったのである。

　これらの法規定や報道現場で進行する運用実態は，とりわけ「画」を必要とするテレビメディアに対し強い影響力を持って実施される結果をもたらすこととなり，例外なき表現の自由の保障とは相容れない，国益（戦争）を理由とする表現規制という「普通の国」化が進んでいる現実を現している。

■**社会の安心を理由とする表現規制**　2つめのカテゴリーは，個人情報保護法制に代表される，社会的利益である生活の安心・安全保持のための表現規制である。その代表例は，2003年成立（05年全面施行）の個人情報保護法及び行政機関個人情報保護法によって生じる取材制限と，犯罪被害者等対策基本計画（05年）による匿名発表原則の運用開始である。そのほか06年成立の探偵業法は，聞き込み，尾行，張り込みを禁止した。

　すでに法制定過程において，取材への影響が懸念され，報道機関が報道目的で情報を収集する場合を法の適用除外としたり，従来の記者発表形態を変更しないことを実施に当たり確認した経緯がある。しかし実態は，官公庁や公共機関等が，保有する個人情報について法を楯に公表しない事態が頻発，警察の記者発表段階での氏名秘匿や年齢詐

称などが少なからず報告される事態となっている。

　このほか，06年から仮稼働が始まっている消防庁の安否情報システムにおいては，大規模災害時の被害者・被災者の安否情報は，消防庁のデータベースに集められ，メディアへの氏名等の発表はすべて一元的に管理されることになった。01年以降の継続的な住民基本台帳法や戸籍法の改正では住民票や戸籍の取材目的の閲覧制限や，関連して選挙人名簿の世論調査等への利用にも制約がかかるようになっている。

　これらはすべて，行政による情報の一元管理と，行政判断による情報流通コントロールの傾向を示すものであるといえるだろう。

■ネットの秩序維持を理由とする表現規制　そして3つめが，名誉やプライバシーといった個人の人格権侵害を防ぐための表現規制であり，ここではとりわけインターネット上の規制傾向に注目しておきたい。2002年施行のプロバイダー責任法に始まり，迷惑メール防止法，出会い系サイト規制法によるインターネット上の表現規制は，着実かつ広範囲に浸透してきている。もちろん，ネット上の表現規制としては，前述コンテンツ規制にとどまらず，通信の安全や安定を目的とする不正アクセス禁止法などの，違法・不正なアクセスを制限・禁止する多くの新法もまた，1999年以降相次いで成立してきている。

　プロバイダー責任法は，憲法規定の通信の秘密の例外として，被害者からの申し出に従い表現者の氏名を開示する仕組みを創設し，違法情報については表現者の同意なしに削除する権限を与えるに至っている。そしてより問題なのは，政府研究会報告書というかたちで行政の「お墨付き」を得たプロバイダー事業者は，業界自主規制としてのガイドラインをもって，その規制範囲を違法な表現から「有害」情報へと拡大していることである。しかも法律上では罰則がない状況を，各地方自治体の青少年条例等によって強制力をもたせるという，官民一体型のコンテンツ規制の雛形ができつつある。

以上, 行政権によるメディアコントロール強化の傾向を概観してきたが, その流れは国民投票法や裁判員法など国会（立法権）や裁判所（司法権）の分野にも及んできている[6]。そしてこのような安易な法規制依存は, 放送の自由が軽んじられる傾向を加速し, 法規制の広がりと固定化の危険性を増長している。

4 プレスの社会的役割の位置づけ：ジャーナリズム論から

いうまでもないことであるが, メディア政策の前提としては, 現在及び将来の日本社会において, どのようなメディア状況を実現するかが問題となる。その意味で, 日本のマスメディアのユニークな普及状況は, こうした政策決定に際しては重要な判断要因にならなくてはいけないと思われるが, 実際は「自由な市場競争の実現」にのみ, 政策目標がおかれるきらいがあることを否定できない。

ユニークなプレス状況

ここではまず, 日本のプレス（マスメディア, とりわけそのなかでもいわゆる言論報道機関を指す言葉として使用する）について, 確認しておこう。日本は世界的にほぼ唯一の, 高普及で低廉なプレスが完全普及している国である。具体的には, 新聞と放送が全国のほぼ全世帯にいきわたり, しかもそのメディア環境は, 居住地域や年齢, あるいは所有情報端末や情報リテラシーに拠ることなく, 極めて容易でかつ平等なアクセスが保障されている。それによって, 日常的にこれらメディアを通じて公共的情報の摂取と交換, 地域の生活や文化の継承, そして世論の形成がなされ政治的決定プロセスを実現しうる実態がある。

近年, 若者を中心に日常的に新聞は読まれていないとか, すでにテレビはオールドメディアであって, 家でテレビを観る層は限られている, 主要情報摂取媒体はネットに移行している, などといわれること

が多い。確かに、多くのクラス（年齢，性別，職業等の各階層）において，接触時間においてはインターネットや携帯電話が，新聞やテレビを上回っていることを否定しない。しかしそれでもなお，日本が他国に比して極めてまれなメディア環境を整備・維持発展させてきた事実を否定することはできない。

　具体的には，一般日刊新聞の大部数・高普及を実現・維持している国は，世界で日本だけである。発行部数が50,000万部を超える国としては，中国を筆頭に日本とアメリカの3カ国で，これに1,000万部以上を加えても，インド，ドイツ，フランスにすぎない。一方で，成人1,000人当たりの部数が500部を超える国は，アイスランド，ノルウェー，スウェーデンと日本だけである（いずれも，世界新聞協会の2007年発表データから）。

　一方でテレビの視聴環境についても，どこでも公共放送と商業放送（民放）の複数局を，しかも極めて低廉な価格で視聴できる国も，必ずしも当たり前の風景ではないことに注意が必要である。日本では，放送法の規定によってNHKは「全国あまねく」放送が義務づけられているとともに，民放局においても定められた放送エリア全域での視聴を実現するため，山間僻地においても中継局を設置し，ほぼ100％視聴を実現している。

　日本では，このような廉価，高普及のメディア環境によってこそ，良質の言論公共空間が維持しえている。しかも，その公共空間を維持するメディアが自律的に多様性，独立性を維持し，公共性，文化性を自ら認識していることが重要である。

　こうした観点から放送法改正案をみると，認定持株会社制の導入は，デジタル化推進のために経営が苦しくなるであろうローカル局を救済するためといわれているが，実際は体の良い吸収合併によって地方の放送局が消滅する可能性を高める効果を生むことは間違いなかろう。それは，当該地域における放送の多様性を狭める危険性や，地方文化の

振興・継承にとっても悪影響を与えることに違いない。

プレス特権の現状と意味

　もう1点，プレス状況について触れておくべきことは，こうしたメディア環境を保つための社会的「工夫」のあり方である。もちろん，一義的にはメディア自身の社会的責任と自助努力によって，また読者や視聴者といった使い手である市民の意識と行動によって，こうしたメディア環境が維持されるべきであることは当然である。しかし同時に，「民主主義社会の維持装置」として，プレスに対して制度的保障がなされてきた歴史的経緯にはそれなりの大きな理由があるというべきであろう。

　具体的には，現在，プレスに対しては後述する法的もしくは社会的（社会慣習上の）特別な地位が付与されている。これを「特権」と呼ぶことが妥当か否かはここではおくとしても，自由競争の阻害要因や法律上の例外措置であることを理由に，当然にこれらの法的地位を剥奪することが許されるかどうかは，おおいに疑問であると考える。

　ここでは放送・新聞・出版業に対し現在認められているプレス特権を，存在理由別に分けて整理する。まず，報道・娯楽・教養を総合的に報ずる「基幹メディア」を理由とすると考えられるものとしては，(a)マスメディア集中排除原則（三事業兼業禁止），(b)再販・特殊指定，(c)税制上の取材費の経費不算入特例や減価償却特例など，(d)郵便制度の第三種郵便，(e)監獄法等の例外措置がある。

　次に，報道を業とする「ニュースメディア」を理由と考えられるものとしては，(a)記者クラブ制度や，国会法，破防法の取材特例措置，(b)証言拒否権（取材源秘匿），(c)個人情報保護法，探偵業法の適用除外制度，(d)刑法の名誉毀損免責，選挙報道の自由，(e)著作権法の報道引用特例がある。

　そして，そのほかに「個別メディア」ごとにいくつかの特例が用意

されている。新聞については, (a) 商法特例 (株式制限特例), (b) 公告催告制度がこれに当たると考えられ, 放送については, (a) 外資規制がある。これらはいずれも, 例外的な規制や権利付与によって, メディアの多様性・独立性や, 経営の安定性を担保するものとなっている。

もちろんこれらは, 編集上の特別な地位としての取材特権 (取材源の秘匿, 記者クラブほか取材優遇措置) や報道特権 (選挙報道の自由, 名誉毀損の免責特権, 著作権特例) と, 経営上の特別な地位としての経営特権 (外資規制, 所有の集中排除, 株式保有制限, 再販制度ほか) や財務特権 (税制特例, 第三種郵便, 選挙時の公告・各種公示催告手続) に, 分類し直すことも可能であろう。

競争市場主義の徹底が, 必然的に資本の集中 (コンバージョンやグローバル化) を促進するとも限らないし, 意見形成機能を即座に阻害するかどうかはわからない。しかし, 判然としないからこそ, 現実を維持する選択肢が優先されるのではないか。政策遂行の際にトライ・アンド・エラーは不可避であるし, 既存体制への固執が好ましいものとは思わない。しかしながら, 壊すことが目的であってはならないうえに, 一度壊してしまった言論公共空間を再度作り直すことは極めて困難であろう。

表現の自由を維持・形成することは容易そうにみえて難しい。そして, 一度手離した自由はなかなか戻らないことは歴史が教えるところである。しかし実際は, これらのプレス特権は, 1990年代に事業税の減免措置が廃止されて以降, 再販制度の見直し論議や公告制度の変更など, 撤廃圧力が強まっている。これは, 日本中どこでも放送・新聞を通じて公共的情報に平等アクセスが可能であるという, 情報ユニバーサルサービスの確保と言論公共空間 (メディアフォーラム機能) の必要性を無視もしくは軽視するものと言わざるをえない。

5 日本型〈放送の自由〉モデルの必要性：結語にかえて

　ここまで述べてきたとおり，まさにいま，日本の放送制度は大きな岐路に立たされている。それは単に放送制度というより，日本の言論報道機関の今後を占ううえでも，また，表現の自由状況を推し量るうえでも重要な時点にある。だからこそ，今回の放送法改正を機に，現行の放送制度のあるべきかたちを吟味し，議論し，方向性を定めたうえで法体系の変更に踏み切るべきであろう。本章の最後に，標題に掲げた放送の自由と自律をより一層確実に維持していくため，日本型〈放送の自由〉モデルを提唱したい。

事業と内容での管理主体を分離

　まず第一は，行政が行いうることは電波管理（免許権限）に限定することの確認である。それは，番組内容に問題があるかないかの判断，あった場合の後処理に行政が一切介入しないことを意味する。この番組内容への行政の不介入は，今後の放送行政の大きなポイントである。

　幸いにもすでに放送界には，NHKと民放によって設立した第三者機関としてのBPO（放送倫理・番組機構）が存在する。このBPOに番組のチェックはすべて委ねる，という社会的合意を得られるかが，事業と内容で管理主体を分離することのキーになる。

　分離の方法として，あるいは番組内容への行政介入の歯止めとして，電波監理委員会の復活や独立行政委員会の設立を求める声もあり，すでに民主党は同旨の法案を提出した実績もある。しかし，いかに独立していようとも行政機関に処分権限を与えることに変わりがないうえ，人権擁護法案をみても省庁や政治的圧力から真に独立した行政機関が，日本の政治風土の中で成立することは，現実的に難しいのではなかろうか（なお，放送免許制度そのものの議論は別稿に譲る）。

　しかもBPOは，2007年の機構改革において放送倫理検証委員会を

設立し，BPOと放送局との関係において権限と独立性の強化を進めている。また，当初からの中心的機構であるBRC（放送と人権等権利に関する委員会）は，番組による権利侵害が生じた場合の個別権利救済機関として10年の活動実績があり，社会的評価も一定なされてきている。

ただし，現在の放送界は過剰にBPOに期待をし，その結果，悪くいえば問題処理をすべて「丸投げ」している感さえある。放送界のお目付役と擁護役と介添え役のすべてを負う形が必ずしもよいとは思えないし，「規制」機関であることにBPO自身が十二分の自覚を持った謙抑的な活動が求められることはいうまでもない。

BPO各委員会にみられる傾向である，高まる独立性は放送現場との乖離や軋轢を生んだり，強まる権限が編集・編成権の侵害を招いたり，広がる職域は業務の肥大・拡散・重複を引き起こす可能性をなしとはしない。むしろ，その可能性は増大しているといっても過言ではない。

だからこそ逆に，現在のBPOの方向性が，委員から放送関係者を排除するなど，メディア内自主規制機関というより，一箇の社会的機能としての独立型メディア自主規制機関の道を歩んでいることをもって，業界内機関ではなく放送の公共性に基づき放送界が資金拠出する社会制度として構想することが現実的であると考える。それはまた，権利侵害など放送に行き過ぎがあった場合の救済手段として，訂正放送，BRC，損害賠償訴訟といった救済措置の社会的役割分担の定着を進めることにもなるだろう。

本来，放送自主規制の直接目的としては，①放送の自由擁護，②放送倫理の向上，③報道被害の救済があると考える。そしてそれぞれによって，法規制の回避（公権力介入の防波堤），放送の質向上，媒体信頼の回復が期待されるところである。こうした，自由擁護・倫理向上・権利救済を三本柱とする，日本モデルの独立メディア倫理機構と

してBPOを位置づけることが、結果として公権力と民間自主規制の完全な切り分けを実現し、放送の自由と自律の確立に大きな役割を果たすことになるであろう。

放送の自由の確立と放送人の自己改革

そして第二には、あるいは前記の前提条件として、放送の自由（プレスの自由）の憲法上の地位を改めて確認するとともに、そのなかで放送法（番組編集準則）の再定義が必要である。それは当然、行政指導ほか放送行政権限の整理を伴うものである。同時に、メディアの公共性とプレスの社会的位置づけの再構築の作業でもある。メディア公共空間と維持装置としてのプレス特権を、どのように形成していくかの作業と言い換えてもよいだろう。

こうした法的枠組み作りは、一方では放送業界自身による自律のためのロードマップ提示なしには成り立たない。良質な番組作りのための構造的問題の解消や、行政介入を遮断し放送の自由と言論多様性を確保すること、放送倫理の向上について明確なアクションプランを示すことが、放送人自らの手によってなされなくてはならない。提案されている放送法改正はそのような現場の意欲と余裕をそぐだけでなく、制度上もその可能性を狭めるものになってしまうことを危惧する。

具体的には、放送界の中心的地位を占めるキー局が有する業務委託の構造的問題への取り組みと、放送業界（NHKと民放連）総体による予防と啓蒙の実行である。そのなかでは、上記BPOとの協同と役割分担も改めて整理されなければならないであろう。放送人の倫理向上と媒体の信頼回復は、究極的には内部努力でのみ実現可能であると考えるのであって、第三者機構に委ねることでは実現しないだろう。

もう一つ、NHKと民放は運命共同体であるし、放送の自由なくして日本のマスメディアの表現の自由はない、との当事者意識をどれほどのメディア関係者において広範に共有できるかが問われている。そ

の意味では、放送法改正に代表される放送の自由の危機は、新聞や雑誌といった活字メディアを含めた、日本のメディア全体の自由の危機であるとの認識が必要である。表現の自由の危うさを考えるとき、そして萎縮効果が想像を超えて広がる実態を考えるとき、「悪い制度は良い現場を駆逐する」ことを忘れてはならない。

最後に改めて、放送法改正案の隠された問題の所在が、放送の自由の転換、行政介入の一般化・法制化、言論報道機関としてのテレビの否定にあったことを確認しておきたい。そして、これらは総務省コントロールの一層の強化と放送現場の萎縮効果を生み、一方で他力本願の放送界自主規制の強化を進め、政治家・政党のテレビ蔑視が定着することになるだろう。

行政主体の放送、表現の自由軽視、そして放送の公共性喪失の流れに抗すためにも、日本型の放送の自由と自律の制度をいかに構築するかが問われている。

●注

(1) 情報通信法（2011年施行予定）構想の中心スキーム。通信・放送の総合的な法体系に関する研究会の2007年6月19日中間報告は、通信・放送関連法（放送法など9つ）の再編により、コンテンツ、伝送インフラ、プラットフォームの3つのレイヤーに区分する。そのうえでコンテンツ規制は、従来の伝送手段別ではなく、社会的機能・影響力で以下の3つに類型化することを提案する。①メディアサービス（放送及び放送類比可能なコンテンツ配信サービス）としての「特別メディアサービス」と「一般メディアサービス」、②公然通信（ホームページなど公然性を有する通信コンテンツ）、③それ以外のコンテンツ流通（私信などの特定人間の通信）。

(2) 金澤薫『放送法逐条解説』電気通信振興会、56頁以下では、番組の詳細に立ち入ることがなくても準則違反が明白な場合は電波法76条が適用可能とする。この条文自体に違憲の疑いをぬぐえないが、ここでは触れない。

(3) 業務改善命令が規定されている業法としては例えば，金融先物取引法86条，銀行法52条の33，住宅の品質確保の促進等に関する法21条，保険業法132条，商品取引法232条，証券取引法56条，航空法112条などにその先例を見ることができる。また，有線テレビジョン放送法24条及び電気通信事業法29条にも，大臣による業務改善命令の規定がある。

　(4) 日本民間放送連盟編『放送倫理手帳2007』92頁以下に，1980年から05年に至る行政指導の一覧が掲載されている。

　(5) 田英夫参議院議員（当時）提供の2007年4月27日付及び同年6月5日付国立国会図書館（清水直樹作成）調査資料による。

　(6) 国民投票法については，拙稿『月刊民放』2007年2月号28頁以下および『GALAC』07年4月号32頁以下，裁判員制度については，『月刊民放』03年3月号22頁以下参照。

●参考文献
- 放送全般…日本民間放送連盟編『放送ハンドブック［改訂版］』日経BP社，2007年
- 放送の自由…鈴木秀美『放送の自由』信山社，2000年
- 放送制度…稲葉一将『放送行政の法構造と課題』日本評論社，2004年

第13章 取材被害
いわゆるメディア・スクラムの違法性について

飯田正剛

はじめに

　いわゆるメディア・スクラム（集団的過熱取材）とは，「大きな事件，事故の当事者やその関係者のもとへ多数のメディアが殺到することで，当事者や関係者のプライバシーを不当に侵害し，社会生活を妨げ，あるいは多大な苦痛を与える状況を作り出してしまう取材」を言う（日本新聞協会編集委員会）。

　そして，メディア・スクラムに関しては，従来，報道機関・記者の倫理の問題として論じられてきた。

　しかし，メディア・スクラムは，報道（機関・記者）倫理の問題だけではなく，より広く取材過程における違法性の問題として論じられるべきではないか。つまり，メディア・スクラムは，もちろん適法・合法的なものもあるが，場合によっては違法となる場合があるのではないか。

　これが，本章の問題意識である。

1　取材の自由の保障と限界について

　取材の自由については，最高裁判所判例（最大決1969［昭和44］年11月26日刑集23巻11号1490頁）は，博多駅事件決定において，「報道のための取材の自由も，憲法21条の精神に照らし，十分尊重に値す

る」と判示した。しかし、報道が、取材・編集・発表という一連の過程・行為により成立するものであることを考えれば、取材の自由は、報道の自由の一環として、憲法第21条第1項により直接保障されると考えるべきである。

ところで、このような取材の自由は、無制限に保障されるべきものであろうか。つまり、取材の自由が、制限される場合はないのか。

この問題に関しては、従来、「公正な裁判」や「国家機密」等との関係において議論されてきたが、取材を受ける人との関係については、ほとんど議論されてこなかった。

ただ、取材の自由の限界を、プライバシーの権利侵害の観点から考える見解がある。すなわち、「プライバシー権の侵害行為」として、「私生活への侵入」を不法行為と考える見解である。この見解によれば、「私人の住宅は、私人が私生活を営む本拠であり、私宅ないしこれに準ずる場所への侵入」は、「プライバシー権の侵害行為」として、「不法行為」となるのである。そして、「私生活への侵入」の形態は、「Ⅰ 身体的侵入等の物理的侵害行為」、「Ⅱ のぞき見」、「Ⅲ 盗聴器の設備」、「Ⅳ 私生活への干渉」、「Ⅴ 私宅に繰り返し執拗に電話をかけたり、私宅に向かって拡声器で怒鳴り立てるなど私生活上著しい精神的不安に陥れる行為」の5つに大別するのである（竹田、1998、178頁以下）。

そして、判例上も、不法行為（民法第709条）として構成して、損害賠償を認める例が散見される（田島、2001、140頁以下）。

2 秋田連続児童殺害事件の現地調査について

ところで、メディア・スクラムの場合、前述のような「私生活への侵入」として、不法行為となる場合があるのではないか。

私がこのような問題意識をもったのは、2006（平成18）年に起きた

「秋田連続児童殺害事件」に関して現地調査をしたときであった。

　私はこの時の現地調査に関しては既に拙稿に書き，また，事件を取材した記者の人々と議論を交わし（章末「参考文献」参照），ラジオ番組に出演した際にも語った（TBSラジオ「下村健一の『眼のツケドコロ』」2007年5月19日放送，「豪憲君殺害から1年…秋田事件取材はあれで良かったか？」）。

　そこで，「秋田連続児童殺害事件」のメディア・スクラムに関して，簡単に触れておく。

　私は，当時東京弁護士会・人権擁護委員会委員長であったが，同委員会の「報道と人権」部会の意向を受けて，部会長の西岡弘之弁護士とともに，2006年6月3日（土曜日），4日（日曜日），現地（藤里町，能代市，秋田市等）に入った。

　まず，今回の秋田のメディア・スクラムは，大別して2段階に分けられる。

　最初のメディア・スクラムは，5月18日に始まった。秋田県警能代警察署の（覆面）パトカーが，畠山鈴香被疑者（当時，能代警察署によれば，公式には「被疑者」ではなかった）の自宅の庭に，マスコミ対策として，「被害者支援」名目で常駐するようになったことから，これを知ったマスコミ（50人以上）が，その自宅の正面前に，取材車両のほかカメラの三脚や脚立などを置いて，カメラを玄関前などに構えて，24時間監視するという態勢をとり始めた。これがこの事件のメディア・スクラムの開始である。一時は，100人以上の記者が押し寄せたこともあった。そして，畠山被疑者が外出した際には，10台以上の車が追尾した。

　この間，秋田報道懇話会が，数度にわたって「申し合わせ」を行った結果，5月25日に，マスコミ（30人以上）は被疑者の自宅に隣接した敷地に移って，三脚や脚立などの機材をそこに移動させた。しかし，カメラは自宅に構えて，24時間監視のメディア・スクラムを続けた

のであった。

　そして,このときの「申し合わせ」では,被疑者のプライベートな外出の場合には追尾しない旨が決められていたにもかかわらず,畠山被疑者がプライベートな外出であることを連絡した場合でも,追尾をしたマスコミがいたのであった。

　このような「申し合わせ」は,6月4日,畠山被疑者の自宅への捜索が行われたことにより,実質的に解除になった。

　私がこの現地調査で考えたことは,メディア・スクラムは,倫理の問題だけではなく,適法(合法)／違法の問題として考えるべきではないかということであった。

　すなわち,秋田のメディア・スクラムの目的・趣旨を考えると,一つには,畠山鈴香被疑者に対する逮捕・捜索,任意同行の求めなど,警察の動きを監視するということがあげられる。二つには,畠山被疑者が逮捕される,いわゆる任意の事情聴取に応じるという「決定的瞬間」を撮影するということがあげられる。

　しかし,第一に,このような目的に基づく取材が,果たして公共性・公益性をもっているのか,疑問である。第二に,仮に秋田の取材が公共性・公益性を充たすものであったとしても,このメディア・スクラムは,合法・適法であろうか。

　秋田のメディア・スクラムに関する私の見解は次のようなものである。まず今回のように,①政治家などの公人ではなく,事実上の被疑者であっても,②一般市民の自宅の敷地内やその隣家の敷地内において,③一般市民の自宅を対象として,24時間監視する方法で,しかも,④買い物等のプライベートな外出の場合に追尾するなどの行動を取るなどして,⑤取材対象者からメディア・スクラムに対する抗議を受けながら,そして,⑥他の報道機関の同種の行為を知りながら,⑦取材対象者のみならず,その家族に対してまで深刻な不安感・不快感を与える取材行為を継続して行うメディア・スクラムは,取材の自由

を考慮しても、市民の私生活上の平穏を侵害する度合いが大きく、「受忍限度」を越えるものであって、プライバシー権（憲法第13条）を侵害する違法な取材行為であると考えられる（民法第709条）。

3 メディア・スクラムの違法性

　前述の通り、従来メディア・スクラムの問題については、主に報道倫理の問題として論じられてきた。いや、正確に言えば、「違法か合法（適法）か」という法的観点の問題なのか、「いわゆる報道倫理に反するかどうか」という倫理の問題なのか、必ずしも明確ではなかった。

　しかし、第1節で述べたような「私生活への侵入」という観点から、「不法行為」構成により違法と評価され得る取材行為があり得るとしたなら、メディア・スクラムにも、違法と評価され得るものがあるのではないか。

　この場合、実質的に考えて、保護されるべき権利・法的利益は、「私生活上の平穏」「私人の住宅の安泰」「プライバシー権」ということである。

　すなわち、人間は、「自宅」に帰って、家族とともに過ごして、コミュニケーションをとり、家族・家庭の温かさを感じ、家族の絆を確認し、生きる喜び、愛し愛される喜びを交わし、休養・休眠し、また、社会に出ていく。人間にとって、「私生活上の平穏」「私人の住宅（自宅）の安泰」は、存在・人格の基礎であり活動の源泉である。つまり、「私生活上の平穏」「私人の住宅（自宅）の安泰」は、人格や人間の私的（プライベート）な生活の中核をまもるものと言うべきである。

　したがって、このような「私生活上の平穏」「私人の住宅（自宅）の安泰」は、人格権の一部として、あるいは「プライバシー権」として、憲法第13条により保護されるべきものである。

そして，私は，このような「プライバシー権」と「取材の自由」との利益考量の観点から，メディア・スクラムが，一定の場合には違法になることがあると考える。

　すなわち，①取材対象者，②取材場所，③取材の方法・手段，④追尾等の有無，⑤取材対象者の対応，⑥共同性の認識（報道機関・記者が他社・他者が取材していることを認識していること），⑦取材対象者やその家族などへの影響，などの諸要素を総合的に検討して，取材の自由と私生活上の平穏との比較考量を行い，私生活上の平穏と私人の住宅の安泰が侵害されてもなお，取材を受けるべきかどうか，すなわち「受忍限度」内かどうかを基準として，メディア・スクラムの合法性（適法性）を判断すべきであると考える。

　ところで，メディア・スクラムの適法性・違法性を検討する場合に本質的問題として議論しなければならないのは，違法なメディア・スクラム行為とは，取材対象者が後に「極悪非道な被疑者」として逮捕・起訴有罪判決を受け，かつ，かかる事実が報道された場合に，「合法化」されるのか，法律に違反しない行為として追認されるのか，という問題である。

　法律的に言えば次のようなことになる。つまり，違法なメディア・スクラムを行った場合でも，その後の経過において，取材対象者が逮捕され，起訴され，有罪判決が確定し，かかる事実を伝える報道が行われて，かつその報道の目的・趣旨の「公共性」「公益性」「真実性」などが主張されれば，メディア・スクラムの違法性が治癒され，法律違反が不問にされるか，という問題である。

　私の想像であるが，決して大きな声で言わないだけであって，記者たちは心の底でそのような合法化・追認を是としているかもしれない。「人殺しをするような人間には，保護されるべき人権などないのだ。どのようなことを言われてもどのようなことをされても，殺されはしない以上，我慢するべきだ。被害者が殺害されたことに比べれば，そ

れぐらいたいしたことではない。」

　しかし，私は，そのような合法化・追認を認めることは，結果として「リンチ」を認めることに等しいのではないかと考える。さらに，そのような「リンチ」を認めることは，根本的に言えば，「人格権」や「人間の尊厳」を否定し，ひいては，「近代（精神）」を否定することになるのではないかと考える。個人の尊厳を重視し，個人の人格を尊重し，合理的で科学的な精神をもって市民社会を作っていく，という近代精神は，このような「リンチ」を否定する思想であると考えられるからである。

　端的に言えば，「人殺し」にこそ保護されるべき人権があると考えることに，人権の意義があるのではないのか。人権と言うとき，抽象的な人ではなく，具体的な人間（ここでは，犯罪を犯したと疑われている被疑者）の権利を保護するかどうかを考えなければ，「人権の保護」を議論する意味はないのである。

　このような「リンチ」を禁止することが，刑事訴訟法の「無罪推定の原則」の趣旨であり，その趣旨は，刑事手続の中だけではなく，広く市民社会の中でも同様に実現されるべきであろう。

　そして，市民社会において，教育機関とともに，社会を形成し変革しうる役割をもつ報道機関が，市民社会の基礎である近代精神を自ら捨て去るとき，「ジャーナリズム」は死滅すると言うべきであろう。

　法律的には，このように，取材行為を行うその時点時点において，その取材行為の適法性・違法性を問う視点・思考方法が極めて重要になってくると考える。

　ここでは，取材と報道とを峻別することがポイントである。取材と異なり，報道（記事，番組など）の場合は，いわゆる「真実性の理論」を採用する判例理論によっても，「事実・真実」を解明・追求するというジャーナリズムの本質から考えても，後になってその適法性が確保され，法律違反が不問に付されることはあり得ることである。

しかし，これに対して取材の場合は，後に取材対象者が逮捕されたり，起訴されたり，有罪判決を受けたりしても，その違法性が治癒されたり，法律違反が不問に付されたりすることはあってはならない，と考える。

　というのは，取材（特にメディア・スクラム）の場合，侵害されるのは，前述の通り「私生活上の平穏」というプライバシー権（憲法第13条）であって，「私生活上の平穏」は一旦侵害されることによって，通常回復不可能な被害を受けるからである。このような法的権利・利益は，取材対象者が後に逮捕・起訴されたり，有罪判決を受けたりし，その事実が報道された場合においても，十分に保護されるべきものである。実質的・究極的には，前述の通り，「リンチ」を禁止して，プライバシー権の基礎を形成する人格（権）を保護するということである。

　報道の場合は，真実を追求するというその本質から，後日の事実の解明により報道の内容が再評価され，適法化されることはあり得るが，取材の場合は，取材を行う現在の時点において，日々刻々，法的判断を受けるのである。

4　メディア・スクラムの違法性をめぐる問題点

　メディア・スクラムが違法と評価され得る場合があるとして，その際に検討すべき問題点は多い。

　まず，メディア・スクラムの合法・違法を判断する場合，判断要素として，①取材対象者が被疑者であること，つまり，捜査機関が犯罪を犯したとの容疑をもち，その行動を監視していることをどのように考慮すべきかは，困難な問題である。

　前述の通り，法律的に，違法なメディア・スクラムを行った場合でも，その後において取材対象者が逮捕され，起訴され，有罪判決を受

けて確定した場合，かかる事実を伝える報道が行われて，その報道の目的・趣旨の「公共性」「公益性」「真実性」などによって，メディア・スクラムの違法性が治癒され，法律違反が不問に付されることはあってはならない。

　つまり，一般市民である以上，犯罪の容疑が疑われる場合であっても，違法性の要素は消えることはないという意味において，メディア・スクラムは考慮されるべきではないかと考える。この点においても，秋田のメディア・スクラムは，事実上の被疑者とはいえ，一般市民である取材対象者やその家族に対してメディア・スクラムを行い取材被害を与えたという点において，違法性の要素はあったと言うべきである。

　また，メディア・スクラムの合法・違法を判断する場合の判断要素として，第2節で挙げた7つの他に，⑧代替手段の有無を考慮すべきかどうかも，困難な問題である。ここでは，具体的にはいわゆる「代表取材」が問題となる。私は，取材対象者との協議がなかった場合でも，多数の報道機関が自律的に協議して「代表取材」を行うことによって，メディア・スクラムの違法性の程度が低くなり，「受忍限度」の枠が高くなるという意味において考慮されるべきではないかと考える。この点においても，今回のメディア・スクラムは，人数制限まで協議し，「代表取材」についても協議しながら実際には「代表取材」を行わなかったという点において，違法性の程度が高くなり，受忍限度の枠が低くなったと言うべきである。

　さらに，メディア・スクラムが違法と評価され得る場合があるとして，その訴訟に際して実務的に検討すべき問題点も多い。

　第一に，債務者・被告の特定の問題がある。

　多数の記者が一度に一箇所に集中して取材するところにメディア・スクラムの特性があるが，接近禁止等の仮処分申立，損害賠償等の訴訟の提起等々の法的手段を取る場合に，その記者の所属する会社など

を特定出来るかどうか、という問題である。ビデオやカメラに貼られたステッカーや記者の腕章などで判明することもあるが、これらは義務付けられていない。ましてや取材側が「名刺」の交付をすることはまれである。想像しうる主要報道機関や地元報道機関の名を挙げて法的手段を取らざるを得ない、ということになるのであろうか。

　第二に、債務者・被告の違法行為の特定の問題がある。

　メディア・スクラムにおいて記者たちの違法行為を特定するために何らかの行動を起こした場合、さらに取材（撮影等々）されるおそれもあるが、目視、カメラ・ビデオ撮影等を使って、「佇立・徘徊・張り込み・追跡」などの違法行為を特定し記録すべきであろう。そして、「陳述書」「本人・証人尋問」などによって立証することになろう。

　第三に、債権者・原告の損害の問題がある。

　訴訟の際には、24時間監視の圧力や不安・恐怖などの主観的感情のみならず、「軟禁状態」による生活の不便・不都合などの具体的事実を、「陳述書」「本人尋問」などで立証することになろう。特に仕事・業務の損害に関しては、経済的損害を、違法行為とその損害との因果関係に留意しながら立証することが重要となる。

　第四に、裁判所における和解の問題がある。

　実際には、法的手段の前に、報道機関との「交渉」を行う場合もあり、「代理人弁護士との合同記者会見・代表取材」等々、仮処分決定・判決等の見通しも踏まえて、柔軟に対応することが求められよう。

　さらに、このようなメディア・スクラムの違法性論を主張していく際には、一定のリスクがあることを理解しなければならない。つまり、安易なメディア・スクラム違法性論は、公人、とりわけ政治家や官僚などが、「取材を受ける義務」（これに関する詳しい議論は別の機会に譲りたい）があるにもかかわらず、自分たちの都合でこのような義務を回避するために濫用する危険性が大きいのである。

　このような危険性を最小限にするためには、前述した判断要素や判

断基準の緻密化を行うとともに，事例を積み上げていくべきであろう。

おわりに

メディア・スクラムの違法性に関して詳細に論じた文献・論考はまだほとんどない。しかし，別稿で指摘したように，メディア・スクラムは，今後も引き続き起こるであろう。

実務家として，また「報道被害救済弁護士ネットワーク」（LAMVIC^{ランビック}）に属する弁護士として，私にもメディア・スクラムの被害を受ける市民から相談・依頼を受け，「接近禁止仮処分」「佇立徘徊張り込み追跡等の禁止仮処分」を申し立てる機会が訪れるかもしれない。

そして，裁判所が，メディア・スクラムに関して，一定の場合に違法性が生じると判断する日が来るだろう。

また前述の通り，政治家や官僚など権力をもつ強者が，自らの保身のためにメディア・スクラムの違法性を主張して法的手段を取ることは，容易に想像できる。そのような安易なメディア・スクラム違法性論は，私の主張とは真っ向から反するものである。そうした権力による簒奪に対抗するためにも，市民の間でメディア・スクラムの合法・違法をめぐる議論をできるだけ広げていく必要があるのではないかと考える。

●参考文献

- 竹田稔『［増補改訂版］プライバシー侵害と民事責任』判例時報社，1998年
- 田島泰彦「私生活への侵入」（新・裁判実務大系第9巻『名誉・プライバシー保護関係訴訟法』青林書院，2001年）
- 五十嵐清『人格権法概論』有斐閣，2003年
- 鶴岡憲一『メディア・スクラム——集団的過熱取材と報道の自由』花

伝社，2004 年
- 村上孝止『［増補版］勝手に撮るな！肖像権がある！』青弓社，2006 年
- 飯田正剛「メディア・スクラムをめぐる問題点について——秋田連続児童遺体発見事件の現地調査を通じて考えたこと」(『マスコミ市民』2006 年 8 月号)
- 飯田正剛「メディア・スクラムの違法性——検証・秋田連続児童遺体発見事件」(『放送レポート』2006 年 9 月号)
- 山田健太・森賢・宇原一善・本間正彦・三瓶晃司・飯田正剛「座談会・集団的過熱取材——秋田連続児童殺害事件を例に」(『月刊民放』2006 年 11 月号)

第14章　表現の自由のジレンマ

川岸令和

はじめに

　自由で民主的な社会において表現の自由が重要な権利であることは多くの人々が知っている。しかし実際にはこの権利は必ずしもその認識の程度に合致した取り扱いを受けてはいない。表現の自由を擁護することは，異なる意見に不寛容な人間の性向に照らして「不自然な」ことである。日本国憲法体制は表現の自由を合法性の統制から解き放ち，多数派によっても奪われない権利と位置づけたが，60年に及ぶ実践では残念ながら表現の自由が最高裁判所で勝利を収めたことはない。にもかかわらず，人格権や平等といった別の重要な法的利益との複雑で困難な調整が求められる現代的な状況が展開している。

1　リベラル・デモクラシーと表現の自由

　われわれのなかで表現の自由を正面から否定する人は少ないであろう。われわれの多くは幼いころから表現の自由が民主的な世界では大切であると教えられている。社会には多様な意見があるので，われわれが多数決で物事を決める前に，十分話し合わなければならず，意見が自由に表明されることが必要であるとも教えられる。ときには，フランスの啓蒙思想家ヴォルテールが語ったと伝えられている「あなたの言うことには賛成できないが，あなたの言う権利については死を賭

けても擁護する」との言葉さえもが，表現の自由の精神を端的に示したものとして，引用される。

　実際，民主化の度合いは表現の自由の保障の程度に比例して考えられている。たとえば，現代アメリカ合衆国を代表する政治学者の一人であるダール（Robert Dahl）は，デモクラシーの意味を明らかにする著書のなかで，代表民主制を採る国家の政治制度の中心的要素として，選挙によって選出される公務員，自由で公正で頻々と実施される選挙，情報源の多様化，自律的結社，包摂的な市民としての地位の5つと並べて表現の自由を挙げている。そして，その表現の自由が意味することは，市民は，厳格な処罰の危険を冒すことなく，広く定義される政治的な事柄に自由に意見を表明できることであり，その事項には公務員，政府，体制，社会経済秩序，そして支配的なイデオロギーに対する批判が含まれる，と指摘する（ロバート・ダール／中村孝文訳『デモクラシーとは何か』岩波書店，2001年，116-117頁）。つまり，大勢的あるいは体制的な考え方に異議を申し立てることが，暴力に訴えかけるのではなく選挙を通じて政権の交代を可能とする民主的な政治運営を可能とすると考えられているのである。

2　表現の自由擁護の「不自然さ」

　われわれはこのように抽象的に表現の自由の重要性を認識しているのであるが，しかしそのことは実際に表現の自由が擁護されていることを必ずしも意味しない。表現の自由の保障が社会全体のコミットメントとなっているかどうかは，また別の話である。われわれの多くが重大な局面でそのコミットメントを実行に移せるであろうか。首相の行動に批判的コメントを続けていた国会議員の自宅が放火されたとき，また，選挙運動中に現職市長が射殺されたとき，暴力を排し表現の自由の擁護を求める声は，残念ながら，社会的連帯をともなった運動と

はならなかった。もし本当に表現の自由が自由で民主的な社会の根本的な価値であると広く認識されているのであれば、与野党の立場の違いを超えて、表現の自由擁護の共同戦線が採られても不思議ではない。にもかかわらず、そのような一致した行動はついぞ実現したことはない。

　歴史を振り返れば、むしろ表現の自由を保護することは不自然なことであることがわかる。多くの人にとって、自らの正しさや権威への挑戦を素直に認容できる寛容さが具わっていることはごく稀である。表現行為は確かに感動や説得といった積極的な影響を及ぼすが、それだけではなく人の心理に不安や怒りあるいは恐怖をもたらすというふうに消極的にも作用する。表現行為の影響力に敏感であればあるほど、自由な表現に対する許容度が低くなってもおかしくはないし、むしろ合理的ですらある。否定的な効果を回避したいというのは、特に功利主義者でなくても、人間にとってはごく自然なことである。人は自己の思考に合わなければ社会的に有意義であっても表現を抑圧しようとするのである。表現を自由に認めないという衝動が人間の世界にはあまた溢れているのである。

　アメリカ合衆国最高裁判所のホームズ（Oliver W. Holmes）裁判官が著名な「思想の自由市場」論を展開する直前で発した警句は繰り返し想起されるべきであろう。

「意見の表明を迫害することは完全に論理に適っていると私には思われる。あなたが自己の前提、あるいは自己の権力について何の疑いも感じていないなら、そして心底ある結果を欲するなら、法にあなたの願望を表現し、あらゆる反対を一掃するのは当然のことである。言論による反対を許容するのは、ある人が円と同面積の正方形を求めるというような不可能な企てを語っている場合のように、その言論が無力であると考えているか、結果についてまじめに気にかけていないか、あるいはまた自己の権力や自己の前提を疑っている

かを示しているように思われる。」(Abrams v. United States, 250 U.S. 616, 630 [1919] [Holmes, J., dissenting].)

したがって、表現の自由が憲法上保障されているのは、そのことが当然であるというわけではなく、むしろ不自然であるがゆえに、であると理解した方がよさそうである。とすると、人々の間の表現の自由へのコミットメントの深さおよび広さが決定的に重要になる。われわれはどの程度この不自然さに耐えられるのであろうか。

3　権威への挑戦——表現の自由の意義

それでは憲法上表現の自由を保障することの意味は何であろうか。憲法の教科書では、国民の自己統治と個人の自己実現に資するからと説明されている。だが両者は必ずしも相互に調和的とは限らない。というのも、表現の自由が憲法上の権利であるとすれば、それは場合によっては国民の多数による集団的意思決定に反してでも保護されなければならないからである。社会の効用の増大とは無関係に、正しいことを正しいこととして実現することも時に必要である。そのような矛盾がありうることを前提として、表現の自由は社会的または個人的観点から正当化されることを確認しておこう。

ところで、人類史を振り返ってみて、表現の自由の保障の歴史は体制的なものへの異議申立ての保護の歴史であった。表現の自由の保障はまず何よりも国家による事前検閲なく意見を表明できることを意味した。最初期の擁護論であるミルトン (John Milton) の主張は、許可なくして出版する自由を力説したものであり、その意図は宗教的権威・政治的権力への異議申立てであった（上野精一ほか訳『言論の自由——アレオパヂティカ』岩波書店、1953年。原著は1644年発表）。次に表現の自由が単に事前検閲の禁止からの自由だけではなく、事後的な処

罰からの解放をも意味すべきことが明らかにされたのは，アメリカ合衆国における外国人法・反政府活動取締法（the Alien and Sedition Acts of 1798）をめぐる論争においてである。政権にあった連邦派（the Federalists）は1800年の大統領選挙にむけて政権への攻撃を封じ込めるために反政府活動取締法を制定したが，結局，ジェファスン（Thomas Jefferson）率いる共和派（the Republicans）が選挙に勝利し，当該法律を失効させた。その論争において，マディスン（James Madison）は，王制のイギリスとは異なり共和制を採用するアメリカ合衆国では，国民が主権者であり，その実現のためには，選挙の候補者やその政策が情報の自由な流通により様々な角度から徹底的に検討されなければならないと主張した。ここに，表現の自由の保障が事後的にも刑罰の免除を意味しうることが明確に理論化され，表現行為が時の政治権力に対する激しい批判であったとしても，表現の自由が憲法上保障されているのであるから，それは甘受されなければならないとする考え方が普及しだした。

ところで，アメリカ合衆国で表現の自由が裁判規範として活性化するのは20世紀初頭以降のことである。ホームズ裁判官とブランダイス（Louis D. Brandeis）裁判官による著名な「明白かつ現在の危険の法理」が形成されるきっかけとなった諸事件は，資本主義的体制に異議を申し立てる社会主義的な言動の取締や戦争遂行に反対する言論の禁止に関するものであった。また，徹底した事前抑制禁止，すなわち事前差止め不許可の原則が確立されたのは，「悪意のあるスキャンダラスで名誉毀損的な」出版物に関する事件であった。表現の自由が十全に保障された代表的事例のひとつは，オハイオ州の刑事サンディカリズム法を違憲とし，白人至上主義を唱えるクー・クラックス・クラン（KKK）の集会を保護したものであった。別の代表的事例は，当時の体制的な人種関係に異議を申し立てる運動であった，いわゆる公民権運動に関係したものである。その事件で合衆国最高裁判所は，「公的

争点事項に関する討議は、制限されることなく率直で広く開かれているべきであるという原則への深遠な国民的コミットメント」を表明することになった。

表現の自由を保障することは、結局、社会の多くの構成員と異なる意見や見解あるいはそれらの者が賛同せずむしろ憎悪を抱くような思想や表現に並々ならぬ保護を与えるということを意味する。共同体の多くの人々の道徳や価値観からすれば認容することのできないメッセージ内容を伝達する表現行為が、表現の自由の名のもとに法的保護を与えられるのである。大勢的な見解、支配的な意見、正統な思想、社会通念、一般の感情といった考え方を拒絶することが表現の自由の保障の意義に他ならない。とくに民主主義の進展は、ミル (J.S. Mill) が指摘したように、多数者の暴政 (tyranny of the majority) の危険性を現実のものとした（塩尻公明・木村健康訳『自由論』岩波文庫、1971年。原著は1859年出版）。意見の相違を消し去るような圧力が民主社会には常に働いているとの警告は、個人の尊厳を基盤とした国家生活のあり方を模索する社会にとっては重大であり続けている。この点、付和雷同的で事大主義的で大勢順応的なコンフォーミズムが闊歩する日本では、特に重要である。多くの人々が不快であるとか認容できないと受け取るようなメッセージを保護することこそ表現の自由の保障のまさに眼目なのである。

4　日本国憲法の画期性

それでは日本ではどうであろうか。日本国憲法21条は、1項で表現の自由の留保のない形態での保障を、そして2項で検閲の禁止と通信の秘密の保護を謳っている。60年を超える時間の経過から、表現の自由の保障は当たり前の事柄のように思われがちである。しかし歴史的に見た場合、その画期性は強調してもしすぎることはないであろ

う。というのも、日本国憲法は合法性に加えて合憲性というコンセプトを日本の政治実践にもたらしているからである。それが取って代わった大日本帝国憲法では、臣民の権利は法律の範囲内で保障されていたに過ぎず、表現の自由も例外ではなく、「日本臣民ハ法律ノ範囲内ニ於テ言論著作印行集会及結社ノ自由ヲ有ス」（29条）と規定されていたことに鑑みれば、両憲法間での権利の保障のシステムの相違は明白である。

明治憲法体制は、非西洋の国家で立憲主義的な政治運営を目指した貴重な実験であり、そして相当の成果を上げたことは長く記憶されるべきであろう。しかしながら、伝統的な権威に立憲主義的外装をうまく施したとしても、根源的なところで矛盾が生ずるのは無理からぬところであった。皇祖皇宗の教えの成文化という論理と萬世一系の天皇が自ら統治権を行使するという国体概念とは、近代立憲主義の前提とする世俗化、価値の多元化、公私の区分などと両立することは根本的に困難であった。これに対して日本国憲法は、近代立憲主義の前提を引き受け、その条件の上に自由で民主的な政治運営を実現しようとする企てである。なかでも国民代表議会が制定する法律によっても制限されない権利としての表現の自由という構想は、民主的正当性とは異なるところで成り立つ正当性の概念を政治の世界に持ち込むことになり、理論的に革新的である。さらに日本国憲法81条が定める違憲審査制が有効に機能すれば、多数派によっても侵害し得ない自由の領域が最高裁判所の憲法判断により実際に確保されるという仕組みが準備されたのである。

法律を超えた次元で保障される自由というコンセプトは日本国憲法制定当時の人々、特に権力エリートたちには理解できなかった。国体概念に囚われていた日本政府は敗戦の意味を理解し、その省察に基づいた戦後の新しい政治秩序を構想できなかった。その結果、国家の基本法の作成に当たって連合国軍総司令部（GHQ）の介入を招くことに

なった。GHQ民政局との交渉において、日本政府は何ら留保のない表現の自由に対してその濫用を心配した。GHQ案をもとに準備された日本案は、表現の自由に関して当初「凡テノ国民ハ安寧秩序ヲ妨ゲザル限ニ於テ言論、著作、出版、集会及結社ノ自由ヲ有ス」「検閲ハ法律ノ特ニ定ムル場合ノ外之ヲ行フコトヲ得ズ」と規定していた。しかしこうした留保はGHQ民政局の認容するところとはならず、結局は現在のテクストに落ち着いた。大日本帝国憲法体制は上述のように法律の留保を伴った権利保障システムに基づいており、そもそも本来的に濫用される権利など存立しえなかった。したがってその体制にあっては濫用されるかもしれない自由を人々が享受した体験を持ち合わせていないはずであった。それにもかかわらず、指導者たちは自由の濫用をおそれたのであった。戦前には憲法は詰まるところエリートたちのための統治の道具にすぎなかったことが端的に示されているエピソードである。これに対して日本国憲法はエリートと民衆との政治運営をめぐる共通の基盤を設定し、合憲性判断を導入することで表現の自由の保障に新機軸を打ち立てたといえる。

5　約束は果たされたか

さて、憲法のテクスト上合法性を超えた保障を与えられた表現の自由はその後どのような過程を辿ったのであろうか。法律の軛(くびき)から解き放たれた表現の自由はすぐにはその意義を理解されることはなかった。たとえば、1946年11月25日に農民大会で米を供出しないように呼びかける言動が「食糧管理法第三条第一項ノ規定又ハ同法第九条ノ規定ニ基ク命令ニ依ル主要食糧ノ政府ニ対スル売渡ヲ為サザルコトヲ煽動」した者を処罰する食糧緊急措置令11条違反に問われた事件で、最高裁判所は15名の裁判官全員一致であっさりと当該規定の合憲性を是認した。上告趣意書が的確に指摘するように、当該条項は「政府

の食糧政策に対する国民の正当なる批判の自由を妨害する」規定であり，違法行為の煽動の正否というまさに政治的な表現活動の規制の正当性が問われているケースであるにもかかわらず，最高裁判所は慎重な分析に及ぶことなく表現の自由違反の主張を退けた。長くなるが，当時の思考様式がよく反映されているので，引用しよう。

「新憲法の保障する言論の自由は，旧憲法の下において，日本臣民が『法律ノ範囲内ニ於テ』有した言論の自由とは異なり，立法によつても妄（みだ）りに制限されないものであることは言うまでもない。しかしながら国民はまた，新憲法が国民に保障する基本的人権を濫用してはならないのであつて，常に公共の福祉のためにこれを利用する責任を負うのである（憲法一二条）。それ故，新憲法下における言論の自由といえども，国民の無制約な恣意のまゝに許されるものではなく，常に公共の福祉によつて調整されなければならぬのである。所論のように，国民が政府の政策を批判し，その失政を攻撃することは，その方法が公安を害せざる限り，言論その他一切の表現の自由に属するであらう。しかしながら，現今における貧困なる食糧事情の下に国家が国民全体の主要食糧を確保するために制定した食糧管理法所期の目的の遂行を期するために定められたる同法の規定に基く命令による主要食糧の政府に対する売渡に関し，これを為さゞることを煽動するが如きは，所論のように，政府の政策を批判し，その失政を攻撃するに止るものではなく，国民として負担する法律上の重要な義務の不履行を慫慂（しょうよう）し，公共の福祉を害するものである。されば，かゝる所為は，新憲法の保障する言論の自由の限界を逸脱し，社会生活において道義的に責むべきものであるから，これを犯罪として処罰する法規は新憲法第二一条の条規に反するものではない。」（最大判 1949［昭和 24］年 5 月 18 日刑集 3 巻 6 号 839 頁）

また国民主権原理の実際的な実現の場面である選挙の過程においても，かつての愚民観を反映して，様々な表現活動が禁止されている。そのひとつが戸別訪問の禁止であるが，最高裁判所は規制の正当性についての詳細な検証を試みることもなく，公共の福祉論を援用している。

　「憲法二一条は絶対無制限の言論の自由を保障しているのではなく，公共の福祉のためにその時，所，方法等につき合理的制限のおのずから存することは，これを容認するものと考うべきであるから，選挙の公正を期するために戸別訪問を禁止した結果として，言論自由の制限をもたらすことがあるとしても，これ等の禁止規定を所論のように憲法に違反するものということはできない。」(最大判 1950 [昭和 25] 年 9 月 27 日刑集 4 巻 9 号 1799 頁)

　こうした最高裁判所の推論は，旧憲法の「法律の留保」が新憲法の「公共の福祉」に置き換えられただけであることをはっきりと示している。政府の政策批判は本来であれば表現の自由の中心的な保護対象となるはずの表現活動である。最高裁判所は，そのことに特段の注意を払うこともなく，公共の福祉の名のもとに表現の自由の制限を正当化した。法律によっても制限されない権利としての表現の自由の前途には公共の福祉という新たな難敵が立ちはだかることとなった。

　また，日本国憲法体制のもとでも表現の自由の問題と認識されず，従前の思考がそのまま支配していることもあった。たとえば，今の時点にあっては制限に賛成するか反対するかは別として，わいせつ物頒布等の禁止 (刑法 175 条) は表現の自由をまったく考慮に入れずに存立すると考える者は少ないであろう。しかし日本国憲法施行当初は，そのようなものとは理解されていなかった。あくまでも刑法 175 条に定められた構成要件の解釈の問題に過ぎず，その解釈に争いがあったとしても，その対立はあくまでも刑法解釈の範囲で収まるものであっ

た。この局面での憲法解釈の必要性はおよそ自覚されていなかったといってよいだろう。さらに憲法問題化された（その理論については，奥平康弘『表現の自由Ⅱ』有斐閣，1984年，参照）後も，最高裁判所はやはり公共の福祉の概念によってあっさりと問題を処理している。著名な先例である『チャタレー夫人の恋人』事件判決を引用しておこう。

「憲法の保障する各種の基本的人権についてそれぞれに関する各条文に制限の可能性を明示していると否とにかかわりなく，憲法一二条，一三条の規定からしてその濫用が禁止せられ，公共の福祉の制限の下に立つものであり，絶対無制限のものでないことは，当裁判所がしばしば判示したところである（判例省略）。この原則を出版その他表現の自由に適用すれば，この種の自由は極めて重要なものではあるが，しかしやはり公共の福祉によって制限されるものと認めなければならない。そして性的秩序を守り，最少限度の性道徳を維持することが公共の福祉の内容をなすことについて疑問の余地がないのであるから，本件訳書を猥褻文書と認めその出版を公共の福祉に違反するものとなした原判決は正当であり，論旨は理由がない。」
（最大判1957［昭和32］年3月13日刑集11巻3号997頁）

戦後の憲法学はこの公共の福祉という概念との格闘であったといっても過言ではないであろう。克服されたはずの法律の留保の生まれ代わりとしての公共の福祉は，初期の判例が雄弁に語るように，外在的にそして包括的に表現の自由を制限する根拠となりうるものである。そのような外在的包括的な制約根拠としての公共の福祉観を退け，権利同士の矛盾衝突を調整するために原理としての権利内在的に理解される公共の福祉という考え方や政策的な制約を許容する経済的自由とは別に表現の自由を中心とする精神的自由は内在的公共の福祉にのみ服するとする公共の福祉細別論などが展開されてきた。そしてアメリ

カ合衆国での議論を参照しつつ構成されたいわゆる「二重の基準」論が通説的立場を占めるに至っている。今日では一般に，裁判所は，表現の自由の規制立法については経済的自由の規制立法に比して，厳格な審査を施さなければならないと考えられている。

しかし残念ながら，最高裁判所は表現の自由に祝福を与えたことは一度たりともない。日本国憲法制定当初の約束は果たされぬままである。むしろ 1990 年という時期にあっても，外在的で包括的な公共の福祉論が開陳されている。

「表現活動といえども，絶対無制限に許容されるものではなく，公共の福祉に反し，表現の自由の限界を逸脱するときには，制限を受けるのはやむを得ないものであるところ，右のようなせん動は，公共の安全を脅かす現住建造物等放火罪，騒擾罪等の重大犯罪をひき起こす可能性のある社会的に危険な行為であるから，公共の福祉に反し，表現の自由の保護を受けるに値しないものとして，制限を受けるのはやむを得ないものというべきであり，右のようなせん動を処罰することが憲法二一条一項に違反するものでないことは，当裁判所大法廷の判例（省略）の趣旨に徴し明らかであ」る。（最判 1990 [平成 2] 年 9 月 28 日刑集 44 巻 6 号 463 頁）

破壊活動防止法の煽動罪に関する事件であるがゆえに，本来，表現の自由の中核的保障対象である反権力的な政治的表現であるはずである。こうした最高裁判所の態度は，あたかも戦後における憲法に関する公の議論の積み重ねを無視するかのようである。表現の自由をめぐるきわめて「自然な」状態の継続を目の当たりにし，その慣性の頑迷さを強く意識せざるを得ない。

最高裁判所はむしろ経済的自由を擁護することに熱心であるかのように思われる。平等をめぐる事件（尊属殺重罰規定違憲判決：最大判

1973［昭和48］年4月4日刑集27巻3号265頁），2度の衆議院議員定数不均衡違憲判決（最大判1976［昭和56］年4月14日民集30巻3号223頁・最大判1985［昭和60］年7月17日民集39巻5号1100頁）と投票権に関する事件（在外邦人選挙権制限事件：最大判2005［平成17］年9月14日民集59巻7号2087頁）を除けば，法律をめぐって最高裁判所が下した数少ない違憲判決は経済的利益の保護に集中している（第三者没収違憲判決：最大判1962［昭和37］年11月28日刑集16巻11号1593頁，薬事法違憲判決：1975［昭和50］年4月30日民集29巻4号572頁，森林法違憲判決：最大判1987［昭和62］年4月22日民集41巻3号408頁，郵便法違憲判決：最大判2002［平成14］年9月11日民集56巻7号1439頁）。なお，空港建設反対集会のための市民会館の使用が拒否され集会の自由違反として争われた泉佐野市民会館事件で，最高裁判所は薬事法違憲判決に言及し，精神的自由の制約は経済的自由の制約よりも厳格な基準で審査されると指摘したが，結局のところ会館使用の不許可処分を合憲と判示した（最判1995［平成7］年3月7日民集49巻3号687頁）。このように表現の自由は理論的には自由で民主的な政治体制にあって最も重要な権利と理解されながら，最高裁判所はそれに相応しい対応をしてきたとは，遺憾ながら，いえない。

6 表現の自由の憂鬱

最高裁判所の祝福を受けたことのない表現の自由は今日ますます窮地に立たされている。政治的な表現という憲法上の保障の中核的な部分ですら，正当に取り扱われたことがない現状が一方で厳とした事実である。60年を超える日本国憲法の実践の結果，他方で，個人の尊厳を尊重する法思想の展開をみており，名誉権，プライバシー権，自己決定権といった人格権が憲法上の権利として理解されるにいたっている。その影響もあって，各戸郵便受けへのビラ配りに住居侵入罪を

適用しようとする検察の判断が勢いを得ている。市民のプライバシーへの意識の向上が背景にあることは否定しがたい事実であろうが，権力の恣意的運用も顕著である。商業用のチラシや自衛隊員募集のビラの投函については不問に付し，自衛隊のイラク派遣反対ビラや特定政党のリーフレットの配布について逮捕起訴がなされている。住居侵入罪の成否に関して，東京地方裁判所は，表現の自由への配慮を示し，可罰的違法性がないとしたり（立川テント村事件東京地裁八王子支部判決 2005［平成 17］年 12 月 16 日判時 1892 号 150 頁），構成要件該当性がないとしたりして（葛飾政党ビラ配布事件東京地判 2006［平成 18］年 8 月 28 日 TKC28135020），無罪を言い渡した。しかし立川テント村事件の控訴審で，東京高等裁判所は，政府の政策を批判する政治的言論という表現の中核的意義を理解せず，有罪とした（東京高判 2005［平成 17］年 12 月 9 日判時 1949 号 169 頁）。こうしたケースでは，本来自由で民主的な社会における枢要な権利である表現の自由への配慮から，適用違憲判決が望ましい。政治的な文脈においてすら勝利したことのない表現の自由は安全・安心というそれ自体としては重要な価値にあっさりと劣位してしまいかねない。

　名誉やプライバシーとの関係でも，表現の自由の忌避状況は際だっている。日本国憲法下，表現の自由への配慮から，名誉毀損の免責要件が形成されてきた（刑法 230 条の 2 参照。民事でも同様の免責要件が認められてきた。さらに真実性の証明がなくとも，記事内容を真実であると誤信したことにつき，確実な資料，根拠に照らし相当の理由があるときには免責される）。しかし昨今は名誉毀損の成立が容易に認められ，つまり免責要件が厳格に解釈され，また損害賠償額が高騰している（数年前までの 100 万円ルールから 500 万円ルールが定着し，約 2000 万円の事案も現れている）。プライバシー侵害も容易に認められる状況である。さらに憲法 13 条に基づく人格権は侵害行為の排除を求める差止め請求が認められる強固な権利であり（『北方ジャーナル』事件最大判 1986［昭和

61〕年6月11日民集40巻4号872頁参照)，それを根拠とした出版差止めの仮処分命令を裁判所は容易に認める傾向にもある。

　わいせつ表現に関しても，伝統的な道徳保守主義とは異なった，フェミニズムからの異議申立ても展開してきている。そのような立場は，ポルノグラフィーは女性を劣位におく思考の表明として，男女平等の観点からその規制を唱道する（解説として，紙谷雅子「性的表現と繊細な精神」長谷部恭男編著『リーディングス現代の憲法』日本評論社，1995年，参照）。また差別的表現についても，平等という自由で民主的な社会における別の中心的価値から，その規制を求める声も強くなっている（解説として，内野正幸『差別的表現』有斐閣，1990年，参照）。人種差別撤廃条約4条に規定された人種主義に基づく差別・煽動の禁止と処罰に関して，日本国政府は「日本国憲法の下での集会，結社及び表現の自由その他の権利の保障と整合する範囲において日本はこれらの規定に基づく義務を履行する」と留保を付している。これまで述べてきたように，表現の自由の中核的価値に対して日本国政府が深い理解を示してきたとは思量できないにもかかわらず，このような留保をしていることに困惑するのは筆者一人であろうか。

おわりに——コミットメントは生きているか

　上述してきたように，勝利したことのない表現の自由に対して，社会の成熟度に応じた人格権や平等からの根本的問いかけがなされている。最高裁判所は政治的権威への挑戦という伝統的な問題においてすら表現の自由を擁護したことはなく，したがって表現の自由の制約という「自然な」状態を継続させてきている。リベラルな価値の実現のためには，しかし，現代的要請に応えていく必要もある。一方で，伝統的に表現の自由論が取り組んできた課題と，他方で個人の尊厳との両立を図るという微妙で複雑な問題に対峙しなければならない。リベ

ラルでありたいと考えるなら，表現の自由の擁護という「不自然さ」へのコミットメントの内実がますます問われる困難な時代をわれわれは生きているのである。

●参考文献
- 奥平康弘『なぜ「表現の自由」か』東京大学出版会，1988年
- 同『「表現の自由」を求めて』岩波書店，1999年
- 松井茂記『マス・メディアの表現の自由』日本評論社，2005年
- 古関彰一『新憲法の誕生』中公文庫，1995年
- 菊池久一『憎悪表現とは何か』勁草書房，2001年
- キャサリン・A・マッキノン／柿木和代訳『ポルノグラフィ』明石書店，1995年

第15章 監視カメラの問題点

藤原家康

はじめに

　特に2001年9月11日に発生したアメリカ同時多発テロ事件以降，テロや犯罪の防止及び「セキュリティ」の確保に向けられた動きが強まっている。そして昨今，いわゆる監視カメラの増加が著しい。本章では，監視カメラに関して，その法的規制のあり方などの問題点について論じる。

1　監視カメラの現状

　監視カメラは，文字通り人々を監視してそれを画像化するものであるが，日々その技術性能を増し，ハイテク化している（吉村英二「歌舞伎町監視カメラ」『インパクション』130号74頁以下，小谷洋之「ここまできた監視国家　ハイテク監視最前線12」『週刊金曜日』508号8頁以下参照）。

　例えば，東京都新宿区歌舞伎町などの繁華街に多く設置されているドーム型監視カメラは，遠隔操作及びズームが可能であり，また360度回転することができる。また，監視カメラに集音機能や自動追尾機能（ターゲットを自動的に追跡する機能）が組み込まれてきている。

　なお，昨今の監視カメラは，従来のアナログ式と異なりデジタル式であり，画像ないし音声といった記録は永久にかつ明瞭に記録され得る。そして，同記録の検索性は高く，またその保存は廉価かつ容易で

ある。なお、デジタル式の場合、データのコピーや改ざんは容易であり、また改ざんの痕跡が残りにくい。監視カメラは小型化及び廉価化もしており、購入への垣根も低くなっている。

また、監視カメラにおける顔貌認識システムの開発も著しく進行している。このシステムによれば、人の目や鼻、口などの位置関係を認識し、また顔を数値化して人物を特定し、割り出すことができる。さらに、顔貌認識システムを通じてカメラで撮影した顔をデータベースに取り込むことが可能である。他方、警察は運転免許証によって日本人の顔貌データを最大に保有している機関とされているから、顔貌認識システムを前提とした監視カメラと警察が結びつけば人物の照合及び特定が極めて容易になるといえる。顔貌認識システムは、2002年の日韓共催サッカーワールドカップの際、成田空港及び関西国際空港の税関に導入されたが、2006年5月には国土交通省などが地下鉄霞ヶ関駅で顔貌認識システムの導入実験を行い、政府による顔貌認識システム導入に向けた動きが本格化している。

なお、警察は市民に対して、監視カメラの設置を推奨・促進しており、また監視カメラによる画像等の記録の提供を求めている。

2　監視カメラの規制について

監視カメラ設置への規制の有無及び内容についていかに解すべきであろうか。

監視カメラは、市民を撮影し、またそれにより市民の画像や音声を記録することで、市民の肖像権、プライバシー権及び表現の自由を侵害するおそれがある。この点、監視カメラ設置推進派は、その根拠として、犯罪やテロの抑止、治安の確保を挙げ、「監視カメラがあればあるほど監視が行われ、その結果として市民の安全が守られる」と主張する。

しかし、以下に述べるとおり、実は、市民の安全を守るという命題を担保する監視カメラの有用性については疑問がある。また、監視カメラは市民の肖像権、プライバシー権及び表現の自由等を侵害するおそれがあるのであり、「市民の安全」という一般的かつ抽象的な理由により、無限定にそれらが制約されることは許されない。

監視カメラの有用性について

実のところ、監視カメラが犯罪の予防につながることを客観的に示したデータは存在しないといってよく、その犯罪抑止における有用性は実証されていない。

なお、2004年時点で全国に監視カメラを400万台設置しているイギリスでは、まず内務省の報告によれば、監視カメラによる犯罪防止効果について、駐車場の盗難において5％程度の効果が見られただけであり、暴力犯罪については全く効果が見られなかったとのことである。さらに、学会誌では、街灯や警察官のパトロールの方が、犯罪防止や犯罪不安の軽減において、より効果があったとの報告がなされている（九州弁護士会連合会・福岡県弁護士会『シンポジウム報告集　監視カメラとプライバシー』160頁以下）。

このように、犯罪抑止の観点からの監視カメラの有用性を基礎づけるデータは存在しないというべきである。

また、監視カメラの有用性については、監視カメラを設置して治安を守ろうとしても、犯罪は地下に潜行するのみで結局「いたちごっこ」となり、表面上の「きれいな街」を作るのみとなり得ることも懸念される。

さらに、監視カメラが犯罪抑止にとって効果的であるとは限らない。現代社会においては、他人の目を気にせず、監視カメラがあってもなくても犯罪を犯す者が少なくとも一定数いることが想定されるべきである。

なお，監視カメラ設置の必要の理由として「治安の悪化」が指摘されることがある。しかし実は，犯罪に関するデータを参照しても，昨今特に犯罪が凶悪化し治安が悪化しているとはいえない。以下，その一分析として，前掲『シンポジウム報告集　監視カメラとプライバシー』（156頁以下）の内容を要約紹介する。

　例えば，警察安全相談件数は，1999年度には34万3663件であったのが，2000年度には74万4543件，2001年度には93万0228件と急上昇している（2002［平成14］年版警察白書）。このような認知件数上昇の背景には，警察の事件処理体制の大きな変化がある。すなわち，警察が，潜在化しやすい犯罪被害の顕在化に取り組んだことにより，認知件数が増加した。また，検挙率（検挙件数を認知件数で割ったもの）は余罪の解明の度合と直結していると考えられているところ，検挙率が低下したのは，警察が全件受理体制をとった結果，警察が能力を超えた相談及び被害届を受け付けたことで，余罪の解明率が不十分となったためであると考えられる。すなわち，検挙率の低下は直ちに治安の悪化を示すものではない。

　また，凶悪犯罪の増加については，警察安全相談件数に比例して，暴行，傷害，脅迫が伸びている一方で，殺人は横ばいもしくは減少傾向にある。なお，強盗は1997（平成9）年以降急増しているが，従前は窃盗として検挙されていたものが少年法の厳罰化に伴い強盗とされるようになったことも影響していると考えられる。

権利利益の調整について

　上記のように監視カメラの有用性には疑問があるが，監視カメラ設置により証拠保全が可能となるような一定の正当な利益があるといえる場合を一応念頭に置くとすれば，市民の肖像権，プライバシー権及び表現の自由と，「市民の安全」（人の生命，身体，財産などに具体化し得る）との調整が問題となる。

なお、前記の肖像権、プライバシー権及び表現の自由の保障にあたっては、個人情報保護の観点も含めて十分に考慮される必要がある。そして、1980年の「OECDプライバシー保護と個人データの国際流通についてのガイドラインに関する理事者勧告」は、特にプライバシー権及び個人情報の保護の観点から、収集制限の原則、データ内容の原則、目的明確化の原則、利用制限の原則、安全保護の原則、公開の原則、個人参加の原則、責任の原則の8原則（OECD8原則）を定めている。また、1995年に採択されたEU個人情報保護指令（以下「EU指令」という）も、上記勧告同様、特にプライバシー権及び個人情報の保護の観点から、データの収集、処理、データへのアクセス権などにつき定めている。これらの趣旨も十分に考慮されるべきである。

前記の調整の具体的内容については、以下改めて論じる。

3　権利自由の調整について

各権利自由の意義

■**肖像権**　肖像権は、京都府学連事件（最高裁1969［昭和44］年12月24日大法廷判決・刑集23巻12号1625頁）において実質的に認められている。すなわち、同事件は、デモ行進に際し、被告人らが許可条件に違反して隊列を乱したと判断した警察官が証拠保全のため写真撮影をしたところ、被告人らが旗ざおでその下腹部を突いて1週間の傷害を負わせたという事案であったところ、同判決は、「個人の私生活上の自由の一つとして、何人も、その承諾なしに、みだりにその容ぼう・姿態（以下「容ぼう等」という）を撮影されない自由を有するものというべきである。これを肖像権と称するかどうかは別として、少なくとも、警察官が、正当な理由もないのに、個人の容ぼう等を撮影することは、憲法13条の趣旨に反し、許されない」、警察官による個人の容ぼう等の写真撮影は、「現に犯罪が行われもしくは行われたのち間が

ないと認められる場合であって,しかも証拠保全の必要性および緊急性があり,かつその撮影が一般的に許容される限度をこえない相当な方法をもって行われるとき」は,撮影される本人の同意がなく,また裁判官の令状がなくても,憲法13条,35条に違反しない,と判示した。同判決は,肖像権に関するリーディングケースとされている。

■プライバシー権　　いわゆる「宴のあと」事件判決(東京地裁1964[昭和39]年9月28日判決・民集15巻9号2317頁)においては,プライバシー権は私生活をみだりに公開されないという法的保障ないし権利であるとされたが,プライバシー権の内容としていわゆる自己情報コントロール権の側面も含めて理解する学説が有力であり,判例も同側面の影響を受けているといえる(なお,プライバシーの権利概念,及び判例の推移については,新・裁判実務大系9『名誉・プライバシー保護関係訴訟法』126頁以下等参照)。

■表現の自由　　表現の自由は,表現行為を通じて自己の人格を実現し(自己実現の価値),また表現行為を通じて民主政に資する(自己統治の価値)という重要な価値を有する人権であって,人権の中でも優越的地位を有するものとされている。

具体的調整

■無差別撮影　　まず,監視カメラによる無差別撮影が常に許されるものではないことは,前記各々の権利自由の重要性から明らかである。肖像権については,前記京都府学連事件判決は所定の要件を満たせば令状がなくても写真撮影が許される旨判示している。なお,山谷地区テレビカメラ監視事件(東京高裁1988[昭和63]年4月1日判決・判例時報1278号152頁)は,①当該場所で犯罪が発生する相当高度の蓋然性が認められる場合であって,②予め証拠保全の手段・方法をとっておく必要性及び緊急性があり,③その撮影・録画が一般的に許容される限度をこえない相当な方法をもって行われるときにビデオテープの証

拠能力が認められる旨判示したが、少なくとも①の基準が相当緩やかに解されるのであれば、それは前記京都府学連事件判決の趣旨を逸脱するものといわざるを得ない。

■撮影主体による異同　そして、私人による撮影の場合にも、その撮影の許容範囲に関しては公権力による撮影の場合と同様の判断基準が妥当すべきであり、私人によるものだからといって撮影がより認められるべきであるということにはならない。

すなわち、前記権利自由は憲法上の人権として保障され、公権力との関係では憲法による規律が直接的に問題となる。他方、撮影者が私人の場合には、憲法が国家権力を制限して国民の権利自由を保障することを目的とするものである以上、その適用は一部の規定を除いて直接問題になるわけではない。しかしながら、私人間においても憲法は民法の一般条項等を通じて間接的に適用される（最高裁 1973［昭和 48］年 12 月 12 日大法廷判決・民集 27 巻 11 号 1536 頁等）。また、憲法の間接適用という枠組以外でも、前記権利自由は、故なく妨げられるべきではない権利ないし利益であることは明らかであり、法的保護に値する。

そして、撮影者が公権力であっても私人であっても、前記権利自由に与える影響は同様のものといってよく、主体の相違から直ちに判断基準を変更すべき合理的理由があるということまではいえない。なお、裁判例も、前記京都府学連事件判決にほぼ従った基準を導いている（肖像権については、東京高裁 1970［昭和 45］年 10 月 2 日判決・判例タイムズ 255 号 101 頁、札幌高裁 1977［昭和 52］年 2 月 23 日判決・判例タイムズ 349 号 270 頁等）。なお、『刑事公判の諸問題』（判例タイムズ社、258 頁）も、みだりに容ぼう等を撮影されない自由は、私人による撮影に対しても、捜査官により撮影される場合と同様の保護を受けるべきであるとしている。

■公的領域と私的領域　また、公的領域及び私的領域各々につき前記調整をいかに図るべきかも問題となる。すなわち、公道などの公的領

域においては，人は私的領域と異なって肖像権やプライバシー権を放棄しているから，それらの権利は保護に値しないと主張されることがある。

しかし，公道などの公的領域は，人がそこを通過しなければ自己の目的を達することができない（例：ある道を通らなければ目的地に到着できない，当該図書館に行かなければ読みたい本を読むことができない）ということに過ぎず，そこを通る人が肖像権あるいはプライバシー権を放棄したということは直ちにはいえない。むしろそのような放棄をしていない方が通常であろう。また，一般的に公的領域を映し出した場合の風景ないし映像は，不特定多数の人々が行き交う雑踏であるなど特定の人物を際立たせるというものではないが，公的領域において特定の人物を撮影すれば，単なる公的領域の中の匿名性を持った一人物という範疇を超えた具体的な人物として現れ出ることとなり，その人物の特徴が画像などに記録化されることとなる（この点，同様の趣旨を述べたものとして，東京地裁 2004［平成 16］年 7 月 14 日判決・判例時報 1879 号 71 頁，東京地裁 2005［平成 17］年 9 月 27 日判決・判例時報 1917 号 101 頁等参照）。また，西成テレビカメラ撤去請求事件（大阪地裁 1994［平成 6］年 4 月 27 日判決・判例時報 1515 号 116 頁）は，「公道においても，通常は，偶然かつ一過性の視線にさらされるだけであり，特別の事情もないのに，継続的に監視されたり，尾行されることを予測して行動しているものではないのであって，その意味で，人は一歩外に出るとすべてのプライバシーを放棄したと考えるのは相当でない」としている。

他方，家屋の外か内かという点からすれば，相関関係的には内の方が外より保護されるといえようが，そのような分類は絶対的なものではなく，緻密かつ慎重な利益衡量が必要である。なお，名古屋コンビニビデオテープ事件控訴審判決（名古屋高裁 2005［平成 17］年 3 月 30 日判決）は，「…客の側についていえば，コンビニエンスストアー内で

客がとる通常の行動は商品を選んで購入することとそれに付随する行動であって、さほど秘密性の高いものとはいえないし、店員が配備されて不特定多数の客が出入りするコンビニエンスストアーにおいては個々の客の容貌や行動は既に人目に触れる状態に置かれているのであるから、そのような場所での肖像権やプライバシー権の保護が住居等の個人的領域における肖像権やプライバシー権の保護よりも相対的に薄くなることもやむを得ない」と判示したが、仮に同判決がそのことを理由の一つとして店の警察へのビデオテープの提出行為を適法としたのであれば、疑問である。同判決は「万引き、強盗等の犯罪や事故の捜査とは別の犯罪や事故の捜査のためにこれ（ビデオテープ）が提供された場合には、…当該ビデオテープに写っている客の肖像権やプライバシー権に対する侵害の違法性が問題になってくる」としているところ、同事件は、有印私文書偽造同行使等の罪という、コンビニエンスストアーにおける監視カメラの撮影目的・対象となっている犯罪（窃盗など）ではない罪の捜査に関して店が警察にビデオテープを提出したのであり、同判示は店の提出行為が本来の目的外であったことを何ら正当化するものではないからである。

■対立利益　監視カメラはいわゆる無差別撮影を行うものであるところ、前記権利利益に対しいかなる対立利益であれば許容されるかが問題となる。

　この点、銀行など金融機関の店舗内で発生する強盗事件においては銀行ないし銀行職員にとどまらず顧客自身も被害者になる危険性が高く、顧客自身が防犯カメラに自らの安全確保を期待する向きが多分にあることなどから、銀行などの金融機関に設置された防犯カメラに限って、無差別撮影が許容されるとする考え方が参考となる（前掲『刑事公判の諸問題』261頁以下）。この考え方からは、一部百貨店やスーパーマーケット等に設置されているといわれる防犯カメラについては、万引被害の防止が期待されているに過ぎず、その場合これら店

舗での無差別撮影は許されないこととなる。なお，名古屋コンビニビデオテープ事件判決（名古屋地裁 2004［平成 16］年 7 月 16 日・判例時報 1874 号 107 頁）が，防犯カメラ設置につき商店の経営者の広範な裁量権を認めた点は，疑問である。

■撮影時期　監視カメラによる撮影がどの時期から許容され得るか，監視カメラによる撮影は過去及び現在の犯罪に関するものについてのみ許容されるべきか，という問題もある。この問題は，撮影主体が公権力の場合には，監視カメラによる撮影が行政警察活動（犯罪の予防を目的とする活動）では許されず，司法警察活動（捜査活動）においてのみ許容され得るか，ないし，監視カメラによる撮影がいわゆる事前捜査として許容されるべきかという問題として論じられることがあるが，犯罪予防目的での撮影，及び，犯罪の過去・現在における存在を前提としない事前捜査としての撮影は無限定となりやすく，そのような撮影については公権力による濫用の危険が高いといえることが強く認識されるべきである。

なお，前記西成テレビカメラ撤去請求事件判決は，「犯罪予防の段階では，一般に公共の安全を有するおそれも比較的小さく，録画する必要性も少ないのであって，このような場合に無限定に録画を許したのでは，右自由を保障した趣旨を没却するものであって，特段の事情のない限り，犯罪予防目的での録画は許されないというべきである」と判示している。

4　条例について

　防犯カメラを規制する条例，あるいは指針及び要綱等の基準が，一部自治体（東京都杉並区，千葉県市川市，東京都三鷹市，東京都板橋区，宮崎県都城市，鹿児島県，茨城県牛久市など）で制定され，運用されている。日本で初めて制定された監視カメラ規制条例は東京都杉並区のもので

あるが、同条例における問題点は概ね他の条例等にも妥当するといえるので、以下、東京都杉並区の条例につき検討する。杉並区は、2004年3月19日、「杉並区防犯カメラの設置及び利用に関する条例」を制定した。同条例は同年7月1日から施行されている。

杉並区条例の問題点

　杉並区条例には概ね以下の問題点があると考えられる（前掲『シンポジウム報告集　監視カメラとプライバシー』180頁以下参照）。
■防犯カメラの有用性について　　同条例は、1条で「防犯カメラの有用性に配慮」することを明示している。しかし、既に述べたとおり、カメラの有用性が実証されたわけではないから、このように明言することには疑問がある。そして、その有用性に配慮することが、条例の目的の一内容となっている（1条）ことから、なおさら問題であるといえる。
■規制対象　　同条例は、規制の対象を録画装置を備えるものに限定しており、単なる監視を行うものは除外されている。しかし、単なる監視を行うものも上記権利自由を侵害し得るものである以上、その対象に含まれて然るべきである。
■設置禁止規定がないこと　　同条例は、一定の場所に監視カメラを設置する場合にのみ届出制を課すものであり、カメラの設置禁止規定を設けていない。しかし、設置する必要性または合理性がないカメラを設置禁止とすべきことは、前述の市民の諸権利の保障の観点から明らかである。
■プライバシー権等の保護規定が存在しないこと　　同条例には、OECD8原則及びEU指令等で認められている、目的明確化の原則、自己情報開示請求権といった、被撮影者のプライバシー権及び個人情報を保護する旨の規定が存在しない。しかし、これらの保護は十分に図られるべきである。

5 法律案について

2003年7月16日に,民主党監視カメラ問題ワーキングチーム作成にかかる「行政機関等による人の監視のためのカメラ等の使用等の適正化に関する法律案」が示された。

しかし,同法案は以下の問題点を有している(前掲『シンポジウム報告集 監視カメラとプライバシー』183頁以下参照)。

■行政機関のみが対象とされている点　同法案において対象となっている監視カメラは行政機関設置にかかるものだけとなっている。これでは,一般私人による監視カメラ設置を規制することができない。

■設置禁止規定がない点　同法案にも,杉並区条例同様,カメラの設置禁止規定が存在しない。

■運用基準が不十分である点　前記OECD8原則及びEU指令の基準から見て,プライバシー権及び個人情報保護の程度が不足している。

■第三者機関の不存在　同法案では,行政機関の長が監視カメラの設置,当該監視カメラによって記録された画像の取扱い等に関し,適切な措置を講じることをもって規制を設けるものとしている。

しかし,行政機関の長が規制主体となるだけでは規制が不十分となることが考えられる。第三者機関を関与させることで規制の実効性を担保すべきである。

6 自由人権協会の要綱案

自由人権協会の情報公開・個人情報保護小委員会は,商店街が防犯カメラを設置する要件や記録の取扱い等についてルールを作成するに際し,推奨するモデル要綱案を作成した(ただし,この要綱案は議論の土台をなすものであり,シンポジウムにおける議論の一前提を提供する目的があったことを付言する)。

要綱案のうち，監視カメラの実体的な設置要件としての実質を有するのは，第4条と第5条である。すなわち，第4条（店舗内の設置）は「店舗内に防犯カメラを設置し，又は防犯カメラによってこれらの場所を撮影することは許容される。ただし，その撮影，録画は社会通念に照らして相当と認められる方法で行われなければならない」と規定し，第5条（店舗外の設置）は「店舗外に防犯カメラを設置し，又は防犯カメラによってこれらの場所を撮影することは，①犯罪が発生する高度の蓋然性が認められる場合であり，かつ，②予め証拠保全の手段，方法をとっておく必要性及び緊急性があり，かつ，③その撮影，録画が社会通念に照らして相当と認められる方法で行われる場合に限り許容される」と規定している。

　第5条は，店舗外の公道であれば，人はいやでもそこを通らなければならないという側面から監視カメラの設置要件を厳しく解したうえ，その要件として前記京都府学連事件判決の基準を用いたものである。他方，第4条は，店舗内ではその店主が管理権の範囲内で利益を保全するためにカメラを設置することを原則的に認めるという考えによっている。なお，これらの規定は，店舗の内と外とでどのような要件の差異が生じるか（あるいは生じないか），生じるとしてその内容はどうあるべきかを議論するため，大きく違いを設けたものに過ぎず，その内容を全て是としたうえで示されたものではない。

7　あるべき方向性

構造的デュー・プロセス

　2005年12月3日，「第16回久保田メモリアルシンポジウム」（自由人権協会主催。1989年，ナミビアで殉職された国連人権担当官久保田洋氏の活動を継承する目的で年に1度開催）において，棟居快行教授（当時北海道大学大学院，現在大阪大学大学院）は，監視カメラの規制について

「構造的デュー・プロセス」の必要を指摘された。すなわち,「安全」か「自由」かの二者択一ではなく,「技術は誰のものか」という問題として捉えるべきであること,及び,「自己情報コントロール権」からさらに進めて,個人情報の取得後の利用・第三者提供について構造的適正さを要求し,構造の透明化を進めることを提唱されたものである。

この視点は,とりわけ安全と自由が対立関係で捉えられがちな中で,それらを対立させずに調和させようとするものであり,傾聴に値する。ただし,当然のことながら,市民が情報にアクセスし,コントロールする機会が十分に保障されなければ,市民の権利自由が害されることに警戒しなければならない。

権利自由の保護の必要は無意味か

安全の確保のためには肖像権やプライバシー権は制約されても構わない,監視社会はむしろ世論が望んでいるものである,と主張されることがある。それについての反論は前述のとおりであるが,それ以外の原理的な問題について若干触れる。

権力は,価値観の共有を基礎原理とし,各人の内面に規範(規律)を植えつける「規律訓練型」から,価値観の共存を認めながら人の行動を物理的に制限する「環境管理型」に移行しているとされる。そして,伝統的な意味での表現の自由などの自由については「何々をする」という積極的な選択肢を指し示すことができるのに対し,「環境管理型」の権力のもとでは,そうした伝統的な意味での自由に加えて,「何々をする自由」と予め特定できず,仮に奪われたとしても何が奪われたとは言えないような自由が侵害されることがあり得るという問題提起がなされている。例えば,ファーストフード店の硬い椅子に座っていると,椅子の硬さのために無意識に,長居せずに店を出るという場合や,インターネットのサイトを通じて本を買うと,当該サイ

トから，自分の過去の購買履歴から類推された「客観的に」自分が欲しいはずの本が推薦され，自分はその本が欲しいと思って購入する，といった場合が挙げられる（東浩紀・大澤真幸『自由を考える　9・11以降の現代思想』NHKブックス，参照）。

　このような自由をいかに取り扱うべきかは今後の課題であるが，いずれにせよ，監視社会において前述のような伝統的な意味での自由が侵害される危険があるということには変わりがない。そして，監視カメラによる情報の収集・管理・一元化が，市民を不当な「環境管理」の枠内に置く危険がある。例えば，市民の情報が知らない間に収集・管理され，それが利用されることで市民の意識や行動が無意識に管理されることが想定される。そのような状況では，前述のような新たな市民の自由も侵害されることとなるであろう。

おわりに

　監視カメラをめぐっては，広く市民の間で議論が交わされることが必要である。前述の「第16回久保田メモリアルシンポジウム」では，「監視カメラの規制のあり方を考える」と題し，監視カメラに関する発表及び議論がなされた。自由人権協会では情報公開・個人情報保護小委員会を中心に，監視カメラに対する法的規制がどうあるべきかについて議論を続けている。

●参考文献

- ミシェル・フーコー／田村俶訳『監獄の誕生——監視と処罰』新潮社，1977年
- デイヴィッド・ライアン／河村一郎訳『監視社会』青土社，2002年
- 小倉利丸編『路上に自由を——監視カメラ徹底批判』インパクト出版会，2003年
- 宇藤崇「テレビカメラによる監視」（『刑事訴訟法判例百選［第7版］』

有斐閣, 1998 年, 22 頁)
- 白取祐司「司法警察と行政警察」(『法律時報』69 巻 9 号, 1997 年, 35 頁)

第16章　裁判所の情報公開と刑事記録の情報公開

藤本利明

はじめに

　自由人権協会は，1979年9月に「情報公開要綱」を発表し，同年11月に「情報公開制度を考える集会」を開催するなど，早くから国家機関の情報公開を求める運動・研究を重ねてきたが，ようやく1999年に「行政機関の保有する情報の公開に関する法律」（情報公開法）が制定され，2001年に同法が施行されるに至った。しかし，国会と裁判所の情報公開は，まだ立法化が実現していない。自由人権協会は，情報公開・個人情報保護小委員会（情報公開小委）で国会と裁判所の情報公開の立法化について研究を進めるかたわら，その立法化を後押しするために，既存の法規を利用した訴訟にも突破口を見出そうとした。

1　裁判所の情報公開

要綱による司法行政文書の開示の実施

　最高裁判所は，情報公開法の趣旨を踏まえて，司法行政文書の開示について「最高裁判所の保有する司法行政文書の開示等に関する事務の取扱要綱」（取扱要綱）を定め，2001年4月1日から実施を始めた。情報公開小委のメンバーは，この取扱要綱がどれほど実を伴ったものであるのか検証するため，早速この要綱に則って司法行政文書の開示

を求めてみることにした。実を伴ったものであるのかどうかの検証であるから、容易に開示に応じることが見込まれる文書を対象としても、意味がない。応じ難そうな文書を対象として、開示を求めてみる必要があった。そこで、いわゆるロッキード事件の証拠収集に際して最高裁判所が出した「宣明書」について、これに関する最高裁判所裁判官会議録の開示を求めることにした。

開示を求めた文書

　ロッキード事件とは、1970年代中葉に起きた戦後最大の汚職事件として大きな社会的関心を集め、元内閣総理大臣までが起訴された事件である。この事件では、真相解明の重大な鍵を握るのが米国在住の贈賄側の人物であった。しかし、その人物は、この事件について真実を供述すれば、自身も日本で刑事訴追を受けるおそれがあるとして、日本の裁判所が米国の裁判所に嘱託した尋問にも応じようとしなかった。米国には、共犯などの関係にある者の有罪を立証する証拠を得るために、共犯者の一部に供述を強制する手段として、刑事免責を付与する制度があるが、日本にはそのような制度がないからである。そのため、最高裁判所は、この事件の証拠収集に際し、東京地方裁判所が米国内の贈賄側証人に対する嘱託尋問調書を得るために、日本では制度的に認められていない刑事免責を行うことを容認するがごとき「宣明書」と題する文書を出した。ところが、当の最高裁判所自身が、その後20年近くを経た1995年2月22日、ロッキード事件のいわゆる丸紅ルートの上告審において、その嘱託尋問調書の証拠能力を否定するという判断を行ったのである。

　「宣明書」を出すこと自体が日本の司法史上例をみないことである上に、証拠収集のために「宣明書」を出しながら、それによって得た文書の意義を否定するという事態も自家撞着といわざるを得ない。取扱要綱の実効性の検証に劣らず、最高裁判所が「宣明書」を出すに至っ

た経緯及びその妥当性を検証すること自体も，法的，政治的，社会的，歴史的に極めて意義深いことであった。

そこで，取扱要綱の実施を好機として，情報公開小委のメンバーであるM会員が，2001年5月7日に，「宣明書」が出された件に関する文書の開示を最高裁判所に請求したのである。具体的には，①「宣明書」が出された件に関する最高裁判所裁判官会議録の1976年7月14日分及び同月24日分，②1976年7月に最高裁判所事務総局刑事局の職員らが渡米してカリフォルニア州中央地区連邦地方裁判所のファーガソン判事らと面会した時の交渉の記録，報告書，持参した文書類等，③「宣明書」の検討が始まってからそれが出されるまでの間に法務省，検察庁，米国裁判所及び東京地方裁判所石田恒良裁判官との間で各々行われた折衝，打ち合わせなどの記録等の開示を求めたのである。

最高裁判所の対応

これに対し，最高裁判所は，①の文書については，最高裁判所裁判官会議規程（本件規程）8条が裁判官会議を非公開としている趣旨を理由として，議事の過程が記載されている部分を不開示とした。また，②③の文書については，そのような文書は存在しないことを理由として不開示とした。

情報公開小委のメンバーがとった手段

そこで，情報公開小委のメンバーは，最高裁判所が前掲の文書を不開示としたことを，訴訟で争うことにした。ただ，最高裁判所が前掲の文書を不開示とした方式は，開示しないこととしたことを「通知する」というものである。行政訴訟を提起する前提となる「処分」（行政事件訴訟法第3条第2項）性を見出し難いのである。また，取扱要綱自体にも，異議申立の制度が定められていない。そのため，不開示と

したことに異議を申し立てて開示自体を実現するということは，できなかったのである。

　情報公開小委のメンバーは，迂遠な方法であることを承知の上で，最高裁判所が前掲の文書の多くを「不存在」ないし「不開示」として開示しなかったことにより，知る権利を侵害され精神的苦痛を受けたものとして，その慰謝料などを国家賠償法第 1 条に基づいて請求することにした。形式的な訴訟の目的が何であれ，これにより，M 会員の開示請求に対する最高裁判所の対応が，訴訟という俎上に乗ることになったのである。

情報公開小委のメンバーの主張の基調

　情報公開小委のメンバーの主張の基調は，最高裁判所裁判官会議自体は非公開であるにせよ，会議の非公開が会議録の非公開まで帰結するものではないこと，また，元内閣総理大臣が起訴されるという戦後最大の汚職事件に関する証拠収集に関し，文書・記録が全く作られなかったなどというはずはないということであった。

　憲法 57 条は，その 1 項但書で両議院は「秘密会を開くことができる」としつつ，その 2 項で「両議院は，各々その会議の記録を保存し，秘密会の記録の中で特に秘密を要すると認められるもの以外は，これを公表し，且つ一般に頒布しなければならない」と定めている。これは，会議の非公開とその会議の議事録の非公開とが同義ではないことを意味する。浦和地方裁判所（現さいたま地方裁判所）は，つとに 1984（昭和 59）年 6 月 11 日判決（判例時報 1120 号 3 頁）で「憲法 57 条 2 項，国会法 63 条は，国会が秘密会を開いた場合においても，その会議録のうち特に秘密を要すると認められるもの以外は，これを公開すべき旨を規定しており，この一事からも，会議の非公開が当然に会議録の非公開を帰結するものではないことが窺われる」と判示しており，神戸地方裁判所 1991（平成 3）年 10 月 28 日判決（判例時報 1437 号 77 頁）

など同様の判示をする裁判例が続いていた。

　また，元内閣総理大臣が起訴されるという戦後最大の汚職事件に関する証拠収集に関し，文書・記録が作成されなかったはずがない。もしそのような文書・記録が今は存在しないのだとすれば，それは，それらの文書を故意に廃棄したか保管を怠ったものといわざるを得ない。

裁判所の特殊性

　個人には，多数決によっても侵し得ない人権がある。司法権は，裁判を通じて国民の権利を保護することを職責としているので，政治的権力の干渉を排除し，特に少数者の保護を図ることが必要であることから，司法権の独立（憲法73条3項）が要求される。裁判所は多数決によっても侵し得ない少数者の人権の保護を図る機関であるという点で，民主制の原理が貫徹されず，行政機関とは異なる特殊性がある。

　第1審において，国側は「司法行政権は，司法権の行使と密接な関連を有し，実際上これに影響を与える可能性をはらんでいるという特質を有するところから，憲法上保障されている司法権の独立をできる限り確実な，揺らぐことのないものとするため，憲法は，これを内閣の行政権に属させず，司法権の行使機関である裁判所に付与している。…最高裁判所の裁判官会議は，このような司法行政事務に関する最高意思決定機関として重大な職責を有する。…司法行政を裁判官会議の議によって行うべきことが司法権の独立の保障という憲法上の要請に由来することにかんがみると，裁判官会議における自由かつ率直な意見表明及び議論には，最大限の保障が与えられなければならない。本件規程8条も，このような自由かつ率直な意見表明及び議論を保障するために，その意思決定に不当な影響が及ぶおそれを極力排除しようとする趣旨にでたものである」と主張しているが，それにも一理あることは否み得ない。

　しかし，司法権もまた主権の存する国民の信託による（憲法前文）

ものである以上,司法権の独立が国民の意思からも完全に独立であり,国民による民主的統制をも排除すべきであることを意味するものではない。司法権の行使に国民の意思がストレートに反映することは避けられなければならないとしても,国民主権を前提とする以上,何らかの形で国民の意思は反映されなければならないのである。

第 1 審判決

　ア）この事件の第 1 審判決である東京地方裁判所 2004(平成 16)年 6 月 24 日判決(判例時報 1917 号 29 頁)も,憲法 57 条 2 項を引きつつ「ある会議の議事を公開しないことの主眼は,これが公開されることにより,当該会議の出席者が傍聴人からの心理的圧迫を受けて自由な意見交換をすることができなくなるなどの事態を回避して審理の充実を図ることにあると解されるから,会議を公開しないことと,その会議の経過や結果を記録した会議録を事後的に公開することとは性質上両立し得ないものではなく,両者は区別して考えるべきである」と判示した。そして,国側の「およそ非公開」とする論法に対し,「最高裁判所裁判官会議の議事であっても,常に,すべての審議事項にわたって,議事録中の議事過程部分を事後的にもおよそ非公開としなければならないほどの情報が含まれているとは考え難いのであって,当該議事の内容等を開示することによって司法権の独立が脅かされる等の支障が生じるおそれのある場合には,個別的に当該議事内容等を公開しないこととすれば足りる」とする。

　イ）国側の論法は,最高裁判所の裁判官会議録はおよそ非公開とするものであったが,それに加え,最高裁判所の裁判官会議における議事は「議に付された個別の事項についてしか意味を持たないというものではなく,むしろ通常は問題の所在を共通にする将来の同種ないし類似の事項の議事に当たっても参照され,先例として検討の対象とされるものであって,この意味において,裁判官会議の意思決定の過程

は，いわば重層的，連続的性質を有するものである」として，「本件規定8条の定める裁判官会議の非公開は，会議自体，すなわち，議決等の意思決定に至るまでの間における審議過程の非公開のみならず，当該議決等の後においても，裁判官会議議事録のうち議事過程等部分についてはこれを公にしてはならないという理を含む」とも主張していた。

第1審判決は，これに対しても，「最高裁判所裁判官会議の議事であっても，議事録中の議事過程部分を事後的にもおよそ非公開としなければならないほどの広い範囲にわたって，審議，検討等の過程が時の経過にかかわりなく重層的，連続的性質を持ち続けるとまでは考えられないから，事案ごとに個別的に検討し，審議，検討等の過程が重層的，連続的性質を有することにより非公開にすべき情報であると判断されることはあっても，議事録中の議事過程等部分をおよそ非公開とすることまでが必要とは解されない」として斥けた。

「最高裁判所裁判官会議の審議が自由かっ達・率直に行われるべきこと」や司法権の独立を金科玉条に，個別的検討をすることなく「およそ非公開」とする国側に対し，個別的な検討を説く判示は評価できよう。

ウ）ところが，最高裁判所が「存在しない」とした「①1976年7月に最高裁判所事務総局刑事局の職員らが渡米してカリフォルニア州中央地区連邦地方裁判所のファーガソン判事らと面会した時の交渉の記録，報告書，持参した文書類等，②『宣明書』の検討が始まってからそれが出されるまでの間に法務省，検察庁，米国裁判所及び東京地方裁判所石田恒良裁判官との間で各々行われた折衝，打ち合わせなどの記録等」については，この第1審判決は，「事案の性質からして，当時これに類する書面が全く作成されなかったとも考えにくい」と判断しながら，「開示不相当の文書であればその旨の判断をすれば足りるのであるから，関係職員や秘書課長において存在する文書をあえて

不存在と回答する理由もないと考えられる」と判示するのである。しかし，開示に応じたくない文書についてこれを不開示にしようとするときに，それを「存在しない」という理由で糊塗するおそれは大いにあり得るところである。この第 1 審判決は，そういうおそれに対し，「存在する文書をあえて不存在と回答する理由もない」として，一片の疑念も示していない。この検討は粗雑に過ぎるといわざるを得ない。のみならず，「存在する文書をあえて不存在と回答する理由もない」という論法は，「不存在」いう理由で文書を不開示とされた場合の争い方について課題を残したといえるであろう。

エ）ところで，情報公開小委のメンバーがこの訴訟において便法とした国家賠償請求について，第 1 審判決は「本件要綱に基づいて秘書課長が行う開示，不開示の判断については別途不服申立てをする手段もないのであるから，その損害を軽微ということもできない」と判示している。原告の損害について，それを「軽微ということもできない」とし，その理由として「開示，不開示の判断については別途不服申立てをする手段もない」ということを指摘した点は，この訴訟で，取扱要綱における制度不備を指摘するという情報公開小委のメンバーの底意に通ずるものであった。

控訴審，上告審

　以上のような第 1 審判決に対して，第 2 審判決である東京高等裁判所 2005（平成 17）年 2 月 9 日判決（判例時報 1917 号 29 頁）は，個別的な検討をせず，司法行政が裁判権の行使と密接な関連を有しているものである上に，最高裁判所裁判官会議における意思決定の過程が当該意思決定に係る案件のみならず，将来にわたって生起する同種，類似の事案に関する議事に当たっても，先例として参照される可能性が大きいものであり，本件規程 8 条が最高裁判所裁判官会議を非公開とした理由が，最高裁判所の裁判官会議が司法行政に関する最高の意思決

定機関として重大な職責を有していることにかんがみ，裁判官会議がこのような重責を果たし得るためには，審議の過程で，裁判官による意思表明及び議論が何らの制約を受けることなく，自由かっ達，率直に行われることが必要不可欠であり，その意思決定に不当な影響が及ぶおそれを極力排除する必要があるとともに，裁判官等の人事に関する情報や組織，制度，手続の制定，改変等に関する検討途中の未成熟な情報，あるいは将来の事案の処理に影響を及ぼしかねないととられるおそれがある情報等が開示されることにより，無用な誤解や憶測を招き，関係者ひいては国民の間に混乱を生じさせるおそれを回避しようとする点にあり，本件規程8条は裁判官会議の非公開にとどまらず，同会議の議事録のうち，意見意思表明や議論等，議事の過程が記載されている部分及びこれを推知させる部分について公にしない趣旨をも含むとして，第1審判決を覆した。

これに対する上告審の判断は，上告理由はないとするものであり，控訴審判決を追認するものであった。

2　刑事記録の情報公開

刑事記録と情報公開法

裁判所は，「司法機関」であり，情報公開法が射程に入れる「行政機関」から外れるのに対し，刑事記録を所管する検察庁は，まさに「行政機関」であり，情報公開法の射程に入る。しかし，情報公開法は，刑事被告事件の訴訟に関する書類等については適用しないものとされている（刑事訴訟法53条の2・1項）。訴訟終結後の刑事被告事件に係る訴訟の記録（刑事確定訴訟記録）は，その事件について第1審の裁判をした裁判所に対応する検察庁の検察官（保管検察官）が保管するものとされ（刑事確定訴訟記録法2条1項），検察庁は行政機関であるにもかかわらず，刑事確定訴訟記録は，情報公開法の適用除外とされて

いるのである。

　ただ，刑事確定訴訟記録については，情報公開法の制定・施行に先立つ1988年に，既に刑事確定訴訟記録法が施行されている。刑事確定訴訟記録について情報公開法を適用しないとされたのは，刑事確定訴訟記録については刑事確定訴訟記録法という完結的な制度があるとされたためだと考えられる。

刑事確定訴訟記録法における開示の態様

　しかしながら，刑事確定訴訟記録法は，情報公開法と比べて，明文上不備なところがある。それは，情報公開法においては，開示は「閲覧又は写しの交付」により行うものとされ（14条），閲覧と写しの交付（＝謄写）とが開示の手段として同等に扱われているのに対し，刑事確定訴訟記録法は「閲覧」について定めるだけで，「写しの交付」についての定めがないという点である。

　現にM会員は，いわゆるロッキード裁判丸紅ルートに関する刑事確定訴訟記録の閲覧・謄写を刑事確定訴訟記録法に基づいて東京地方検察庁検察官に請求したところ，謄写については拒否されたのである。

閲覧と謄写の表裏一体性

　そもそも記録の閲覧は，その内容の正確な把握のために行われるものである。記録の内容を正確に把握する最も有効な手段は，その記録と全く同じ内容が記録されたものを手もとに置き，随時その内容を確認することである。手もとにおける随時の内容確認は，謄写によってこそ可能となる。謄写と閲覧は表裏一体なのである。

　刑事確定訴訟記録について情報公開法を適用しないとされているのが，前述のとおり，刑事確定訴訟記録については刑事確定訴訟記録法という完結的な制度があるとされたためであるならば，刑事訴訟法53条の2・1項も，刑事確定訴訟記録法自体も，情報公開法と同様の

運用，すなわち写しの交付を認めることを，殊更に排除しようとするものではないはずである。

　刑事確定訴訟記録法8条1項は，保管検察官の閲覧等に関する処分に不服がある場合の規定であるが，浦和地方裁判所（現さいたま地方裁判所）は，1992（平成4）年5月14日決定（判例時報1452号24頁）において，刑事確定訴訟記録の謄写請求の拒否も刑事確定訴訟記録法8条1項の「閲覧に関する処分」に含まれると解するとした上で，この事件に係る謄写請求の不許可処分は保管検察官の裁量を逸脱したものとして取り消している。閲覧と謄写の表裏一体性を正面から認めた裁判例といえよう。

　実際の運用も，請求の99.9％の割合で謄写を許可しているのである。

国家賠償請求

　このようにみてくると，M会員に対する謄写不許可は，明らかに不平等で，不合理なものであった。M会員は，自由人権協会において，マスメディア小委員会（マスメディア小委）のメンバーでもあり，この件では，まず，マスメディア小委のメンバーが謄写不許可処分に対して2001年1月18日に東京地方裁判所に準抗告の申立てをした。しかし，それは同年9月14日に棄却されたので，改めて同月25日に特別抗告の申立てをした。が，それも翌年6月4日に棄却された。

　そこで，謄写不許可処分の問題点を浮き彫りにするために，先の国家賠償請求訴訟に倣い，マスメディア小委のメンバーに情報公開小委のメンバーの一部を加え，2004年1月15日に，国家賠償請求の提訴をしたのである。謄写を拒否されたことによる精神的損害の賠償を求めたものである。

裁判所の判断

　刑事確定訴訟記録法には，「写しの交付」（＝謄写）という語句がな

いため，形式的な字句の解釈に終始する限り，謄写の権利は保障されていないという判断をする余地もある。この国家賠償請求の訴訟を審理した東京地方裁判所もそういう形式的な解釈しかせず，判決（2004年9月29日）では，M会員らは敗訴し，控訴後の東京高等裁判所も同様の判断をした。

　ただ，前述のとおり，実際の運用が請求の99.9％の割合で謄写を許可していることに照らせば，M会員に対する謄写不許可は明らかに不平等であり，この点について東京地裁は，「一部謄写許可が行われている現状を考えると，本件記録の一切の謄写を認めなかった点について，十分な配慮をすべきであった」と判示して，検察官の配慮の不十分性を指摘はした。しかし，このような不平等な運用も，検察官の裁量権の範囲内とした。

M会員らの対応
　このような判断が続く中で，最高裁判所の判断を仰いでも，第1審，第2審の判断が覆る見込みも見出せなかった。むしろ，ここで上告をしてそれが棄却されることになれば，刑事確定訴訟記録の謄写請求を不許可にする運用についてお墨付きが与えられてしまうおそれの方が強いと思われた。そこで，M会員らは，あえて上告はしないことにした。

3　展望

　このように，裁判所の司法行政に関する文書の公開についても，行政機関たる検察庁が所管する刑事確定訴訟記録についても，不開示または謄写不許可とする傾向が強く，これに風穴を開けるのはまだまだ至難といえる。文理解釈が基調となる司法判断においては，いっそう壁が厚い。提訴という手段は，立法運動を側面から支えるものにとど

まりそうである。

しかし，知る権利の保障は表現の自由の保障のコロラリーであり，表現の自由・知る権利は，民主主義の発展のために不可欠の権利である。知る権利の実現が不十分なものにとどまる限り，これを十分なものとするために不断の努力が必要である。自由人権協会・情報公開小委は，情報公開制度の充実に向けて倦まずたゆまず研究を続け，立法運動も展開していく。

●参考文献
- 福島至編著『コンメンタール刑事確定訴訟記録法』現代人文社，1999年
- 弘中惇一郎他『刑事裁判と知る権利』三省堂，1994年

第17章　公文書の管理

三宅　弘

はじめに

　1999年に制定され2001年4月から施行された行政機関の保有する情報の公開に関する法律（以下，情報公開法）は，22条1項において，「行政機関の長は，この法律の適正かつ円滑な運用に資するため，行政文書を適正に管理するものとする」と規定し，具体的には「政令で定めるところにより行政文書の管理に関する定めを設ける」こととし（同条2項），その政令においては，「行政文書の分類，作成，保存及び廃棄に関する必要な事項について定めるものとする」（同条3項）とされた。これに基づき，行政機関の保有する情報の公開に関する法律施行令（以下，施行令）16条において，「行政文書の管理に関する定め」（以下，ガイドライン）が設けられた。

　自由人権協会では，公文書の管理がなされてはじめて，保管されている文書へのアクセスが保障されるとの観点から，情報公開法の制定と共に行政文書の管理法の制定を強く求めてきた。

　しかし，情報公開法の制定にあたっては，文書管理法の制定は見送られ，ガイドラインの策定にとどまった。参議院総務委員会附帯決議では，「行政文書管理法の制定等審議の過程において議論された事項については引き続き検討すること」とされた。本章では，まだ議論の途上にある公文書の管理について論じる。

1　公文書管理の概要

　ガイドラインによると，文書の保存期間を①30年以上，②10年以上，③5年以上，④3年以上，⑤1年以上保存するものと，⑥1年未満で廃棄できるものの6段階に分類している。保存する文書は，1件ごとに件名をつけて，すべて「ファイル管理簿」に記載される。何人もこのファイルを参考に必要な書類がどこにあるか探すことになる。

　ファイル管理簿をデータベース化し，その端末を総合案内所（23条2項）に設置し，開示請求の内容や文書名の特定に活用することが予定された。

　政府内では当初，件名で特定の個人がわかるようなものは「秘密保護」のためにファイル管理簿から除くべきだとの意見も強かったといわれている。しかし，件名に工夫をすることで対応できるとの方向でまとまり，結局，保存するすべての行政文書を管理台帳に載せることにしたといわれている（1999年2月16日朝日新聞）。

　しかしながら，ガイドラインについては，情報公開法の制定当初から批判がなされ，見直しの課題とされた。その根本的な点は，ガイドラインでは，保存期間を「○○年以上」としたため，行政機関ごとに半永久的な文書の保有が認められることになったところによる。従前の文書管理上認められていた永年保存を廃止したことは一歩前進ではあるが，「○○年以上」保存できると解釈されると実質的には変わらないこととなる。

　本来は，「○○年以上」とは規定しないで，最長30年（または50年）に保存期間を区切り，期間経過後は，原則としてすべて国立公文書館に移管する方法をとるべきであった。30年（または50年）を経過した公文書は，歴史的・文化的・学術研究的資料として，国立公文書館に移管され，原則公開とされることが，国民の知る権利の保障の観点からは望ましい。しかし，行政機関が縦割りであるために，各省庁

は他の行政機関に公文書を移管しようとはしない傾向にある。この弊害のため，保存期間経過後の全公文書の移管という方法は，実現していない。国立公文書館での一括移管の体制を整えたうえで，国立公文書館法を，その趣旨に沿って整備し，また，保存期間を1年，3年，5年，10年，30年として「以上」の文言を削り，移管時期を明確化した文書管理法が制定されるべきである。このことは，情報公開法の制定当初より強く求めてきたことである（三宅弘『情報公開法の手引』花伝社，1999年，136頁）。

　また，ガイドラインによっても，保存期間1年未満の文書については，1年以内のいつでも文書を消去することができる。これまでにも，東京都条例においては，核燃料物質等の貯蔵取扱届出書（1991［平成3］年度2件），埠頭に貯蔵しない物質の荷役予定（同年度13件，92［平成4］年度19件，93［平成5］年度27件），原子力燃料の輸送時期，場所が都に通知されたときの文書（1991［平成3］年度1件）について，繰り返し開示請求がなされているが，開示請求当日分の文書まで「取得していない」または「廃棄済み」という理由で不存在とされているような例もあった。しかし，1年未満の保存期間の文書にも重要なものがないとは断言できない。できる限り保存されるよう，文書管理の運用を十分に監視していく必要もある。このことも，情報公開法の制定時から指摘されていたところである（三宅，前掲書，137頁）。

　他方，政府部内においても，公文書の管理についての体制の整備が強く求められ，情報公開法の施行と同時に，これとは別に，国立公文書館が，独立行政法人国立公文書館（以下，国立公文書館）として運営されることとなった。

　国立公文書館は，情報公開法2条2項の「政令で定める公文書館」であり，「歴史的若しくは文化的な資料又は学術研究用の資料として特別の管理がされている」行政文書を取扱対象としているところ，2000年10月施行の改正後の国立公文書館法15条1項に基づき，

2001年3月30日に閣議決定された「歴史資料としての重要な公文書等の適切な保存のために必要な措置について」を受けて，歴史的公文書等の各省庁等から国立公文書館への的確な移管を促進した。しかしながら，情報公開法施行の2001年度は，各府省等からの移管申出数が少なかった。2002年度独立行政法人国立公文書館業務実績報告書によれば，2001年度の各府省等から国立公文書館への移管数は14機関からの674冊にとどまった。2002年度は，所要の措置を講じて，15機関からの7759冊に回復したものの（報告書23頁），この移管状況をふまえて，福田康夫内閣官房長官（当時）から，日本における公文書館制度は諸外国に比べて立ち遅れており拡充・充実する必要があるとの強い意を受けて，2003年4月に内閣府大臣官房長の研究会として「歴史資料として重要な公文書等の適切な保存・利用等のための研究会」（以下，研究会）が設置された。

　研究会は，同年7月に，直ちに対応すべき事項等を中心に「中間取りまとめ」を提出し，9月から10月にかけて，韓国・中国及び米国・カナダに分かれて各国の公文書館制度の実態を調査し，その調査結果を基に，「諸外国における公文書等の管理・保存・利用等にかかる実態調査報告書」を取りまとめ，公表した。この研究会の議論等を踏まえて，同年12月に内閣官房長官の懇談会に拡充・発展させた「公文書等の適切な管理，保存及び利用に関する懇談会」（以下，懇談会）が設置され，同懇談会は，2004年6月に報告書「公文書等の適切な管理，保存及び利用のための体制整備について――未来に残す歴史的文書・アーカイブズの充実に向けて」（以下，2004年懇談会報告）を取りまとめた。この報告書では，公文書等を適切に管理し，後世に残すべき価値のある歴史資料として重要な公文書等（以下，歴史公文書等）の体系的な保存を行い，これを広く国民の利用に供するための制度を整備するのが重要な課題であるとの認識の下に，現行の非現用文書の管理等のシステムの評価を踏まえて必要な取組みについての具体的な提

言を行った。内閣府では，この提言を受けて，2005年6月に，公文書の移管基準の運用の細目を申し合わせた，「歴史資料として重要な公文書等の適切な保存のための必要な措置について（2001［平成13］年3月30日閣議決定）の実施について」（各府省庁官房長等申合せ）により，歴史公文書等の内閣総理大臣への移管手続を改正した。

また，上記懇談会報告書に基づき，「半現用文書」（業務参考や証拠等として利用される可能性はあるが，日常の業務には直接利用されることは少ない文書）で歴史公文書等として国立公文書館に移管される蓋然性が高いものについては，あらかじめ府省庁等の境を越えて横断的に集中管理し，公文書等の散逸を防ぎ，保管環境を向上させ，早めに評価選別を行う「中間書庫」を構築するために，2005年5月に「公文書等の中間段階における集中管理の仕組みに関する研究会」を発足させた。また，懇談会報告書においては，電子媒体による公文書等（以下，電子公文書）の移管・保存・利用については，体制整備を急速に進める諸外国の例を参考としつつ技術的に詰める点も多いことから，各府省等の文書管理担当者との連携・協力を図りつつ，別途検討の場を設けて本格的な検討を行うことが望ましいとされたことを受けて，2005年6月に「電子媒体による公文書等の管理・移管・保存のあり方に関する研究会」を発足させた。懇談会は，この両研究会の専門的見地からの検討結果に，さらに総合的検討を加え，2006年6月，中間書庫システムと電子公文書の管理・移管・保存のあり方という2つの重要な課題についての具体的な対応方策等について，「中間段階における集中管理及び電子媒体による管理・移管・保存に関する報告書」を取りまとめ，公表した。

2　歴史資料として重要な公文書等

以上の経過を受けて，2005年6月に，公文書の移管基準の運用の

細目を申し合わせた,「歴史資料として重要な公文書等の適切な保存のための必要な措置について（2001［平成13］年3月30日閣議決定）の実施について」（各府省官房長等申合せ）により,歴史公文書等の内閣総理大臣への移管手続が改正された。

上記2001（平成13）年3月30日内閣決定「歴史資料として重要な公文書等の適切な保存のための必要な措置について」とは,国の行政機関の保管に係る歴史資料として重要な公文書の適切な保存のために必要な措置を講ずるため,国立公文書館法15条1項に基づき,次のとおり定めることとし,2005年4月1日から実施する,としたものである。

すなわち,閣議決定1として,国の行政機関がその適切な保存のために必要な措置を講ずるものとされている「歴史資料として重要な公文書等」の中核となるものは,「(1) 我が国政府の過去の主要な活動を跡づけるために必要な,国政上の重要な事項又はその他の所管行政上の重要な事項のうち所管行政にかかる重要な政策等国政上の重要な事項に準ずる重要性があると認められるものに係る意思決定」と「(2) (1)の決定に至るまでの審議,検討又は協議の過程及びその決定に基づく施策の遂行過程」に掲げる事項が記録されたものとされる。

そのうえで,閣議決定2として,「歴史資料として重要な公文書等の適切な保存のための必要な措置」とは,行政機関から内閣総理大臣（国立公文書館）に対し,当該行政機関の保管にかかる歴史資料として重要な公文書等を移管することとし,ただし,歴史資料として重要な公文書等の移管を受けて保存し,及び利用に供する機関として適当なものが置かれる行政機関においては,当該機関に当該公文書等を移管することとしたのである。

この閣議決定を前提として,上記各府庁官房長等申合せによれば,その1として,歴史資料として重要な公文書等として国の行政機関（宮内庁書陵部と外務省外交史料館を除く）から内閣総理大臣（国立公文書

館)に移管すべきものは,情報公開法施行令16条1項8号に規定する保存期間が満了した行政文書のうち,「(1) 国政上の重要な事項又はその他の所管行政上の重要な事項のうち所管行政に係る重要な政策等国政上の重要な事項に準ずる重要性があると認められるもの(以下「国政上の重要事項等」という)に係る意思決定を行うための決裁文書(当該決裁文書と一体不可分の記録であって,当該決裁文書の内容又は当該意思決定に至るまでの審議,検討若しくは協議の過程が記録されたものを含む)」,「(2) 国政上の重要事項等に係る意思決定に基づく当該行政機関の事務及び事業の実績が記録されたもの((1)に該当するものを除く)」,「(3) 昭和20年までに作成され,又は取得されたもの((1)又は(2)に該当するものを除く)」,「(4) 各行政機関(宮内庁書陵部と外務省外交史料館を除く)の保有する行政文書であって,(1)から(3)までのいずれにも該当しないもののうち,結果として国政上多大な影響を及ぼすこととなった事項について記録されたものその他内閣総理大臣が国立公文書館において保存することが適当であると認めるものであって,移管について各行政機関と合意したもの」とされた。

　そのうえで,その2として,歴史資料として重要な公文書等の内閣総理大臣への移管手続については,「(1) 歴史資料として重要な公文書等の各行政機関から内閣総理大臣への移管については,内閣総理大臣が国立公文書館の意見を聴いて各年度ごとに策定する移管計画に基づいて,移管しようとする行政文書の保存期間が満了した後直ちに行う」,「(2) 各行政機関の長は,内閣総理大臣が移管計画を策定しようとする対象年度内に保存期間が満了することとなる行政文書であって,かつ,保存期間を延長する必要のないもののうち,1(1)から(3)までの一に該当するものとして国立公文書館において保存することが適当であると認められるものを内閣総理大臣に申し出ることとする」,「(3) 内閣総理大臣は,国立公文書館の意見を聴いて,各行政機関の長からの申出のあった行政文書のうち,国立公文書館において

保存することが適当であると認められるものの移管を受けることとする。また、国立公文書館の意見を聴いて、1（4）に該当する可能性のある行政文書があると認められる場合、その移管の可否について各行政機関の長と協議し、合意に達したものの移管を受けることとする」、とされた。

　さらに、その3として、歴史資料として重要な公文書等の移管を受けて保存し、利用に供する機関として適当なものが置かれる行政機関については、「(1)　閣議決定2の但書に掲げる『歴史資料として重要な公文書等の移管を受けて保存し、及び利用に供する機関として適当なもの』は、情報公開法施行令2条2項の規定に基づく総務大臣が指定した機関のうち、宮内庁書陵部と外務省外交史料館とする」、「(2)　歴史資料として重要な公文書等として(1)に掲げる機関に移管すべきものは、当該機関が置かれる行政機関の保有する行政文書であって、情報公開法施行令16条1項8号に規定する保存期間が満了したもののうち、①その1（1）から（3）までに掲げるもの、②①に該当しないもののうち、結果として国政上多大な影響を及ぼすこととなった事項について記録されたものその他該当行政機関の長が当該行政機関に置かれる（1）に掲げる機関において保存することが適当であると認めるものとする」、「(3)　(1)に掲げる機関が歴史資料として重要な公文書等の移管を受ける場合の手続は、当該機関が置かれる行政機関において定める」とされた。

　この各府庁官房長等申合せをふまえて、「『歴史資料として重要な公文書等』として内閣総理大臣（国立公文書館）等に移管することが適当な行政文書についての基本的考え方」が取りまとめられている。これによれば、情報公開法施行令別表2に定める最低保存期間が30年である文書、具体的には、「条約その他の国際約束の署名又は締結のための決裁文書、法律の制定・改廃の決裁文書、特殊法人の設立、廃止の決裁文書、基本的な計画の策定・変更・廃止の決裁文書、予算・

組織・定員の基本的事項の決裁文書」,「認可法人の設立・廃止の決裁文書」,「関係閣僚会議付議のための決裁文書,政務次官会議付議のための決裁文書,事務次官等会議付議のための決裁文書」は,原則としてすべて移管対象として検討することが適当,とされている。

また,同じく最低保存期間が30年である,「府省令等の制定・改廃のための決裁文書,行政文書の管理に関する定め」は,府省令については原則としてすべて移管対象として検討するとともに,その他の規則については,府省令と同程度の重要性が認められるものについて移管対象として検討することが適当,とされている。

さらに,最高保存期間が10年である,「審議会等の答申,建議又は意見」,「法令の解釈・運用基準の決裁文書,許認可等の審査基準,不利益処分の処分基準」,「条約その他の国際約束の解釈・運用基準の決裁文書,所管行政に係る重要な政策の決定に係る決裁文書」と,最低保存期間が5年である「事務又は事業の方針・計画書,事務又は事業の実績報告書」,「業務実績報告,指導監督の結果報告書」と,最低保存期間が3年である「政策の決定又は遂行に反映させるために実施した調査又は研究の結果報告書」,「予算要求説明資料,業務上の参考としたデータ,行政運営上の懇談会の検討結果」は,国政上の重要事項等に係る意思決定並びに当該意思決定に至るまでの審議,検討または協議の過程及び当該意思決定に基づく施策の遂行過程を理解するために必要な記録として,継続的な保存の必要性が認められるものについて移管対象として検討することが適当とされている。

3 保存年限等

この各府省官房長官申合せと「『歴史資料として重要な公文書等』として内閣総理大臣(国立公文書館)等に移管することが適当な行政文書についての基本的考え方」は,先に述べたとおり,情報公開法

20条1項の規定を受け，同2項の「行政文書の管理に関する定め」に基づき制定された，施行令16条を前提とする。そして，同16条の別表2が定める行政文書の区分に応じた保存年限を，最低保存年限として，保存期間経過後は，非現用文書として，国立公文書館法15条の定める移管手続を確実なものとする。

　この各府庁官房長申合せが，情報公開法5条3号に基づいて不開示となった防衛外交情報をも含め，歴史資料として重要な公文書等を保存することを実効あらしめるのであり，その適正な運用が求められるところである。

4　中間書庫システムと電子データ保管

　さらに，行政文書が保存期間経過後に非現用文書として保管される以前において，現用文書として紛失等がないよう検討されているのが中間書庫システムと電子公文書等の電子データとしての保管である。

　中間書庫は，内閣府設置法4条3項43号及び国立公文書館法15条1項の規定に基づき，「歴史公文書等の適切な保存のために必要な措置」の一つとして，各府省等が申し合わせることにより実現することができると考えられている（懇談会報告書7頁）。すなわち，内閣府が公文書等を保存期間満了前に，府省等横断的な共用施設としての中間書庫に移送し，そこで保管する。ただし，「移管」ではなく，「移送」であって，公文書等の物理的な占有は移動されるが，情報公開法に規定された「行政文書」の法的な保有の主体は，引き続き移送元府省等であり，この移送元府省等が情報公開請求の受付窓口となり，開示不開示の手続を行う。中間書庫に移送される公文書等の範囲については，歴史公文書等の保有期間満了後における国立公文書館への確実な移管に資するという目的に照らし，一定の基準を設けることが予定されている。その場合の基準の内容としては，例えば，①移管基準に基づき，

将来国立公文書館に移管することが想定されるもの,②一定期間以上の保存期間を有するもの,③特に散逸防止の必要性が高いもの(例:内閣官房等に臨時に置かれ,廃止された組織で作成・取得された公文書等)等が考えられている。

当面は,移送される公文書等の媒体の大半が紙媒体であると想定されるため,それを念頭に,東京霞が関から遠くない場所(当該府省等が必要としたときは直ちに霞が関の本庁に移動できるような距離にあること)に中間書庫を設置することとし,まずは内閣府の文書について試みに実施される予定である。

5 電子媒体による公文書等の管理

電子媒体による公文書等の管理・移管・保存のあり方は,「今実行できることから着手する」課題である(懇談会報告書30頁)。

政府は,1990年代から行政の情報化を進め,2001年1月に「e-Japan戦略」を策定し,「5年以内(2005年)に世界最先端のIT国家となる」との目標を掲げた。政府としては,行政サービスの分野における電子政府化を推進し職員1人1台のパソコンの配置,府省等内LAN及び霞が関WAN等ネットワークの整備等を行ってきた。これに伴い,政府においては,行政文書の電子的な作成・流通が,急速に進展している。しかし,電子的に作成された公文書等が電子媒体に保存される比率は低い。そこで,電子公文書等は,基本的には電子媒体のまま保存することとし,長期保存の安定性,効率性等の観点から,各府省等における作成時から歴史資料としての保存,利用段階までのライフサイクル全体の管理を行うこととする。さらに,歴史資料として保存・利用の対象となる電子公文書等は,保存期間満了前の可能な限り早期に,一定の集中管理化で長期保存上の措置を講じる必要のあることが提言された(懇談会報告書13頁)。

このような必要性をふまえて,①電子公文書等の特性を踏まえて講ずべき長期保存上の措置として,セキュリティ確保等の必要性,媒体変換の必要性,メタデータ標準化等の必要性,フォーマット標準化の必要性などが指摘されている。

また,②どのような電子公文書等（種類,範囲,属性）を保存対象とするか,その場合の原本とは何か,また原本性を確保するために技術的課題は何かも検討課題である。これについては,その記録としての価値を維持するのに不可欠な「エッセンス」のみを保存することや,媒体劣化等による消失・変化及び不正なアクセス,データの改ざん等の防止等による「原本性」の確保をルール化する必要があるとされている。

さらに,③電子公文書等の適切な移送時期及び移送方法としては,保存期間満了前であっても電子公文書等の作成後可能な限り早期に,電子公文書等を内閣府または国立公文書館に移送し,長期保存上の措置を一括して講じることが必要であるとされている。

④国立公文書館がインターネット及びイントラネットのウェブ上の公文書等を歴史資料として適切に保存していくためには,いずれも他の電子公文書等と同様に,保存期間満了前に,対象を評価選別のうえ,移送することとし,収集エンジン等で収集したうえで,ページの構造を再構成したり,ページの機能を維持するための措置をとることなどが指摘されている。

懇談会は,これらの課題が,政府全体での取組みを必要とし,中でも内閣府及び国立公文書館には,関係機関と緊密に連絡しつつ,ガイドライン及びフォーマット等の策定において中心的な役割を担っていくことが期待されているとしている（懇談会報告書31頁）。

6　文書管理法の制定

　以上の検討経過をふまえると，少なくとも，国立公文書館等へ移管される非現用文書を除き，中間書庫へ移送されるものを含む現用文書についてであることを前提として，施行令16条を法律とする案として，次の内容を含む文書管理法の制定が求められよう。

　但し，保存期間を別表第1の下欄に定める期間とし（「以上の期間」を削除），同期間を超える場合は，すべて非現用文書として，国立公文書館に移管する。行政機関は，同期間を超えて当該行政文書を利用する場合は，写しをもって利用する，ということを原則的な取扱いとするものである。

行政文書の管理に関する法律として最低限規定されるべき事項

　第1条　行政文書（行政機関の保有する情報の公開に関する法律［1999（平成11）年法律第42号］第2条2項に規定する行政文書をいう。以下同じ）の管理に関する定めは，次に掲げる要件を満たすものでなければならない。

　1）当該行政機関の事務及び事業の性質，内容等に応じた系統的な行政文書の分類の基準を定めるものであること。この場合において，当該行政文書の分類の基準については，毎年1回見直しを行い，必要と認める場合にはその改定を行うこととするものであること。

　2）当該行政機関の意思決定に当たっては文書（図画及び電磁的記録を含む。以下この号において同じ）を作成して行うこと並びに当該行政機関の事務及び事業の実績について文書を作成することを原則とし，次に掲げる場合についてはこの限りでないこととするものであること。ただし，イ）の場合においては，事後に文書を作成することとするものであること。

　　イ）当該行政機関の意思決定と同時に文書を作成することが困難

である場合
　ロ）処理に係る事案が軽微なものである場合
　3）行政文書を専用の場所において適切に保存することとするものであること。
　4）当該行政機関の事務及び事業の性質，内容等に応じた行政文書の保存期間の基準を定めるものであること。この場合において，当該行政文書の保存期間の基準は，別表（施行令16条参照。以下同じ──筆者注）第1の上欄に掲げる行政文書の区分に応じ，それぞれその作成または取得の日（これらの日以後の特定の日を起算日とすることが行政文書の適切な管理に資すると行政機関の長が認める場合にあっては，当該特定の日）から起算して同表の下欄に定める期間とすること。
　5）行政文書を作成し，または取得したときは，前号の行政文書の保存期間の基準に従い，当該行政文書について保存期間の満了する日を設定するとともに，当該行政文書を当該保存期間の満了する日までの間保存することとするものであること。この場合において，保存の必要に応じ，当該行政文書に代えて，内容を同じくする同一または他の種別の行政文書を作成することとするものであること。
　6）次に掲げる行政文書については，前号の保存期間の満了する日後においても，その区分に応じてそれぞれ次に定める期間が経過する日までの間保存期間を延長することとするものであること。この場合において，1の区分に該当する行政文書が他の区分にも該当するときは，それぞれの期間が経過する日のいずれか遅い日までの間保存することとするものであること。
　　イ）現に監査，検査等の対象になっているもの：当該監査，検査
　　　等が終了するまでの間
　　ロ）現に係属している訴訟における手続上の行為をするために必
　　　要とされるもの：当該訴訟が終結するまでの間
　　ハ）現に係属している不服申立てにおける手続上の行為をするた

めに必要とされるもの：当該不服申立てに対する裁決または決定の日の翌日から起算して1年間
　ニ）開示請求があったもの：行政機関の保有する情報の公開に関する法律（1999［平成11］年法律第42号）第9条各項の決定の日の翌日から起算して1年間
　7）保存期間が満了した行政文書について，職務の遂行上必要があると認めるときは，一定の期間を定めて当該保存期間を延長することとするものであること。この場合において，当該延長に係る保存期間が満了した後にこれを更に延長しようとするときも，同様とすることとするものであること。
　8）保存期間（延長された場合にあっては，延長後の保存期間。次号において同じ）が満了した行政文書については，国立公文書館法（1999［平成11］年法律第719号）第15条第2項の規定により内閣総理大臣に移管することとするもの及び第2条第1項に規定する機関に移管することとするものを除き，廃棄することとするものであること。
　9）行政文書を保存期間が満了する前に廃棄しなければならない特別の理由があるときに当該行政文書を廃棄することができることとする場合にあっては，廃棄する行政文書の名称，当該特別の理由及び廃棄した年月日を記載した記録を作成することとするものであること。
　10）行政文書ファイル及び行政文書（単独で管理することが適当なものであって，保存期間が1年以上のものに限る）の管理を適切に行うため，これらの名称その他の必要な事項（不開示情報に該当するものを除く）を記載した帳簿を磁気ディスク（これに準ずる方法により一定の事項を確実に記録しておくことができる物を含む）をもって調製することとするものであること。
　11）職員の中から指名する者に，その保有する行政文書の管理に関する事務の運営につき監督を行わせることとするものであること。
　12）法律及びこれに基づく命令の規定により，行政文書の分類，作

成、保存、廃棄その他の行政文書の管理に関する事項について特別の定めが設けられている場合にあっては、当該事項については、当該法律及びこれに基づく命令の定めるところによることとするものであること。

第2条　行政機関の長は、行政文書の管理に関する定めを記載した書面及び前条第10号の帳簿を一般の閲覧に供するため、当該書面及び帳簿の閲覧所を設けるとともに、当該閲覧所の場所を官報で公示しなければならない。公示した閲覧所の場所を変更したときも、同様とする。

第3条　行政機関の長は、開示請求の提出先とされている機関の事務所において、第1条第10号の帳簿の全部または一部の写しを一般の閲覧に供するよう努めるものとする。

公文書管理法研究会

　以上のように、現行法制度の延長上に文書管理法案を考えるのとは異なり、現行制度の抜本的な改革を求めて、2005年8月より、総合研究開発機構（NIRA）の委託に基づいて「公文書管理法研究会」（座長＝高橋滋一橋大学教授）が組織され、同研究会は、2006年2月「要綱（案）策定のための論点整理」（以下、論点整理）を取りまとめた（同年6月改訂、『ジュリスト』1316号、77頁）。ここでは、「公文書等」を永久保存する立場にある国立公文書館等の視点からその権限を現用文書まで視野を拡大していく考え方に整合的と思われる甲案と、行政機関の長の行政文書の作成・管理等の権限を出発点とする現行制度の基本線は維持したうえでその発展を志向する考え方による乙案とが提言されている。本稿は、既に発表した拙稿「情報公開法の見直しと残された課題」（『獨協ロー・ジャーナル』2号）をベースに、その後の考察等を多少付加したものにとどまるが、論点整理に従えば、乙案に近い案というにとどまる。今後は、論点整理の甲案で、抜本的改革として提言

されている諸課題に,どこまで取り組んでいけるか。これによって,現行法規をふまえた新しい文書管理体制が構想されるものと考える。

論点整理をふまえて,さらに議論が深まることを期待したい。

●参考文献
- 「特集　公文書管理のための法整備」(『ジュリスト』1316 号,2006 年 7 月 15 日,46 頁)
- 高橋滋「文書管理のための法整備について──公文書管理研究会・論点整理から」(『アーカイブズ』28 号,国立公文書館,2007 年 4 月,32 頁)
- 内閣府官房長官主宰・公文書等の適切な管理,保存及び利用に関する懇談会「中間段階における集中管理及び電子媒体による管理・移管・保存に関する報告書」2006 年 6 月 22 日
- 同懇談会報告書「公文書等の適切な管理,保存及び利用のための体制整備について──未来に残す歴史的文書・アーカイブズの充実に向けて」2004 年 6 月 28 日
- 高山正也(同懇談会座長)編『公文書ルネッサンス──新たな公文書館像を求めて』国立印刷局,2005 年

おわりに

創立60周年を迎えるJCLU

　社団法人自由人権協会（JCLU）は，アメリカ自由人権協会（ACLU）からのはたらきかけなどを契機に，日本における人権思想の普及徹底を目的として，弁護士海野晋吉，松本治一郎（部落解放同盟），近藤綸二，森川金寿らが中心となって1947年11月に創立された。政府・国民あげて新憲法の理念の啓発を開始した時期であり，JCLUと行政当局，裁判所との関係も極めて親密であった。法務庁（のちの法務省）初代人権擁護局長にはJCLU常務理事であった大室亮一弁護士が就任したことも象徴的である。1951年には，法務省を主務官庁とする社団法人の認可を受けた。

　その後，冷戦の開始とこれにともなうGHQの方針転換を受けて，政府とJCLUその他国内の人権団体との距離は離れる傾向となったのも当然である。

　人権団体のなかには，野党との友好関係の中で冷戦下での反政府政治運動や大衆運動と密接な関係を持ったところもあった。こうした傾向の中で，JCLUは政治的な動きと距離を置き，人権擁護団体として純化していく動きをとった。人権に関する集会などにおいても，原則として他団体との共催をしない対応をしてきた。政治的な動きと一線を画すというのはJCLUの基本的立場であって今後も変更の余地はない。しかし，冷戦時代を過ぎてグローバリズムの跋扈する状況にあって，旧い国家観を軸にして日本社会の再構築を目指す動きが強くなる傾向もあり，また野党もこうした動きに抵抗感がなくなっていくとすると，相手の団体の政治的立場が明らかだという理由だけで，例えば今後の憲法改正問題に臨んでその団体と当然に距離を置く行動を採る

かは，議論の余地があると思われる。少なくとも憲法改正問題に関しては，広く考えの一致する限度で他団体と共催で企画や運動を行うことも検討しなければならないだろう。

JCLU の今までの活動

比較的初期の特筆すべき成果としては，返還前の沖縄における人権問題調査と啓発活動がある。JCLU は，アメリカ軍が住民の基本的人権を抑圧している状況を地道に調査レポートし，アメリカ軍の抵抗に遭いながらも現地に渡航して最高責任者に直接面談し，人権状況の改善を申し入れている（当時の調査団員で後の最高裁判事大野正男弁護士の表現を借りると，「それなりの配慮」を引き出した）。こうした運動が，最終的にはケネディ大統領の新沖縄政策に影響を与えた。

薬害問題の被害者救済のさきがけとなったのは，サリドマイド裁判であった。1965 年に提訴されたこの裁判は，その後，スモン裁判，予防接種裁判などに引き継がれていく。

1960 年代の後半に日本各地の大学で学生が大学当局に異議申し立てを行った「闘争」に対する歴史的評価は分かれるかもしれないが，多くの JCLU 所属若手弁護士が逮捕或いは起訴された者の弁護活動に携わったことは，刑事訴訟法上の被疑者・被告人の権利を純粋に擁護する立場からの動きとして注目された。

1977 年に提訴した台湾人元日本兵士戦死傷者補償請求事件は，旧植民地住民への補償をしない日本政府及び旧敵国国民への救済を無視する台湾国民党政府との政治的な狭間で呻吟する個人の救済を求める案件であり，政治的な思惑を一切無視することから出発した運動であった（最高裁判所で補足意見が出たが，敗訴確定。但し，裁判で喚起された世論の後押しもあって，87 年に議員立法で弔慰金・見舞金の支給が決まった）。この事件は，もはや終了済とされていた戦後処理問題を見直す契機となり，その後様々な戦後処理問題を巡る提訴がされることにな

る。

　1980年代以降の日本における最大の市民運動は，情報公開の拡大・徹底を求める運動であった。政府の秘密主義を市民・納税者の立場から追求して，情報の開示を求めるこの運動は，戦後民主主義の熟成と自立した市民の出現という事態を前提とした象徴的なものであったが，JCLU は 1979 年に情報公開法要綱を発表するなど，一貫して運動の先頭をきってその責任を果たした（なお，この項に述べた活動の詳細は，羽柴駿「JCLU と ACLU」，『アメリカ発グローバル化時代の人権』明石書店，2005年所収，に詳しい）。

　このように，JCLU は，戦後の重要な局面で大きな社会的影響を与えてきた。本書に収録された活動は，そのほんの一端である。なお JCLU は，国際人権分野の活動が認められて，2003 年国連経済社会理事会の特別協議資格を得ている。

　当協会のホームページは http://www.jclu.org/ である。本書所収の案件も含め，当協会が現在活動中の諸問題についておおかたの理解を得ていただくために，是非アクセスをお願いする。

JCLU の今後の活動

　弁護士や学者を中心とする活動は，その後市民の参加も増え，新しい局面を迎えている。現在の協会の活動の概要については上記ホームページを参照してもらいたいが，ここでは長期的に見て重要な3つの活動を紹介しておく。

　1つは，企業と人権の問題である。企業内での人権侵害問題は，現在でも深刻な問題が絶えないし，グローバル化の流れで生き残りに必死になる企業内での労働者を巡る問題は，格差問題・貧困問題を引き起こしつつ非常に流動的であって，戦後の労働法制自体が大きく変質していく可能性が高い。他方，企業が社会的責任を果たすことへの社会的な監視の眼も強くなってきており，企業の社会的責任のありかた

は今後数十年かけて日本社会で徐々に確立されていくと思われる。こうした状況のもと，JCLU は企業の社会的責任をさまざまな局面で果たすべく活動を開始している。

　2 つは，言論の自由と外国人の権利の問題である。言論の問題は，特に報道の局面で新たな課題が尽きないが，外国人への差別発言に関して，言論の自由をあくまで擁護する立場と言論の自由を一部制約する立場の双方を制度論としてどのように合理的・調和的に構築するか，日本では議論がほとんどなされていない。今後，日本への外国人の流入が増えるにつれて，この問題は益々深刻になることが予想される。JCLU は人種差別撤廃法案を作成し，この課題についての一応の回答を出しているが，今後，中長期的に見て日本でのコンセンサスを形成しなければならないもっとも困難な課題のひとつである。

　3 つは，憲法の改正を巡る問題である。2007 年の国会で，国民投票法が与党の強行的採決で成立した。この法案に関する国会の公聴会では，肩書きは様々であったが，JCLU の現・元代表理事や現事務局長が意見を述べた。2007 年 7 月の参議院議員選挙で与党が大幅に後退したが，早ければ 3 年後に国会で改正案が発議される可能性がある。自民党の改正案は，時代を遡らせる感があるし，民主党も 9 条の改正に熱心な層がいる。世論調査によると，9 条の改正に否定的な意見が多いが，事態は流動的であろう。JCLU は憲法の申し子である。憲法の基本原理を改正するような国会の流れに万一にもならないように，JCLU が一丸となって改正に対処しなければならない。その意味で，中期的には一番気が抜けない問題である。

　最後に，本書を通して JCLU に関心をお持ちになった方は，是非，入会されてご自分の手で人権問題に取り組んでいただければ幸いである。

社団法人　自由人権協会　代表理事
庭山正一郎

社団法人 自由人権協会(JCLU)

〒105-0002　東京都港区愛宕 1-6-7　愛宕山弁護士ビル 306 号室
TEL　03-3437-5466／FAX　03-3578-6687
ウェブサイト　http://www.jclu.org/
e-mail　jclu@jclu.org

執筆者・編者紹介 (50音順)

飯田正剛（いいだ　まさよし）　1954年生まれ。弁護士，JCLU理事。早稲田大学法学部卒業。日本弁護士連合会・東京弁護士会人権擁護委員会委員，報道被害救済弁護士ネットワーク会員。

市毛由美子（いちげ　ゆみこ）　1961年生まれ。弁護士，JCLU理事，やよい共同法律事務所パートナー。コンピュータ法や知的財産権を中心としたビジネス法務を扱うが，ジェンダーと法の交錯するセクハラやDVの事件にも取り組んでいる。大宮法科大学院大学では非常勤講師として「ジェンダーと法」の講義を担当。

樫尾わかな（かしお　わかな）　1971年生まれ。弁護士。早稲田大学大学院法学研究科修士課程修了。第二東京弁護士会子どもの権利委員会委員，医療事故研究会会員，障害と人権全国弁護士ネット会員。

紙谷雅子（かみや　まさこ）　1952年生まれ。JCLU代表理事。学習院大学教授。表現の自由と最高裁判所のあり方に関心がある。

川岸令和（かわぎし　のりかず）　1962年生まれ。早稲田大学教授。J.S.D. 表現の自由や憲法の基礎理論等を主な研究テーマとする。最近の論考に「国民主権とデモクラシー」（岩波講座憲法第3巻『ネーションと市民』2007年），「表現の自由と人格権と」（『表現の〈リミット〉』ナカニシヤ書店，2005年）などがある。

喜田村洋一（きたむら　よういち）　1950年生まれ。弁護士，ニューヨーク州弁護士。東京大学法学部，ミシガン大学ロースクール卒業。ミネルバ法律事務所。メディア関連の訴訟を多く手がけるほか，刑事事件も扱う。

小林信子（こばやし　のぶこ）　1947年生まれ。薬剤師。市民団体「東京精神医療人権センター」設立（1986年）に参加。海外留学後，1989年より同センター事務局長。精神医療改革と精神障害者のアドヴォケイト。

小町谷育子（こまちや　いくこ）　1963年生まれ。弁護士，ニューヨーク州弁護士，JCLU理事。早稲田大学卒業，ジョージタウンローセンターLLM修了。日本弁護士連合会人権擁護委員会特別委嘱委員（医療部会所属）。本書の編集を手がけた。

坂井　眞（さかい　まこと）　1957年生まれ。弁護士，JCLU理事。東京弁護士会人権擁護委員会委員（報道と人権部会所属），日本弁護士連合会人権擁護委員会報道と人権部会委員，報道被害救済弁護士ネットワーク代表。

庭山正一郎（にわやま　しょういちろう）　1946年生まれ。弁護士，JCLU代表理事，日本弁護士連合会常務理事（1994年），第二東京弁護士会筆頭副会長（1994年）。主な論文に，「法の支配と法曹一元」（『変革の中の弁護士』下巻，有斐閣，1993年）など。

執筆者紹介

羽柴　駿（はしば　しゅん）　1947年生まれ。弁護士，JCLU理事。番町法律事務所を経営し，一般民事，刑事，破産・再生等企業倒産などを扱う一方，ビジネスと人権をテーマにJCLUにおいて活動している。

旗手　明（はたて　あきら）　1951年生まれ。外国人政策研究者。労働分野を専門としながら，1987年から外国人政策に関わる研究及びNGO活動に従事する。近年は，外国人研修生やテロ対策等に関心を寄せている。最近の著書には『外国人研修生　時給300円の労働者』（2006年），『外国人・民族的マイノリティ人権白書』（2007年，いずれも明石書店）等がある。

林　陽子（はやし　ようこ）　1956年生まれ。弁護士，JCLU理事，早稲田大学大学院法務研究科客員教授。国連「人権の促進と保護に関する小委員会」代理委員（2004〜2007年）。

東澤　靖（ひがしざわ　やすし）　1959年生まれ。弁護士，JCLU理事，明治学院大学法科大学院教授。日本弁護士連合会国際人権問題委員会副委員長，国際刑事弁護士会（ICB）理事。人種差別訴訟，戦後補償，フジモリ事件の遺族の代理などを手がける。主著に『国際刑事裁判所　法と実務』（2007年），『アメリカ発グローバル化時代の人権』（2005年，いずれも明石書店）など。

藤本利明（ふじもと　としあき）　1953年生まれ。弁護士，JCLU理事。第二東京弁護士会人権擁護委員会委員（報道部会），日本弁護士連合会情報問題対策委員会副委員長。一般民事，行政訴訟のほか，労働問題を手がけている。

藤原家康（ふじわら　いえやす）　1976年生まれ。弁護士。第二東京弁護士会人権擁護委員会副委員長，同弁護士会憲法問題検討委員会副委員長。

三宅　弘（みやけ　ひろし）　1953年生まれ。弁護士，JCLU理事，獨協大学法科大学院教授。独立行政法人国立公文書館有識者会議委員，日本弁護士連合会情報問題対策委員会委員長。専門は行政法，情報法，民事法。

棟居快行（むねすえ　としゆき）　1955年生まれ。大阪大学法科大学院教授。専門は憲法。国際人権法学会理事。主著に『憲法フィールドノート［第3版］』（日本評論社，2006年）など。

山田健太（やまだ　けんた）　1959年生まれ。JCLU理事，専修大学文学部准教授。専門は言論法，ジャーナリズム論，人権法。日本出版学会，日本マス・コミュニケーション学会，日本ペンクラブ，放送批評懇談会の各理事。主著に『法とジャーナリズム』（学陽書房，2004年）ほか。

吉川真美子（よしかわ　まみこ）　1949年生まれ。JCLU理事，お茶の水女子大学大学院研究員，跡見学園女子大学非常勤講師。専門はジェンダー論，刑事訴訟法（Ph.D. Gender and Law）。

市民的自由の広がり
JCLU　人権と60年

（検印廃止）

2007年11月5日　　初版第1刷発行

編　者　㈳自由人権協会
発行者　武　市　一　幸
発行所　株式会社　新　評　論

〒169-0051　東京都新宿区西早稲田 3-16-28
http://www.shinhyoron.co.jp
TEL　03 - 3202 - 7391
FAX　03 - 3202 - 5832
振替　00160-1-113487

落丁・乱丁本はお取り替えします
定価はカバーに表示してあります

装訂　山　田　英　春
印刷　神　谷　印　刷
製本　桂　川　製　本

Ⓒ ㈳自由人権協会　2007

Printed in Japan
ISBN978-4-7948-0751-9

新評論 ◆ 好評既刊

飯島昇藏・川岸令和 編
憲法と政治思想の対話　デモクラシーの広がりと深まりのために
「自由」「平等」「正義」をめぐり、〈憲法〉と〈政治思想〉という二つの学問領域が、政治秩序の思想的問題を照射し合う画期的試み。
(A5　368頁　3360円　ISBN4-7948-0557-8)

I.クラーク&I.B.ノイマン／押村高・飯島昇藏他 訳
国際関係思想史　論争の座標軸
「主権国家」「介入」「戦争」「平和」を、知的遺産としての思想史の中に捉え直し、時代を縦断する新たな座標軸を設定する。現代の古典、待望の邦訳。
(A5　340頁　3150円　ISBN4-7948-0590-X)

若井晋・三好亜矢子・池住義憲・狐崎知己 編
平和・人権・NGO　すべての人が安心して生きるために
NGO活動にとって不即不離の「平和構築」と「人権擁護」。その行動理念を、NGO活動に携わる20名が各自の取り組みを通して自己検証する。
(A5　434頁　3675円　ISBN4-7948-0604-3)

藤岡美恵子・越田清和・中野憲志 編
国家・社会変革・NGO　政治への視線／NGO運動はどこへ向かうべきか
いまNGOは危機にある。それは市民社会の危機でもある——NGO経験者がNGOの根本問題に挑む。社会運動を「楽しい」「解放感のある」ものにするための備忘録。
(A5　334頁　3360円　ISBN4-7948-0719-8)

J.フリードマン／斉藤千宏・雨森孝悦 監訳
市民・政府・NGO　「力の剥奪」からエンパワーメントへ
貧困、自立、性の平等、永続可能な開発等の概念を包括的に検証。〈開発と文化〉のせめぎ合いの中で、NGOと市民社会の政治的・社会的役割を考える。
(A5　318頁　3570円　ISBN4-7948-0247-1)

白石嘉治・大野英士 編
ネオリベ現代生活批判序説
労働問題、精神分析、社会運動、大学問題の領野から、〈悪しきネオリベラリズム〉への反撃の方途をさぐる。[インタヴュー：入江公康・樫村愛子・矢部史郎・岡山茂]
(四六　264頁　2310円　ISBN4-7948-0678-7)

＊表示価格は消費税（5%）込みの定価です。